A LONGA
MARCHA

ED JOCELYN & ANDREW MCEWEN

A LONGA MARCHA

Tradução de
VITOR PAOLOZZI

EDITORA RECORD
RIO DE JANEIRO • SÃO PAULO

2008

CIP-Brasil. Catalogação-na-fonte
Sindicato Nacional dos Editores de Livros, RJ.

J59L
Jocelyn, Ed
    A longa marcha / Ed Jocelyn & Andrew McEwen; tradução de Vitor Paolozzi. – Rio de Janeiro: Record, 2008.
    il., mapa;

    Tradução de: The long march
    ISBN 978-85-01-07757-8

    1. Jocelyn, Ed – Viagens – China. 2. McEwen, Andrew – Viagens – China. 3. China – História – Grande Marcha, 1934-1935. 4. Comunismo – China – História. I. Título.

07-3928
    CDD – 951.042
    CDU – 94(510)"1934/1935"

Título original em inglês:
THE LONG MARCH

Copyright © Ed Jocelyn, Andrew McEwen, 2006
Originalmente publicado no Reino Unido pela *Constable*, uma divisão da Constable & Robinson Ltd.

Todos os direitos reservados. Proibida a reprodução, armazenamento ou transmissão de partes deste livro, através de quaisquer meios, sem prévia autorização por escrito. Proibida a venda desta edição em Portugal e resto da Europa.

Direitos exclusivos de publicação em língua portuguesa para o Brasil adquiridos pela
EDITORA RECORD LTDA.
Rua Argentina 171 – Rio de Janeiro, RJ – 20921-380 – Tel.: 2585-2000
que se reserva a propriedade literária desta tradução

Impresso no Brasil

ISBN 978-85-01-07757-8

PEDIDOS PELO REEMBOLSO POSTAL
Caixa Postal 23.052
Rio de Janeiro, RJ – 20922-970

EDITORA AFILIADA

Sumário

Lista de Imagens	7
Linha do Tempo: A Longa Marcha do 1º Front do Exército Vermelho	9
Uma Nota a Respeito de Grafias e Transliterações	13
Mapa: A Longa Marcha 1934-35	15
Introdução	17
1. Primeiros Passos	31
2. Uma Minoria de Dois	59
3. O Rio Xiang	89
4. O Incidente de Tongdao	99
5. Zunyi	123
6. A Filha Desaparecida do Camarada Mao	149
7. As Quatro Travessias do Chishui	167
8. Campo Sombrio	181
9. Sars	197
10. Fim do Caminho, Parte 1	211
11. Irmãos de Sangue	225
12. A Ponte de Luding	249
13. As Montanhas de Neve	265
14. Os Pântanos	287
15. Wuqi	301
Epílogo: Quão longa é uma Longa Marcha?	323
Notas	331
Índice Remissivo	339

Lista de Imagens

Seção histórica

Mao Tsé-tung em Yan'an, *circa* 1937
(*cortesia de Jiefang Bao, Pequim*)

A mulher de Mao, He Zizhen, em Yan'an, *circa* 1937
(*cortesia do Museu Memorial do Encontro de Zhaxi, cidade-condado de Weixin*)

Wang Ming e outros membros do Politburo em Yan'an, dezembro de 1937
(*cortesia do professor Zhang Peisen, reproduzida de Zhang Wentian, Central Party History Publishing House, Pequim, 2005*)

O Encontro de Zunyi, pintura a óleo de Shen Yaoyi
(*cortesia de Shen Yaoyi*)

Um destacamento do Exército Vermelho na Área Soviética Central
(*cortesia de Jiefang Bao, Pequim*)

Mao Tsé-tung com Bo Gu, Zhou Enlai e Zhu De em Yan'an, *circa* 1937
(*cortesia de Jiefang Bao, Pequim*)

O Exército Vermelho cruzando uma montanha coberta de neve durante a Longa Marcha em junho de 1935, litografia colorida de Ai Zhongxian
(*cortesia da Biblioteca de Arte Bridgeman/coleção particular*)

O Fim da Longa Marcha, pintura a óleo de Huang Naiyuan e Zhan Beixin
(*cortesia de Jiefang Bao, Pequim*)

Mao Tsé-tung com soldados não-identificados em Jiangxi
(*cortesia de Jiefang Bao, Pequim*)

Otto Braun
(*cortesia de Karl Dietz Verlag Berlin GmbH*)

Três desenhos de Huang Zhen
(*cortesia da viúva de Huang Zhen, Zhu Ling*)

Os Pântanos, pintura a óleo de Shen Yaoyi
(*cortesia de Shen Yaoyi*)

Seção contemporânea

As fotografias a seguir foram tiradas pelos autores ao longo da sua Longa Marcha.

Chen Jie, um veterano da Longa Marcha, outubro de 2002

Chen Yingchun, que participou da Longa Marcha por um breve período, outubro de 2002

O rio Xiang, dezembro de 2002

Ponte flutuante construída originalmente pelo Exército Vermelho, novembro de 2002

Slogan do Exército Vermelho em uma casa miao, dezembro de 2002

"Cuidar de laranjas é melhor do que cuidar de filhos", outubro de 2002

Mineiros adolescentes fazem uma pausa, janeiro de 2003

Xiong Huazhi, que pode ser a filha há muito desaparecida de Mao Tsé-tung e He Zizhen, ao lado de suas filhas, fevereiro de 2003

Três vezes Andy doente, fevereiro de 2003

Fazendo teste para detectar a Sars, maio de 2003

O Cara dos Equipamentos chega para o resgate, julho de 2003

A professora Xiong Li vestida com trajes tradicionais da minoria lisu, julho de 2003

Memorial à "Aliança do Yihai", julho de 2003

Li Guoxiu, que testemunhou a batalha na ponte de Luding, agosto de 2003

Assentamento de mulheres perto da passagem sobre a última Montanha de Neve, setembro de 2003

Baozuo Muchang, a primeira vila na extremidade norte dos Pântanos, setembro de 2003

Linha do Tempo: A Longa Marcha do 1º Front do Exército Vermelho

16 de outubro de 1934	A Longa Marcha tem início quando as primeiras unidades do Exército Vermelho cruzam o rio Yudu. O Exército Vermelho tem aproximadamente 86 mil soldados.
25 de novembro-1º de dezembro	Batalha do rio Xiang. Os vermelhos perdem cerca de 30 mil, entre mortos, feridos e desertores.
12 de dezembro	Encontro de Tongdao. Líderes políticos e militares discutem a crise. Mao Tsé-tung propõe ao Exército Vermelho mudar o curso da Longa Marcha. A proposta é aprovada — o primeiro grande êxito de Mao em dois anos.
15-17 de janeiro de 1935	Encontro de Zunyi. Líderes militares e do Politburo debatem as recentes derrotas. Mao ataca a liderança de Bo Gu e Otto Braun. O encontro dá apoio a Mao, cuja facção agora é dominante. Novo plano ordena ao Exército Vermelho mover-se para o norte, através do rio Yangtze. O exército agora tem cerca de 45 mil membros.
28 de janeiro	Batalha de Tucheng. O Exército Vermelho é derrotado. Recua para oeste, através do rio Chishui.
5 de fevereiro	Encontro de Zhaxi (1: Huafangzi). Zhang Wentian, partidário de Mao, substitui Bo Gu como líder mais graduado do Partido Comunista. Perto dali, a mulher de Mao dá à luz uma filha.

7 de fevereiro	Encontro de Zhaxi (2: Dahetan). Plano para cruzar o Yangtze é cancelado. A "Resolução Zunyi" é aprovada, selando a concordância para o discurso de Mao no Encontro de Zunyi.
10 de fevereiro	Encontro de Zhaxi (3: Zhaxi). O Exército Vermelho recebe ordens para recruzar o rio Chishui e retomar Zunyi.
27 de fevereiro	Batalha de Zunyi. A única grande vitória vermelha na Longa Marcha.
15 de março	Batalha de Luban Chang. O Exército Vermelho é derrotado, forçando uma retirada através do rio Chishui (terceira travessia do Chishui).
21-22 de março	Quarta travessia do Chishui.
29 de abril	Os vermelhos simulam um ataque a Kunming. A cidade é tomada pelo pânico.
8 de maio	O Exército Vermelho completa a travessia do rio das Areias Douradas. Restam aproximadamente 30 mil soldados. Começa caminhada ao norte, através da Província Sichuan.
12 de maio	Encontro de Huili. Mao é criticado pelo general Lin Biao, do 1º Grupo do Exército. "Você é uma criança", responde Mao. "O que você entende?"
22 de maio	Aliança do Yihai. Os vermelhos selam juramento de irmandade de sangue com líder da minoria yi.
29 de maio	Batalha da ponte de Luding.
12 de junho	O exército de Mao começa a cruzar Jiajinshan, a primeira Montanha de Neve. Encontra o grupo avançado do 4º Front do Exército Vermelho, de Zhang Guotao. Os dois exércitos unem-se, com mais de 100 mil soldados no total. Os vermelhos agora estão na região tibetana.
27 de julho	Líderes vermelhos cruzam a última Montanha de Neve, Dagushan.
22 de agosto	Começa travessia dos Pântanos.
25 de agosto	Primeiras unidades vermelhas saem dos Pântanos.
10 de setembro	O 1º e o 4º Fronts do Exército se separam. Mao lidera a força restante rumo ao norte; Zhang Guotao volta-se para o sul, voltando a atravessar os Pântanos.

16 de setembro	Batalha de Lazikou. A força de Mao consegue uma grande virada, cruza a cordilheira Minshan e deixa a região tibetana. Restam menos de 10 mil homens.
19-20 de setembro	Os vermelhos encontram jornais em Hadapu confirmando a existência da Área Soviética na Província de Shaanxi, a noroeste.
19 de outubro	O Exército Vermelho chega à Área Soviética de Shaanxi no *zhen* de Wuqi. A Longa Marcha chega ao fim. Restam cerca de 4 mil sobreviventes.

Uma Nota a Respeito de Grafias e Transliterações

A maioria dos nomes chineses neste livro está escrita segundo o padrão *pinyin* de romanização do chinês, que foi adotado pela República Popular da China em 1958 e reformado em 1979. Contudo, persistimos com as grafias mais familiares para Sun Yat-sen (Sun Zhongshan em *pinyin*), Chiang Kai-shek (Jiang Jieshi) e Mao Tsé-tung (Mao Zedong).

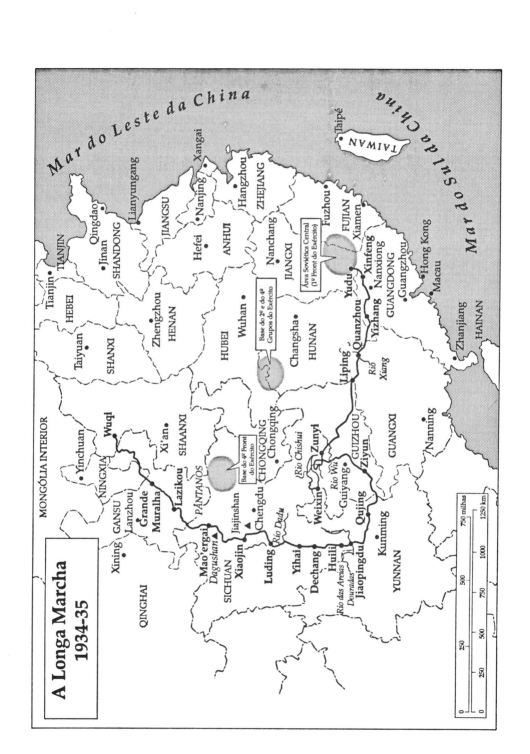

Introdução

"Muito poucas pessoas hoje ainda têm uma atitude de batalhar para ganhar a vida. As pessoas hoje só querem saber de dinheiro. Elas só querem saber de riqueza e de fazer dinheiro. Quem vai dar ouvidos se você falar sobre dar duro? Quem quer saber sobre se esforçar? Você também não vai prestar atenção. Você não vai dar ouvidos, apesar de perguntar."

General Zeng Shaodong, Pequim,
12 de novembro de 2001

Na minha memória, é assim. Uma agitada rede de vielas *hutong* e casas com pátios *siheyuan* se estendem nos dois lados da Chang'an Dajie, a Avenida da Paz Eterna. As vias estreitas estão tomadas por árvores, cujos galhos arqueiam e se encontram para formar um dossel de verão que faz sombra sobre consumidores e transeuntes a cerca de um quilômetro e meio a oeste da Praça Tiananmen. Comunidades prósperas lotam os pátios. Muitas famílias vivem aqui há séculos.

Assim era a região de Xidan, em Pequim, quando a vi pela primeira vez em 1997. Cinco anos depois, esse bairro antigo havia desaparecido. Andy e eu atravessamos rapidamente a desolada "praça Cultura Xidan", cruzando uma avenida de seis pistas engarrafadas e passando por shopping centers e a sede do Banco da China. Procurávamos um pedaço da história — correndo para capturá-lo antes que sumisse com o resto da velha Xidan.

Numa viela ao lado do Shopping Center Times Square, um pátio de dois andares desafiava os construtores. As autoridades locais ofereram ao proprietário tudo o que quisesse, mas ele se recusou a se mudar. Um cidadão comum poderia facilmente ser forçado a sair, mas este homem possuía um certo status. As autoridades nada podiam fazer além de esperar pela morte do general Zeng Shaodong.

O general havia acabado de sair do hospital, mas continuava alerta e ansioso para compartilhar sua contagiante e estridente risada. Ele tinha grande prazer em receber visitas. "Bebam um pouco de chá", insistiu. "Comam uma fruta."

O general Zeng vestia uma farda simples, verde-oliva. Sua casa tinha decoração espartana. Na sala principal, onde sentamos, havia uma única poltrona, uma mesa de refeições com meia dúzia de cadeiras de madeira com espaldar reto e, num canto, uma escrivaninha coberta com fotografias do general e sua mulher junto com velhos camaradas. Para mim e Andy, era uma oportunidade única. Tínhamos passado meses tentando encontrar alguém como Zeng. Você poderia imaginar que um herói revolucionário aposentado teria a liberdade de tomar suas próprias decisões, mas quase todo mundo em Pequim deve obediência a um "líder". O líder de Zeng, como todos os demais, ordenara-lhe que não falasse com estrangeiros. O general de 83 anos não se intimidou. Disse ao líder que, se quisesse falar com estrangeiros, falaria com estrangeiros.

"Eu trabalhava como vaqueiro para um latifundiário antes de me juntar ao Exército Vermelho em maio de 1934", rememorou Zeng. "Na época, milhares e milhares de pessoas juntaram-se — homens e mulheres, velhos e jovens. Em alguns casos, famílias inteiras alistaram-se no exército. Eu era bastante jovem, mas, por um lado, isso foi bom. Por ser jovem demais para ser promovido, estou vivo até hoje. Se eu fosse até mesmo um comandante de companhia, teria morrido. Eles tinham de combater no front e proteger outros. Quando eles combateram, eu me escondi atrás das linhas. Eu era apenas um garoto. As crianças tinham medo da morte."

Zeng alistou-se num momento de crise para o Exército Vermelho e seu controlador, o Partido Comunista da China. Os revolucionários tinham estabelecido uma base composta por alguns poucos condados pobres do sul da Província de Jiangxi e do oeste da Província de Fujian, que ambiciosamente se declararam como a República Soviética Chinesa (sem relações, exceto ideológicas, com a União Soviética), em 7 de novembro de 1931. Mao Tsé-tung foi escolhido como presidente da república. Mas, no verão de 1934, a base vermelha foi cercada por 500 mil soldados a serviço do generalíssimo Chiang Kai-shek, líder do Guomindang, o partido que comandava a China. Os homens de Chiang avançaram lentamente, construindo fortificações e aprimorando as comunicações com a retaguarda. A economia da República Soviética definhou e suas fronteiras encolheram enquanto o inimigo gradualmente avançava. No verão de 1934, a liderança do Partido Comunista percebeu que estava diante de uma escolha simples: ficar e morrer ou correr para salvar a vida.

Eles escolheram a alternativa cautelosa. Na terceira semana de outubro de 1934, o jovem de 15 anos Zeng Shaodong foi um dos 86 mil homens, mulheres e crianças do Exército Vermelho que deram adeus às suas casas.

"Minha mãe esperou por mim no rio Yudu", disse Zeng. "Muitas famílias esperaram lá. Ela me deu dois dólares de prata e um saco de sal. Dois soldados esperavam por mim. Eles temiam que eu pudesse fugir. Eles me apressaram: 'Seja rápido. Senão, não alcançaremos o exército'."

Zeng não veria sua mãe novamente por 18 anos.

Soldados falavam sobre uma "*da ban jia*", uma "grande operação de mudança de casa". Não eram apenas as unidades de combate que se moviam; a própria República Soviética estava encaixotada e era carregada sobre milhares de transportadores. Arquivos do governo, equipamentos médicos, dramáticos roteiros revolucionários e até mesmo uma máquina impressora ocupavam o imenso trem de bagagens. A maioria das esposas e namoradas teve de ser deixada para trás. Somente cerca de 35 mulheres começaram a Longa Marcha; entre elas estava a esposa grávida de Mao, He Zizhen, designada para a unidade de convalescentes. Crianças também foram deixadas para trás. O filho de dois anos de Mao foi entregue aos cuidados do irmão, Zetan, que era casado com a irmã de He Zizhen.

Os vermelhos atravessaram o cerco do Guomindang e marcharam para oeste em busca de um novo lar. A rota não era desconhecida por Chiang Kai-shek — dois meses antes, uma missão vermelha de reconhecimento inaugurara o caminho após escapar da base soviética de Jiangxi — e ele respondeu enviando ainda mais soldados para bloquear seu avanço. Durante o primeiro grande combate com o inimigo, o Exército Vermelho foi quebrado em dois no rio Xiang e o trem de suprimentos e as unidades da retaguarda foram dizimados.

Novos planos dos vermelhos de subirem ao norte através do rio Yangtze eram frustrados a todo momento. Foram precisos mais de três meses e 1.600 quilômetros para encontrar uma rota para o norte, e a essa altura o Exército Vermelho tinha marchado até a beira do Platô Tibetano. Quanto mais avançavam, mais se deterioravam as condições. Eles não apenas tinham o Guomindang nos seus calcanhares, como também se defrontavam com uma população local hostil. Como o "exército dos pobres", os vermelhos tradicionalmente dependiam do apoio do campesinato — "o mar no qual nada o Exército Vermelho", como Mao colocou.[1] Mas agora eles estavam marchando através de campos habitados por minorias étnicas pouco interessadas em reputações de Robin Hood. Tudo o que enxergavam era mais um exército de invasores estrangeiros, e, desse modo, escondiam sua comida, recuavam para as colinas e faziam as próprias táticas de guerrilha de Mao voltarem-se contra ele mesmo.

O maior assassino, todavia, era a própria terra. Para prosseguir rumo ao norte, o Exército Vermelho tinha de atravessar as Montanhas de Neve, uma série de passagens de 4 mil metros que ficavam cobertas por neve e gelo mesmo no verão. Soldados exaustos caminhavam tropegamente, sem forças para mover os pés nos bancos de neve. Outros desmaiavam devido ao ar rarefeito. Aqueles, como Zeng Shaodong, que sobreviveram a essa provação enfrentaram algo ainda pior — os Pântanos de Sichuan, no norte, uma vasta extensão de cem quilômetros, sem árvores, 3.700 metros acima do nível do mar, onde o lodaçal podia engolir um homem como areia movediça. Zeng passou entre cinco e dez dias nessa planície inóspita, sem comida ou abrigo. À sua volta, centenas morreram, perdidos nos pântanos ou vencidos por cansaço e fome.

Doze meses e três dias após partir, o Exército Vermelho finalmente chegou a um refúgio — um canto distante no noroeste da China, onde os comunistas locais já controlavam uma área e as forças provinciais ao redor se preocupavam mais com invasores japoneses do que com a ameaça vermelha. Somente Zeng e uns poucos de seus companheiros sobreviveram. Amigos morreram em combate ou de fome. Eles caíram de escarpas e afogaram-se em rios, foram tragados por pântanos, assassinados por tribos selvagens e envenenados por plantas estranhas e águas paradas. Zeng viu vários homens morrerem de puro cansaço.

— Coma uma banana — disse o general. Sessenta e seis anos atrás, ele estava tão esfomeado que comeu grãos não-digeridos tirados das fezes dos soldados da vanguarda. — Quando atravessamos os Pântanos, muitos soldados morreram. Aqueles que morriam eram cobertos pelos soldados que vinham atrás. Alguns estavam doentes demais para continuar e prestes a morrer. Seus corações ainda batiam, mas eles também eram cobertos. Nós tínhamos de cobri-los, ou pelo menos seus rostos, porque de outra forma seria horrível demais. Se alguém não comia por muito tempo, o rosto ficava escuro, fino e seco.

— Mas você era apenas uma criança. Como pôde ter sobrevivido? — perguntou Andy.

— Nós cuidávamos uns dos outros — disse Zeng. — Posso lhe contar uma história. Eu levava alguns dólares de prata, mas quando estávamos nos Pântanos os joguei na água. Eles eram muito pesados e não havia vilas e nem coisa alguma para comprar. Alguns soldados mais velhos foram pegá-los. Eu disse: "Por que vocês os querem? Vocês provavelmente não vão atravessar os Pântanos. Eu provavelmente vou atravessar, mas vocês não."

Zeng estava errado. Apesar de carregar o peso extra, os soldados que pegaram seu dinheiro também estavam entre os sobreviventes quando o Exército Vermelho atingiu o extremo norte dos Pântanos.

— Quando finalmente saímos dos Pântanos, eu não tinha mais dólares de prata e não podia comprar comida. Então fui até os soldados velhos pedir meu dinheiro de volta. Eles disseram: "Por que você o quer agora?" Eu disse: "Estou com fome." Eles me devolveram o dinheiro.

No fim do caminho, Mao Tsé-tung fez um discurso, no qual anunciou que a "Longa Marcha" do Exército Vermelho era um feito sem paralelos na história. Ele disse aos sobreviventes que eles haviam caminhado "25 mil *lis*", o equivalente a 12.500 quilômetros. Mao contou-lhes que eles eram um exército de heróis, cujo feito inspiraria a adesão de milhões para derrubar o velho regime apodrecido.

Nosso amigo e intérprete naquele dia, Li Mingxia, fez uma última pergunta a um daqueles heróis:

— Esses dois estrangeiros vão tentar refazer a sua Longa Marcha. Você acha que conseguirão?

— Não — disse o general Zeng Shaodong. — É difícil demais. Eles não conseguirão refazer a Longa Marcha.

A odisséia de Zeng faz parte do mito fundador do moderno Estado chinês. A Longa Marcha é como Dunquerque, a Batalha da Grã-Bretanha e a Grande Escapada juntas em uma só. É um épico patriótico inculcado em todos os cidadãos da República Popular desde a Revolução de 1949. É heróica, eletrizante e a pedra angular do apelo e legitimidade históricos do Partido Comunista chinês. Nosso plano era seguir este mito até a sua fonte, todo o caminho ao longo de uma lendária trilha de cidades, vilas e lugares vazios que forasteiros jamais visitam. Nós esperávamos conseguir rastrear e entrevistar veteranos e testemunhas. Seria uma aventura dentro da história viva.

A idéia me veio pela primeira vez durante um momento imprevisível numa viagem de férias em Guizhou, no sudeste. Eu tinha uma vaga noção de que o Exército Vermelho havia passado por essa região na Longa Marcha, mas só quando botei os olhos na própria terra é que minha imaginação se pôs a trabalhar. Da janela de um trem, eu observava quilômetros e quilômetros do desfile de colinas densamente ocupadas por árvores. O verde exuberante me lembrou de West Yorkshire. Enquanto nos distanciávamos da linha do trem, penetrando nas vilazinhas cheia de árvores, essas colinas transformavam-se em degraus, cortadas em terraços para campos de arroz — às vezes por toda a volta e subindo até o topo, deixando apenas um tufo de árvores na coroa.

Eu jamais vira uma terra tão difícil de ser atravessada. Pelos padrões urbanos de classe média que trouxera comigo, também era terrivelmente pobre. Assim como não havia estradas decentes para impulsionar o desenvolvimento, também não existia espaço nos vales para se construir qualquer fábrica. A maioria das pessoas que viviam aqui pertencia às minorias étnicas miao ou dong, aparentemente empurradas pela pressão populacional para a pior terra disponível. Até mesmo os vegetais nos mercados pareciam atrofiados.

Comecei a me perguntar, já que este lugar continuava tão remoto em 2000, se talvez ao longo das velhas trilhas poderia existir uma China mais próxima à década de 1930 do que a cidade olímpica da "Nova Pequim". Dei-me conta de que a Longa Marcha acontecera há quase setenta anos, no limite para ainda existirem pessoas que pudessem se lembrar. Refazer a Longa Marcha seria embarcar em uma jornada simultânea através do passado e do presente, descobrindo não apenas o que acontecera nos anos 1930, mas como as pessoas e os lugares ao longo da rota do Exército Vermelho foram afetados pela vitória posterior dos comunistas. Andy concordou: certamente seria melhor do que bater o ponto no escritório.

Enquanto a idéia evoluía para um projeto, o general Zeng não foi o único a ter dúvidas. Não é que as pessoas não gostassem da idéia; é que elas pensavam que era impossível. A China só começou a se abrir para o mundo exterior nos anos 1980. A maioria das pessoas, estrangeiros e chineses, supunha que, porque a trilha da Longa Marcha passava por regiões tão remotas, muitas delas ainda eram fechadas a estrangeiros e, portanto, o único modo pelo qual poderíamos seguir os passos do Exército Vermelho seria conseguindo "permissão do governo". Devido à importância política da Longa Marcha, poucos imaginavam que as autoridades estariam dispostas a conceder essa permissão a dois estrangeiros desconhecidos. Além disso, Andy e eu éramos pessoas muito urbanas. Quase não tínhamos experiência de caminhadas, possuíamos conhecimento zero de técnicas de sobrevivência e jamais passáramos mais de dois dias consecutivos numa vila chinesa. Refazer a Longa Marcha segundo o cronograma do Exército Vermelho levaria 369 dias, com uma média diária de 34 quilômetros. Até amigos próximos duvidavam de que duraríamos mais de um ou dois meses.

Quando nos encontramos com o general Zeng, a nossa Longa Marcha era muito mais do que um impulso. Enquanto procurávamos por velhos soldados, Andy e eu delegamos a organização da jornada a Jia Ji, uma pequinesa de 24 anos com um currículo eclético que ia de guia turístico a assistente de marketing, mas que não incluía experiência em expedições com motivações históricas através da China obscura. Em busca de segurança e dicas de sobrevivência, procuramos nosso mais antigo amigo em Pequim, Yang Xiao, também conhecido como "Cara dos Equipamentos". Yang Xiao viveu até os 11 anos na província tibetana de Qinghai, onde seu pai trabalhou como pesquisador. Quando criança, ele andava a cavalo nas grandes pradarias de Qinghai. O amor pelo campo jamais o deixou: ele havia feito caminhadas em lugares desertos por toda a China e se sustentava com o dinheiro que recebia por acompanhar clientes estrangeiros em trilhas naturais, especialmente à Grande Muralha, ao norte de Pequim. Ele tinha uma coluna em uma revista local, assinando como "Cara dos Equipamentos", e sempre parecia que havia acabado de sair das páginas de um catálogo de utensílios para acampamentos — mesmo depois de um fim de semana chuvoso treinando nós dois nas montanhas ao norte de Pequim.

Yang Xiao adorou a idéia. Ele lembrou-se da poesia revolucionária da época escolar e nos ensinou versos pobres da Longa Marcha:

> "Amarga ou não
> Pense e pense mais uma vez
> Na Longa Marcha do Exército Vermelho
> nos 25 mil *lis*."

Na época, Yang Xiao foi um professor e uma inspiração. Bem mais tarde, seria minha salvação.

Para resolver o problema da permissão, precisávamos de alguém oficial que assumisse a responsabilidade por nossas atividades. A busca por esse "patrocinador" era desencorajadora. Parecia que cada dia trazia mais uma reunião, mais alguém interessado, mais uma promessa de "cooperação". Mas a nossa Longa Marcha deveria ser algo fácil de se vender. É difícil exagerar o desejo na China por um maior envolvimento com o mundo exterior, e para que o mundo exterior dê mais atenção e respeito à China. Dois estrangeiros embarcando no mito da fundação do moderno Estado chinês, bem, todos em Pequim podiam ver o apelo. Mas na hora de ações concretas, ninguém queria oferecer nada além de palavras calorosas. Sempre acabava na mesma coisa — "permissão do governo". Todos queriam que nós a tivéssemos, mas ninguém queria dá-la.

Finalmente, optamos por táticas revolucionárias. Assim como Andy, a essa altura eu já trabalhava na mídia chinesa havia quase cinco anos.

Sabíamos que os jornalistas locais fisgariam nossa história e que não existia qualquer razão intrínseca que impedisse sua publicação. Desde que você não diga nada de ruim sobre o Partido Comunista, não mencione os três "T" — Tiananmen, Tibete ou Taiwan — e nem use a palavra "lésbica", o gol fica bastante desimpedido. Decidimos tentar conseguir o máximo de cobertura que pudéssemos, seguindo o princípio de que, se está nos jornais e na TV, deve ser verdade. Quem duvidaria que refaríamos a Longa Marcha, se já havia nos visto afirmar isso na televisão?

A primeira história foi publicada no dia 11 de agosto de 2002, no *Beijing Youth Daily*. Pouco antes de ir para a gráfica, o editor telefonou para Andy e perguntou:

— Vocês têm permissão do governo?

— É claro — disse Andy.

E, alguns dias depois, assim pensaram os 1,7 milhão de leitores.

Andy e eu fizemos um último pedido em busca de apoio a um departamento da prefeitura municipal de Pequim, onde ele foi examinado e rejeitado pelo surpreso vice-líder do Partido Comunista de Pequim. "Eu pensei que eles já tinham permissão do governo", disse ele ao nosso representante. "Eu os vi nos jornais."

Apesar dessa vitória propagandística, no dia da partida de Pequim, uma amiga bem-relacionada ainda ligou para aconselhar contra o embarque no trem. "Vocês podem entrar em uma grande enrascada."

Nossa amiga não tinha apenas problemas políticos em mente. "Segurança" é uma questão importante para estrangeiros na China. Até mesmo em cidades relativamente cosmopolitas como Pequim, os anfitriões chineses freqüentemente ficam nervosos e superprotetores em relação a hóspedes estrangeiros. Também parece haver uma nebulosa suposição de que o campo chinês está tomado por algo perigoso. As autoridades chinesas também gostam de enfatizar a segurança, talvez porque estejam genuinamente preocupadas, mas também porque isso as permite invadir os assuntos de outras pessoas e, de modo geral, manter um olho sobre quem está fazendo o quê. O assédio da polícia é quase sempre precedido pela garantia de que os policiais estão aqui "para a sua segurança".

Achávamos que a segurança era a última de nossas preocupações.

Imaginávamos que podíamos dobrar os policiais locais. Nós nos preocupávamos com os 25 mil *lis* (12.500 quilômetros). Achávamos que nosso chinês era inadequado, uma preocupação agravada pelas pessoas que nos diziam que os camponeses falavam dialetos incompreensíveis que jamais entenderíamos. Nós nos preocupávamos por jamais termos caminhado 32 quilômetros em um único dia na vida, por nossas mochilas pesarem vinte quilos cada e por nossos mapas só exibirem espaços vazios onde deveria haver a trilha da Longa Marcha.

Quatro amigos, incluindo a muito prestativa namorada de Andy, Jiao Pei, se juntaram a nós na viagem noturna de trem para Nanchang, seguida por 320 quilômetros ao sul em um ônibus para Ruijin, a capital da República Soviética Chinesa de 1931 a 1934 e onde a maioria das pessoas acredita que a Longa Marcha teve início.

Graças ao trabalho de propaganda de Jia Ji, descobrimos que não éramos alvo de investigações policiais e sim de reportagens diárias no *Jiangnan City News*, o maior jornal de Jiangxi. Minha ex-colega de trabalho Sarah Bai examinou o mais recente artigo.

— Você gosta de almôndegas de peixe? — perguntou ela.

— O quê? Não particularmente. Por quê?

— Diz aqui que você gosta de almôndegas de peixe.

— Mas eles nem me entrevistaram ainda. Do que mais eu gosto?

— Diz que Andy acha que Jiangxi é "como o rosto de uma linda jovem".

Não podíamos realmente ficar irritados com o *Jiangnan City News*. A veia poética imaginária de Andy não fez mal algum às nossas relações públicas e eu podia agüentar um ocasional prato com almôndegas de peixe.

Ruijin hoje é uma pequena cidade-condado, o que a coloca mais ou menos no meio da hierarquia administrativa chinesa. (A China é basicamente dividida em províncias, depois em cidades e condados. Abaixo dos condados estão os *zhen*, maiores, e *xiang*, menores. Por fim, há as vilas, o berço da revolução campesina da China e que até hoje abrigam mais da metade da população chinesa.) Embora Ruijin seja empoeirada e escura à noite, sua importância histórica ajudou na captação de dinheiro governamental para manter as aparências. A praça central é cercada por prédios novos e limpos, de cinco ou seis andares, e o próprio largo é decorado por uma fonte iluminada com cores vivas e os mesmos néons coloridos que adornam as áreas públicas por toda Pequim desde o qüinquagésimo aniversário da República Popular em 1999.

Nós só fôramos ali para ver as atrações revolucionárias — nossa Longa Marcha estava programada para começar 64 quilômetros a sudoeste, em uma cidade chamada Yudu, e as pessoas de Ruijin não ficaram contentes com essa escolha de ponto de partida. Do chefe do Escritório de Assuntos Estrangeiros ao guia no Museu do Governo Soviético de Jiangxi, elas demonstraram sua condescendência pela nossa ignorância e insistiram em que a jornada deveria começar de sua cidade.

Para muitos soldados vermelhos, a Longa Marcha realmente começou em Ruijin. Mas a história chinesa a vê como o ponto inicial por uma única razão — os *líderes* partiram dali. Andy e eu queríamos um ponto de partida alternativo no mínimo para fazer um gesto contra o culto aos líderes, mas também tínhamos razões sólidas para rejeitar Ruijin. As forças vermelhas estavam espalhadas por toda a região soviética, mas durante a primeira quinzena de outubro de 1934 todas elas se reuniram em Yudu e suas cercanias. Avaliamos que esse era o local mais lógico para começar.

As pessoas de Yudu gostaram bastante.

"Absolutamente certo", disse o Sr. Zhong, do Escritório de Assuntos Estrangeiros local. "É claro que Yudu é onde a Longa Marcha começou. É como se você fosse se juntar a uma excursão, onde você diria que a viagem começou? Você diria, por exemplo, no aeroporto de Pequim, não a partir da sua casa."

Um obelisco de concreto marca hoje um dos oito pontos em que os soldados vermelhos cruzaram o rio Yudu. Esse "Primeiro Ferry da Longa Marcha" fica a cerca de oitocentos metros do centro da cidade e tem destaque porque é onde Mao Tsé-tung começou sua jornada, em 18 de outubro de 1934 — dois dias após as primeiras unidades partirem. Na época, contudo, a proeminência de Mao morava no futuro. Embora fosse um membro destacado do partido desde a sua fundação, e um dos apenas 13 delegados ao Primeiro Congresso do Partido Comunista chinês em Xangai em 1921, ele tinha divergências com muitos colegas a respeito do papel primário do campesinato na revolução chinesa. Entre 1931 e 1934 houve um esforço organizado para marginalizá-lo do partido e da liderança do Exército Vermelho. A essa altura, o Partido Comunista era dominado por um grupo de jovens homens educados em Moscou que não confiavam no estilo e pensamento heterodoxos de Mao. Muito provavelmente, eles também o achavam inferior. A educação de Mao não passara do colegial. Ele chegara à Universidade de Pequim, mas apenas como bibliotecário. Ele jamais saíra da China.

Quando a Longa Marcha começou, a maior autoridade no Exército Vermelho era o chamado "grupo dos três homens". Teoricamente, a palavra final era de Bo Gu, um homem de 26 anos que passara quatro anos em Moscou e assumira o comando do Partido Comunista chinês com a bênção do Comintern — a Internacional Comunista —, que basicamente seguia as ordens de Stálin para expandir os interesses da União Soviética. O número dois era Zhou Enlai, 36 anos, comissário político do Exército Vermelho e futuro premiê da República Popular da China. O terceiro era um comunista alemão de 34 anos chamado Otto Braun, um homem com um passado em política revolucionária. Braun havia sido acusado de alta traição em Berlim, em 1926. Dois anos depois, sua namorada liderou o grupo de comunistas que o libertou da prisão e ele fugiu para a União Soviética. Ele foi mandado à China pela inteligência soviética em 1932.

Nas fotografias, Braun parece ser um sujeito alegre. Enquanto os líderes chineses preferiam contemplar as lentes com seriedade vitoriana, o retrato mais conhecido de Braun, provavelmente tirado em Yan'an em 1937, o mostra com um grande sorriso para a câmera. É difícil conciliar essa imagem com o Braun que aparece nos filmes e livros de história chinesa. O Otto Braun oficial é uma espécie de bandido de história em quadrinhos, um bufão quase que inteiramente responsável pelo fracasso em repelir o avanço de Chiang Kai-shek e pelos desastres que em pouco tempo se abateriam sobre o Exército Vermelho na Longa Marcha. Em uma série da televisão chinesa sobre a Longa Marcha, feita em 2001, Braun passa pelo menos noventa por cento de seu tempo na tela dando socos em mesas, gritando com seus companheiros chineses e descartando conselhos sensatos. Na cena mais memorável, ele persegue com as calças arriadas uma moça do Exército Vermelho. A garota é salva pelo Camarada Mao, que a envolve com um abraço paternal enquanto ataca o desrespeito de Otto Braun às mulheres chinesas — uma piada irônica magnífica, dado o bem conhecido entusiasmo de Mao em traçar jovens camponesas.[2]

Até o momento em que paramos na margem norte do rio Yudu, 68 anos depois, Otto Braun ainda era o único estrangeiro que se sabia ter caminhado todo o percurso da Longa Marcha.

O rio tinha cerca de sessenta metros na altura do Primeiro Ferry. Algumas dragas faziam barulho entre algumas pilhas de pedras a dois terços da travessia. Fora isso, nada mais perturbava as águas calmas. O sol mal havia surgido quando chegamos no dia 16 de outubro. Para nossa partida, tínhamos uma dupla de autoridades de Yudu, um cinegrafista da estação de TV de Yudu, um fotógrafo do *Jiangnan City News* e meia dúzia de curiosos que caíram da cama.

Uns poucos alunos da escola primária passaram vagarosamente ao lado do Maior Momento de Nossas Vidas a caminho da aula. Alguns pararam para dizer "oi" ou apenas para examinar a nossa inusitada presença. Andy e eu posamos para fotos e então caminhamos pela margem do rio por cerca de oitocentos metros, até onde hoje existe uma ponte moderna no local em que o 3º Grupo do Exército atravessou num pontão. Uma faixa sobre a extremidade norte da plataforma a anuncia como "A Primeira Ponte da Longa Marcha".

Eu não queria pensar na estrada à frente: o gelo e o ar rarefeito das Montanhas de Neve, os brejos venenosos e espaços desertos dos Pântanos, os animais selvagens, os 25 mil *lis*. E esses eram apenas os destaques nos livros de história. Eu não sabia o que estava à espera entre cada uma dessas coisas. Eu não sabia que Andy já estava com uma doença crônica. Eu não sabia se estrangeiros tinham permissão para caminhar por todas as partes da trilha da Longa Marcha. Excetuando-se os marcos famosos, eu nem sequer tinha certeza sobre para onde devíamos ir.

Sempre rejeitei as sugestões de que estávamos interessados em "recriar" a Longa Marcha. Isso é ridículo, falei. Nós queremos fazê-la da maneira mais segura e fácil possível. Mas tínhamos uma coisa em comum com o Exército Vermelho quando cruzamos aquela ponte em 16 de outubro de 2002 — nós estávamos fazendo a aposta mais alta de nossas vidas.

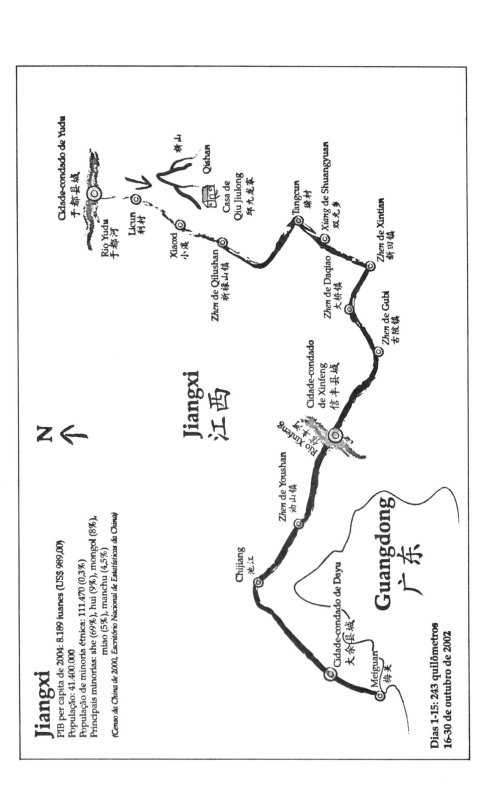

Capítulo 1

Primeiros Passos

O caminho para Licun separa-se da rodovia cerca de oitocentos metros ao sul da ponte sobre o rio Yudu. É margeado nos dois lados por colunas de pedra de meio metro que ostentam os caracteres chineses do mantra budista *"Om mani padme hum"* — que o Dalai Lama traduz como "grande e vasto". Os campos estão tomados pelo som das debulhadoras de arroz — caixas de madeira movidas a pedais, acionados pelos pés de mulheres. O debulhar não pára nunca, nem mesmo quando eu me detenho para olhar, nem quando as mulheres dizem "Por favor, não!" em resposta ao meu pedido para tirar uma foto. Em outros campos, batatas-doces estão quase prontas para a colheita. Os aldeões deram-nas aos soldados vermelhos quando estes partiram 68 anos atrás; mas ninguém nos oferece nada. Então chupamos tangerinas enquanto descansamos debaixo de uma placa que anuncia que "O exército ama o povo, o povo apóia o exército. O exército e o povo estão unidos em uma família".

Sinto um ligeiro nervosismo quando o primeiro carro de polícia do dia se aproxima, mas o motorista dá uma buzinada amigável e prossegue sem parar. Perto de Licun, outro carro da polícia diminui a velocidade. Nós sorrimos e acenamos. Uma mão se agita na janela do passageiro e os policiais seguem em seu caminho. À medida que as preocupações com uma prisão iminente vão desaparecendo, passamos a ignorar os carros policiais subseqüentes e eles também nos ignoram.

Em retrospecto, Licun é uma localidade excelente, com abundantes confortos da vida moderna. A vila tem uma estrada pavimentada, com ônibus regulares para a cidade-condado. Ela tem rudimentares lojas de esquina, conhecidas como *xiao mai bu* (literalmente "pequeno escritório de vendas") e majoritariamente dedicadas ao comércio de cigarros e álcool, mas que também costumam oferecer bebidas não-alcoólicas e até mesmo lanches. Há restaurantes simples e uma hospedaria, que tem eletricidade — ocasionalmente — e uma TV preto-e-branco em quartos que custam 5 iuanes (cerca de US$ 0,60 na época) por cama. Hóspedes que desejam um banho ganham um balde vermelho cheio de água quente e são encaminhados a um recinto não muito bem azulejado no segundo andar, onde a privada consiste no padrão chinês de um buraco no chão.

O problema no Dia 1 da Longa Marcha é que não temos parâmetros de referência. Para dois gordos rapazes urbanos, Licun parece o início sombrio de uma sombria nova vida. Nossos quatro amigos caminharam conosco até aqui, um tranqüilo percurso plano de menos de 15 quilômetros, mas agora eles estão acenando do ônibus que retornará para Yudu. Eles esvaziaram os bolsos e nos deram todos os seus trocados — não será fácil trocar aqui as notas de 100 iuanes (cerca de US$ 12,00) do nosso fundo para a Longa Marcha. Andy descobre um canto silencioso e murmura um desajeitado adeus para Jiao Pei.

Na maior parte do dia esteve garoando, mas logo após a saída de nossos amigos uma tempestade surge para interromper a eletricidade em toda Licun. Jogamos xadrez em um tabuleiro com peças imantadas sob a luz de velas, enquanto uma galinha dá voltas na mesa, procurando migalhas no chão sujo. Nossa companhia bica uma guimba de cigarro, enquanto o dono da hospedaria se preocupa com as opções para o jantar.

Andy não come carne desde os 17 anos. Tenho uma razoável certeza de que nenhum vegetariano percorreu a trilha da Longa Marcha e assim Andy pelo menos está a caminho de realizar um feito único. A maioria dos chineses, todavia, não vê isso com bons olhos. A imaginação popular encara o Andy que não come carne como um ser fraco, vulnerável, propenso a doenças, fraqueza e, certamente, uma falta crônica de força muscular.

Num lugar em que os marcos na estrada apresentam inscrições budistas, você poderia pensar que o vegetarianismo seria um conceito respeitável — especialmente porque carne era um luxo para a maioria dos camponeses antes do fim do sistema de comunas há apenas 25 anos.

As comunas eram grandes empreendimentos coletivos que garantiam o controle do partido sobre a produção agrícola e o processo de distribuição. Isso foi útil para o governo de Mao quando tentava extrair excedentes do campo para dar apoio ao desenvolvimento industrial com planejamento central. Mas como sufocavam a iniciativa individual, as comunas tenderam para a estagnação e a mediocridade. Em 1979, três anos após a morte de Mao, a nova liderança, tendo à frente o veterano da Longa Marcha Deng Xiaoping, começou a introduzir o "sistema de responsabilidade das famílias". Sob esse sistema, cada família recebia terras do Estado mediante contrato e então assumiam a responsabilidade sobre como cultivavam a "sua" terra. Exceto por uma pequena cota para o Estado, as famílias ficavam com tudo o que produziam. Era uma espécie de arranjo público-privado, que com um só golpe restaurou a motivação do lucro e deu suficiente senso de estabilidade de longo prazo para encorajar investimentos e melhorias. A agricultura floresceu sobre essa base.

Talvez a memória rural seja curta.

— Eu não como carne — diz Andy.

— O quê? — diz a mulher do dono.

Não faz muita diferença o que você diz na primeira vez em que fala chinês para alguém no campo do país. Eles quase sempre respondem com um "O quê?" ou um "Não entendo". No começo, nós pensamos que era porque somos estrangeiros, mas à medida em que nossa viagem progrediu vimos conversas semelhantes entre chineses urbanos e camponeses. (A propósito, não pretendo ser rude ao chamá-los de "camponeses". O jornal oficial *China Daily*, escrito em inglês, considera "camponês" como ofensivo e traduz "*nongmin*" como "fazendeiro". Mas os estilos de vida, a organização social e as práticas agriculturais da maioria dos *nongmin* não se parecem em nada com "fazendeiros" do modo como pensamos neles no Ocidente.) Confusões de comunicação acontecem o tempo inteiro com os amigos de Pequim que se juntam a nós na estrada — para a irritação deles e nossa equivalente e oposta satisfação. Os camponeses tendem automaticamente a supor que não conseguem entender o que esse ser alienígena está dizendo, e, desse modo, inicialmente não se preocupam em ouvir. É como ajustar o *dial* de um rádio — geralmente, bastam algumas frases para o camponês sintonizar e captar o sotaque estranho.

— Eu não como carne — Andy repete.

— Você não come carne! — a senhoria faz uma pausa para digerir essa impressionante declaração. — O que você come?

— Que vegetais você tem? — pergunta Andy.

— *Bai cai*.

Repolho. Andy odeia repolho. Ele odeia especialmente o repolho chinês, frito e jogado em um prato numa poça de óleo e água.

— O que mais você tem?

Há uma pausa. Nossa anfitriã olha para Andy, e então pergunta:

— Você come galinha?

Nos livros escolares chineses, os marchadores "comiam amargura", uma frase chinesa comum para expressar sofrimento. O cardápio do Dia 1 da nossa Longa Marcha registra "repolho mole e arroz branco frio".

Na manhã seguinte, encontro Andy na rua enlameada no meio de uma multidão de cerca de vinte aldeões.

— Alguém aqui se lembra do Exército Vermelho? — pergunta ele.

As pessoas coçam a cabeça e discutem entre si. Andy responde perguntas sobre quem somos e o que diabos estamos fazendo em Licun, enquanto entretenho os moradores tentando indicar por sinais estar com a garganta inflamada. Por fim, um senhor de setenta anos, chamado Gao Jiuhua, assume o controle.

— Há um homem muito velho que estava aqui na época — diz ele.

Alguns dos demais anciões da vila falam para Gao calar a boca e não desperdiçar nosso tempo.

Escrevo num bloco de notas:

— Podemos ir vê-lo?

— Certamente — diz Gao.

Ele nos conduz por uns duzentos metros até uma parte antiga da vila, onde todas as casas são feitas com estruturas precárias de tijolos de barro e madeira escura, e nos faz sentar diante de uma mesa quadrada de madeira numa sala sombria. Levantamos imediatamente quando um homem bastante idoso e encarquilhado entra, caminhando com dificuldade e apoiando-se em duas bengalas. Ele veste uma farda Mao azul e um gorro marrom de tricô com uma bola de lã no topo. Gao diz que seu nome é Chen Yingchun.

Rapidamente fica claro por que os outros falaram para Gao não se incomodar.

— Euurayah — diz Chen, fazendo sinal para nos sentarmos.

— Olá — diz Andy. — Nós estamos estudando a Longa Marcha, e o Sr. Gao contou que o senhor estava aqui quando o Exército Vermelho passou por Licun.

— Eugha — diz Chen.

A neta de Chen, Chen Quandi, oferece xícaras com água quente e um prato de amendoins plantados em casa.

— Meu avô está muito velho — fala ela. — Ele está completamente surdo há dez anos, então não pode entender o que vocês dizem.

Chen talvez não possa compreender o motivo pelo qual dois estrangeiros estão sentados em sua casa, mas, de qualquer modo, parece contente. Ele pega o seu carnê de aposentado e o mostra a nós. Ele nasceu em 1913 e recebe 360 iuanes (US$ 44,00) por mês. Isso é um tanto extraordinário, já que normalmente camponeses não recebem nenhum dinheiro do Estado. A neta Chen Yanming explica:

— Meu avô alistou-se no Exército Vermelho quando eles vieram aqui em 1934. Ele marchou com eles até Xinfeng, mas sua unidade estava na retaguarda e foi separada pelo Guomindang antes de conseguir cruzar o rio. Ele não teve como atravessar, então voltou para casa.

Ao deixar a República Soviética, o exército marchou numa formação de três colunas, com a liderança do partido e o comando militar no centro. Como o Exército Vermelho chinês era organizado de uma maneira bastante diferente do exército britânico, não é fácil traduzir sua estrutura. As forças na área da base de Jiangxi eram agrupadas no 1º Front do Exército Vermelho (*hong yi fangmian jun*), com Zhu De como comandante-em-chefe e Zhou Enlai como comissário político. No início da Longa Marcha, o 1º Front do Exército era constituído por cinco *jun tuan*, ou "Grupos do Exército", cada um liderado por um comandante militar cuja patente era, grosso modo, equivalente à de general do exército britânico. Ao lado de cada general havia um comissário político, que na teoria estava acima do colega militar. Abaixo do nível de Grupo do Exército, as designações mais ou menos correspondiam aos equivalentes do exército britânico, isto é, regimento, batalhão, companhia, sendo que cada um deles tinha seu próprio comissário político.

O 5º Grupo do Exército defendia a retaguarda, para onde foi destacado o novo recruta Chen Yingchun. Ele marchou apenas sete dias antes de sua companhia perder contato com a força principal durante a Batalha de Xinfeng. Mas apesar de ter ficado somente uma semana, ele é um homem que participou da Longa Marcha. Se tivesse conseguido cruzar o rio em Xinfeng, ele muito provavelmente teria morrido. Por outro lado, como outros sobreviventes da Longa Marcha, ele poderia ter ascendido ao topo da sociedade chinesa. Do mesmo modo que o general Zeng, que passou a infância não muito longe daqui, ele poderia ter terminado seus dias em um belo pátio no centro de Pequim. Em vez disso, ele trabalhou nos campos toda a vida, não tendo nada para mostrar além do carnê de aposentadoria pela sua arrojada decisão de setenta anos atrás.

Chen não tem nenhuma revelação excitante para nós, nenhuma narrativa de coragem e heroísmo. Nenhum historiador de Pequim jamais veio aqui para ouvir o que tinha a dizer ou para registrar seu nome em livros. Somente a família celebra as memórias de sua vida. Mas fico emocionado por poder comer seus amendoins, apesar de já estarem amolecidos. Para mim, isso traduz exatamente a Longa Marcha. Andy e eu estamos andando pelos espaços em branco entre os grandes momentos dos livros de história, procurando por conexões pessoais com o passado.

Nosso mapa também está cheio de espaços vazios, e nos perdemos em um deles no Dia 3. No campo chinês, há basicamente dois tipos de caminhos: o *"xiao lu"* e o *"ma lu"* — literalmente, "estrada pequena" e "estrada de cavalo". Sei que o primeiro é um termo geral para estrada, mas na primeira vez que ouço *xiao lu* presumo que se trata daquilo que soa, talvez uma larga trilha de terra, em vez da estrada pavimentada. Na verdade, *xiao lu* significa trilha a pé.

Apenas cerca de 15 quilômetros separam as cidades de Xiaoxi e Qilushan, e o caminho entre elas é completamente plano. No fim, levamos em torno de dois dias e meio, e no processo aprendemos quase tudo que há para se saber a respeito de pedir orientação e *não* seguir trilhas de lenhadores montanha acima durante o pôr-do-sol.

O caminho que tomamos na verdade é um beco sem saída — o fim de uma trilha de cortadores de bambu. Na luz do pôr-do-sol, é um caminho alagado cheio de bambus cortados, alguns do tamanho de um copo de cerveja, outros com o comprimento do travessão de um gol. Não há onde apoiar os pés ou as mãos. Nós nos agarramos a raízes e galhos, enquanto os bambus rolam, escorregam e chocam-se sob nossos pés. O barulho é como se estivéssemos martelando um xilofone. As encostas são íngremes e tomadas por mato comprido. Não há lugar plano em parte alguma — exceto bem acima de nós, onde os cortadores de bambu abriram espaço para um acampamento. Enquanto jogamos nossos corpos ali sob os últimos raios de sol do dia, eu agradeço aos cortadores ao mesmo tempo que os amaldiçôo por terem aberto a picada que nos desviou da rota.

Andy escorrega de volta pelos bambus para pegar um pouco de água. Telefono para Jia Ji.

— Como vocês estão? — pergunta ela.

— Estamos na hospedaria em Qilushan — minto. — Estamos bem.

Nesse estágio, e depois de tanta discussão sobre "segurança", nós estamos preocupados com o que as autoridades podem pensar. Ficamos com o medo constante de sermos mandados para casa, acreditando que só chegamos a esse ponto graças a uma espécie de embuste. E gostaria que as autoridades não soubessem que eu parti para refazer a Longa Marcha sem saber qual era a palavra para trilha a pé.

Na manhã seguinte, estávamos completando quase 24 horas sem ver outros seres humanos quando uma dupla de camponeses surgiu adiante, cada um com uma vara equilibrada sobre os ombros, das quais pendiam das extremidades pesadas cestas de 15 quilos cheias de grãos. Qiu Jiulong e sua mulher, Yang Jiangxiu, estão trazendo arroz do mercado em Qilushan. Qiu sorri e se oferece para nos levar até lá — é muito perto, diz ele, mas que tal um café-da-manhã antes?

A casa de Qiu é típica dessa parte de Jiangxi — as paredes são de tijolos feitos com a rica terra vermelha da região e cobertas com uma camada de cal. De longe, você quase pensaria estar num campo da França. Quando as casas são tão bem construídas quanto a de Qiu, formam uma vista e tanto. Compartilhamos um café com uma massa frita de batatas, batatas-doces, condimentos de alho e pimenta-malagueta, um tipo de feijão e picles de vegetais silvestres. Para ajudar a descer, bebemos água de mel, cortesia das colmeias que Qiu mantém sob o telhado.

— O que vocês estão fazendo aqui? — pergunta Qiu. — Não há nada interessante aqui para turistas.

— Não somos turistas — respondo. — Nós estamos refazendo a Longa Marcha.

— Ah, a Longa Marcha. Por que vocês não pegaram o ônibus para Qilushan?

— Nós não vamos de ônibus. Nós vamos fazer todo o caminho a pé.

— A pé!? Vocês realmente têm determinação!

— O Exército Vermelho passou por aqui? — pergunta Andy.

— Por aqui, sim. Há um memorial à Longa Marcha na montanha acima daqui, onde o exército caminhou pela cordilheira de Pangushan a Qilushan. Vamos lá às vezes para colher cogumelos. Posso levá-los lá após o desjejum. Por que vocês não passam o dia conosco? Vocês podem dormir aqui.

— Obrigado, mas já estamos atrasados — diz Andy. — Realmente precisamos ir para Qilushan.

— A que distância fica o memorial? — pergunto.

— Não muita.

— Quanto é "não muita"? — pergunta Andy.

— Fica a apenas duas horas — diz Qiu. — Podemos ir lá e depois eu os levo a Qilushan.

Trepadeiras agarram-se aos nossos pés e a trilha de pedra vira lama e depois desaparece, enquanto Qiu e seu filho de dez anos, Lujun, abrem caminho montanha acima — a mesma montanha em que acampamos na noite passada. ("Vê? Não estávamos perdidos", digo. "Nós estávamos o tempo inteiro na trilha da Longa Marcha.") Lujun inclina-se para decapitar uma cobra com sua machadinha. Andy fica preocupado.

— Há outros animais selvagens por aqui? — pergunta ele.

— Oh, sim — responde Qiu. — Há javalis e touros selvagens, além das cobras.

Durante as pausas, Qiu e Lujun cavam ao redor dos bambus procurando por raízes comestíveis. Eu mato a minha sede com várias tangerinas que Lujun pegou na solitária árvore que cresce na beirada da sua propriedade. São as melhores tangerinas que já comi na vida, com sua doçura temperada com um leve azedo. Qiu sorri e elogia o solo — tão bom, diz ele, que não precisa de fertilizantes.

— Sabe, ouvi dizer que os velhos contam que o Exército Vermelho teve que chapinhar pelos arrozais daqui na Longa Marcha, porque as trilhas eram muito estreitas para todos eles andarem ao mesmo tempo. Quando eles saíram cobertos de terra molhada, eram mesmo um exército vermelho.

— E aí, senhor Qiu, o senhor acha que está longe? — pergunta Andy.

— Não muito.

— Quanto?

— Não muito.

Como colocou um amigo de Pequim certa vez em que eu reclamei desse tipo de vaivém: "O chinês é uma língua vaga, como um poema às vezes."

"Duas horas" vem a ser "pelo menos oito horas" no poético idioma rural de Qiu. A meio caminho da subida da montanha, Qiu admite que não conseguiremos chegar ao topo nesta tarde. Chove durante toda a volta para casa.

— Por que vocês não passam a noite aqui? — sugere Qiu. Estamos ensopados e o sol está para ir embora. Andy faz uma careta. Qiu nos convence.

Enquanto jantamos, o volume da TV preto-e-branco de 12 polegadas da família é abaixado. Saddam Hussein silenciosamente ergue um fuzil em comemoração a um referendo que lhe deu mais sete anos no poder. Na notícia seguinte, imagens de George W. Bush e porta-aviões americanos sugerem que o tempo de Saddam se está esgotando.

Mas Qiu não se interessa pela política cheia de eletricidade na TV. Ele quer conversar sobre a eletricidade *da* TV.

— Nem sempre podemos ver TV e acender as luzes ao mesmo tempo, sabe — diz ele. — A nossa força vem de um gerador que eu ponho no riacho, então a quantidade de força que temos depende de quanto chove.

— Há quanto tempo você tem eletricidade? — pergunta Andy.

— Muito tempo. Dois ou três anos. Mas as mudanças aqui são muito lentas. O governo local não põe eletricidade aqui porque tem muito pouca gente e eles acham que é muito caro.

Qiu está descontente. Ele volta várias vezes ao mesmo tema — as mudanças são muito lentas e ninguém liga para pessoas como ele. Talvez ele nos tenha mantido aqui só para ter com quem conversar.

— Diga a eles em Pequim, diga a eles como é a vida aqui. Eles vão escutá-lo. Quem nos escuta?

Qiu tem quatro filhos. O mais velho, um rapaz de 17 anos, e uma moça de 15 anos já saíram de casa e trabalham em Shenzhen, que cresce à grande velocidade no sul da China e é a mais famosa das novas cidades construídas dentro da "Teoria Deng Xiaoping".

Deng Xiaoping começou a Longa Marcha com 30 anos, 11 anos mais jovem do que Mao, que completou 41 anos dois meses depois de iniciada a odisséia do Exército Vermelho. Dois anos após a morte de Mao, em 1976, Deng firmou-se como o sucessor de longo prazo do Camarada, tornando-se o núcleo pragmático daquela que viria a ser conhecida como a liderança da "segundo geração". Deng fez uma revisão da ortodoxia comunista, propondo que a China seguisse o caminho do "socialismo com características chinesas". O resultado prático disso foi um tipo de capitalismo patrocinado pelo Estado, iniciado em Shenzhen e em três outras Zonas Econômicas Especiais estabelecidas em 1980. Na época, Shenzhen era uma zona pesqueira no delta do rio Pérola, ao norte de Hong Kong. Sua população somava em torno de 300 mil habitantes. Vinte anos mais tarde, transformou-se em uma cidade industrial com mais de sete milhões de moradores, dos quais quase 85 por cento são designados como "residentes temporários".[1]

Shenzhen está cheia de camponeses que foram *da gong*, uma expressão que ouviremos centenas de vezes em nossa jornada através da China rural. Se alguém foi *da gong*, isso significa que abandonou o campo para trabalhar na cidade em empregos que vão de operário em fábricas e construções a massagistas ou faxineiros. Também encontraremos muitos jovens que voltaram para casa, incapazes de agüentar o trabalho em condições que remetem à Inglaterra vitoriana — o tipo de situação em fábricas que verdadeiramente inspirou as obras de Marx e Engels.

Os filhos mais novos de Qiu Jiulong, Lujun e Luhua, vão à escola em Qilushan, a cinco quilômetros de distância. Qiu sorri para Lujun e diz: "Este aqui me custou mil iuanes."

Na região de Qiu, os camponeses podem ter apenas dois filhos, de acordo com os regulamentos da "natalidade planejada" (*jihua shengyu* em chinês, que geralmente é resumida como a Política de Um Filho pela mídia ocidental). Filhos extras custaram a Qiu multas de mil iuanes (US$ 120,00), que ele alegremente pagou para poder registrar devidamente as crianças — ele exibe os documentos governamentais que listam seus filhos. O dinheiro veio do mercado em Qilushan, onde Qiu vende a produção da fazenda e frutas e vegetais silvestres da nossa montanha favorita. Em um bom dia nesta época do ano, diz Qiu, ele pode arrancar 11 quilos de raízes de bambu, que são vendidas a 6 iuanes o quilo. A sua maravilhosa tangerineira pode produzir cinqüenta quilos, vendidas a 2 iuanes o quilo.

Nada é desperdiçado nesta casa. As sobras do desjejum são misturadas nos pratos novos. E, apesar do fato de que o povo chinês tradicionalmente prepara uma grande produção para os convidados, nem um naco de carne é servido — para grande alívio de Andy. Eles são anfitriões generosos e encantadores e, se todos os camponeses na trilha da Longa Marcha revelarem-se como estes, nossa viagem pode demorar até dez anos.

Andy vomita o seu yakimeshi nas cercanias de Qilushan no Dia 5. Ele nunca foi de comer muito ao acordar. Ele tentou mudar seus hábitos para acumular forças para a Longa Marcha, mas não deu certo. Daqui para a frente, ele desiste do desjejum, trocando-o por um lanche no meio da manhã, e tudo parece ir bem.

Nosso senhorio em Qilushan desenhou um mapa no verso de um maço de cigarros e, apesar dos problemas estomacais de Andy, conseguimos fazer os 24 quilômetros necessários antes do cair da noite. Pela primeira vez, entramos naquilo que os chineses chamam de *shan qu*, um "distrito da montanha", e o frio do inverno é cortante. Após nos instalarmos na única acomodação disponível em Tangcun, saímos para jantar.

Depois de Andy agradecer à garçonete por trazer um prato, ela pára e o encara.

— Você é muito educado — diz ela, dando-lhe as costas e indo para a cozinha antes de Andy poder se desculpar. Ela volta com outro prato com mais alguma coisa frita.

— Obrigado — diz Andy.

— Pare com isso! — fala a garçonete. — Nós não fazemos isso aqui.

Acho a etiqueta chinesa igualmente desconcertante. Pessoas saem da cozinha, apontam para nossa comida e dizem: "Não está boa?"

Como geralmente não está boa, eu ao mesmo tempo receio e detesto essa pergunta. Eu pensava que tinha deixado esse *nonsense* de falsa modéstia para trás na Inglaterra. Dei meia volta no mundo, até um lugar em que nenhum estrangeiro jamais colocou os pés, para ter que dizer "Não, não, a sua casa é muito limpa, o seu novo corte de cabelo é ótimo, o seu traseiro não parece grande com essas calças"?

O cozinheiro de Tangcun se aproxima. Tento me antecipar.

— A comida estava deliciosa — minto.

— Ah, não, não estava — diz o cozinheiro.

— Não, sério, você é um grande cozinheiro.

— Não, não, eu não sou nem um pouco bom.

— Sim, você é.

— Não, não sou.

É irritante, mas apenas imagine se nós subitamente começássemos a falar honestamente, sem rodeios. Nossas duas grandes civilizações ruiriam numa nuvem de constrangimento.

Enquanto nos movemos para sudoeste, na direção da fronteira entre Jiangxi e a Província de Guangdong, a caminhada diária estende-se a 32 quilômetros e até mais. Em Pequim, tínhamos treinado enchendo mochilas com uma dúzia de garrafas de 1,5 litro de água e andado pela Avenida do Terceiro Anel. Conseguimos completar 32 quilômetros apenas uma vez, ao fim da qual eu tinha perdido a unha do meu dedinho esquerdo e estava com tantas bolhas que não pude usar minhas botas durante uma semana. Com pausas de dez minutos a cada hora, mais uma hora para o almoço, agora estamos na estrada durante pelo menos nove horas por dia. Mas as picadas e trilhas sujas da rota da Longa Marcha são muito mais suaves que o asfalto da capital chinesa. Meus pés estão sem bolhas e eu fico mais forte a cada dia. O desafio mental, porém, não diminuiu. Tento nunca pensar além da próxima parada, dividindo o dia em etapas administráveis, que jamais ultrapassam uma hora. Andy e eu freqüentemente andamos separados, com nossos ritmos próprios, assim um não tem a oportunidade de se irritar com a pressa/lentidão do outro. Inventamos estratégias para passar o tempo. Por exemplo, Andy pergunta: "Se você pudesse escolher três mulheres para acompanhá-lo na Longa Marcha, quem seriam?" Depois nós mudamos e passamos a nomear todas as províncias da China.

Em agosto de 1934, dois missionários estrangeiros foram seqüestrados por uma unidade do 6º Grupo do Exército pouco antes de unir-se com o 2º Grupo do Exército, de He Long, na Província de Guizhou. Durante os mais de quatrocentos dias de cativeiro, Rudolf Bosshardt e Arnolis Hayman recorreram a estratégias similares para matar o tempo. Bosshart escreveu: "Como exercício para a memória, nós rememorávamos o máximo possível de passagens [das Escrituras] sobre certos temas, como sacrifício, santidade, amor, sofrimento prolongado; primeiro selecionando aquelas que começavam com 'A', depois 'B' e daí em diante por todo o alfabeto."[2] Pouco depois de entrarmos na cidade-condado de Xinfeng, Andy transforma o passatempo em um jogo que revela ligações sexuais fictícias entre celebridades justapostas alfabeticamente. Assim, Jim Rosenthal e Steve Strange formam uma inesperada união, enquanto Quentin Tarantino, Abel Xavier (ex-beque português com uma cabeleira engraçada) e Catherine Zeta-Jones fazem atos lascivos cada vez mais ousados.

A cor e a forma da terra estão mudando. A cidade-condado de Xinfeng é oficialmente a "região da laranja". O governo local chegou à conclusão de que o negócio da laranja dá dinheiro, e por todos os lados podemos ver agriculturas tradicionais sendo abandonadas em prol da nova onda. Terra fresca — também da cor laranja — aparece em todos os cantos onde a vegetação foi aberta e as colinas aplainadas para receberem filas e filas de árvores com folhagem verde-escura, a maior parte com menos de dois metros de altura. Esses novos laranjais estão a três anos da maturação, mas já há pomares dando frutas que os moradores locais afirmam que vão rivalizar com as importadas dos EUA. Faixas vermelhas penduradas nos topos das colinas exortam as virtudes do desenvolvimento agrícola. Caracteres vermelhos de um metro grafitados nas paredes das casas declaram que "cuidar de laranjas é melhor do que cuidar de filhos".

A maior cidade antes da própria Xinfeng é Gubi, perto do campo de batalha onde o Exército Vermelho rompeu a segunda das quatro linhas de bloqueio do Guomindang. Mais uma vez, eles encontraram pequena resistência. As linhas de bloqueio tinham sido planejadas como parte de uma estratégia de cerco para fazer definhar a vida dentro da base comunista, cortando as comunicações e destroçando a economia local. Elas não tinham sido pensadas para confrontar o êxodo de todo o Exército Vermelho. Os vermelhos não encontrariam uma resistência séria antes da quarta e última linha de bloqueio, feita no rio Xiang, em Guangxi, a duas províncias de distância.

Entro em Gubi pouco após escurecer e encontro Andy esperando nos degraus de uma pequena mercearia, com uma garrafa de refrigerante e um novo amigo na pessoa do dono da loja. Ele aponta para cima. No alto, reina a antena da China Mobile. Os celulares decolaram na China bem antes de na Inglaterra. Eles já eram bastante comuns quando eu cheguei em 1997, e em meados de 2005 o número oficial de usuários passava de 350 milhões, cerca de um quarto da população.[3] Na Longa Marcha, estamos aprendendo a reconhecer a antena dos celulares como o símbolo número um do desenvolvimento — uma antena significa lojas, lugares para comer e acomodações pagas. Adiante da mercearia e da antena, a estrada dobra-se em uma rua larga, com cerca de vinte metros, cheia de feias construções de dois andares, muitas cobertas com azulejos brancos (imagine os banheiros públicos ingleses), que são o símbolo número dois do desenvolvimento. Nada parece ter mais de vinte anos. A maioria provavelmente é bem mais recente. Em cidades como Gubi, vemos as construções exibindo um ritmo frenético, sem muita preocupação com qualidade ou longevidade. Lugares que à distância parecem brilhar, quando examinados mais detalhadamente, começam a desmoronar antes mesmo de estarem terminados. As janelas raramente fecham, as portas jamais trancam — o que é muito apropriado para os policiais ansiosos por examinar nossos documentos e meter o nariz nas nossas vidas.

Nosso amigo lojista nos leva a uma hospedaria e nos deixa para negociarmos com o dono. O estabelecimento também é um restaurante, e uma dúzia de bêbados ao redor da maior mesa nos deixa com a sensação de termos vindo para o lugar errado.

— Sentem-se, sentem-se, bebam alguma coisa! — diz o maior e mais barulhento dos beberrões.

— Sim, obrigado, mas nós vamos guardar nossas mochilas e descansar um pouco — digo, fazendo questão de não diminuir meus passos. Se há uma coisa que não queremos fazer no fim de um longo dia é sermos sociáveis. Todos os dias é a mesma coisa. Estamos desesperados para encontrar um lugar calmo, fechar a porta e desligar por alguns minutos. Mas essa é a coisa mais difícil de se conseguir. Privacidade, espaço pessoal, paz e silêncio: esses são luxos burgueses ocidentais.

Escapamos subindo as escadas para o nosso quarto. Quase imediatamente há uma agitação na porta, que se abre para revelar o Bêbado Nº 1 e um grupo de acompanhantes. O bêbado põe um braço em volta do pescoço de Andy e o arrasta para o corredor.

— Venha e beba com a gente. Somos amigos.

Corro até a porta, solto Andy, agarro a mão do Bêbado nº 1 e sacudo-a com entusiasmo, ao mesmo tempo que firmemente o empurro para fora da porta.

— Vamos descer em um minuto, amigo.

Nós nos refugiamos dentro, esperamos o barulho morrer e então, contra a vontade de Andy, descemos na ponta dos pés.

— Nós temos que comer — digo. Dessa vez, tenho sorte: os bêbados já foram para uma sala nos fundos. Saímos e voltamos para o nosso amigo da mercearia, que nos leva a um restaurante vazio. Andy descreve a cena do bêbado no nosso quarto.

— Ah, o secretário do partido na cidade — diz o comerciante.

— Ele está sempre bêbado às seis da tarde?

Nosso amigo ignora a pergunta. Ele diz:

— Se você quiser fazer qualquer coisa nesta cidade, primeiro precisa ir até o secretário do partido.

— Isso também inclui o governo local?

— Sim, até o prefeito.

É uma idéia perturbadora. É claro, eu sei que o Partido Comunista tem a palavra final em todas as questões relevantes, mas lá em Pequim o partido parece uma entidade impessoal ou até mesmo abstrata. Você sabe que ele está por ali em algum lugar, mas ele não põe a sua porta abaixo com uma garrafa de bebida na mão. Na cidade grande, você não vê com freqüência o poder do partido tomar a forma de uma única pessoa. Você não vê como o partido governa, por meio de uma rede gigante de despotismos triviais — alguns reveladores e benignos, outros rudes e opressores.

O amanhecer não melhora o aspecto de Gubi. Os bairros rurais que atravessamos são predominantemente limpos. A maioria dos aldeões tem acesso limitado a bens modernos e gêneros alimentícios, de forma que não há muito lixo de plástico ao redor das casas. Os restos humanos, animais e vegetais são reciclados com a mesma eficiência há milhares de anos. Nas cidades, entretanto, há lixo por todas as partes. Meu diário de Gubi se pergunta: "Qual o propósito de se ter uma ditadura comunista se você não consegue fazer as pessoas limparem seu lixo?" Nessa manhã, Andy catou uma grande quantidade de embalagens e garrafas plásticas e procura um lugar para deixá-las. Ele pergunta ao frentista do posto de gasolina na extremidade oeste da cidade.

— Posso usar o seu cesto de lixo?

— Não, apenas jogue ali — responde o frentista, apontando para um riacho que corre sob a estrada. É mais um fluxo de lixo do que um riacho. Andy é pego de surpresa:

— Você está falando sério?

— É claro, não tem problema, apenas jogue ali. Eu não quero isso.

Encontrar um lugar adequado para o nosso lixo é uma dificuldade diária e raramente encontramos uma solução satisfatória. No inverno, fogões e fogueiras se encarregam dos restos de papel; mas, no resto do tempo, o melhor que podemos conseguir é encontrar alguém que diz que cuidará deles. Nós entregamos nossos sacos de lixo esperando que "cuidar deles" não signifique jogar no rio nos fundos. Em muros, casas e cartazes espalhados pela nação, 100 mil slogans exortam o exame conscienciso dos mais recentes acontecimentos políticos e uma rígida aplicação da natalidade planejada, mas nem ao menos um deles diz "Mantenha a China limpa".

Lü Sitao vem ao nosso encontro em Xinfeng. Ele joga dois grandes sacos plásticos na cama de Andy.

Seria legal dizer que estamos contentes em ver Sitao unicamente porque ele é um velho amigo e não porque...

— Pizza! — grita Andy.

Andy conheceu Sitao em Pequim em 1997. Naqueles dias, Sitao era um esforçado agente de seguros que havia desistido de um confortável emprego na Autoridade Portuária de Qingdao para tentar a sorte em Pequim. Desde então, ele tornou-se co-proprietário de uma rede de lojas de roupas cujos negócios iam com dificuldade. Ele cogitou aderir à Longa Marcha em tempo integral, mas o trabalho o deteve em Guangzhou, obrigando-o a pesquisar fábricas em busca dos melhores preços. A Longa Marcha de Sitao foi resumida aos dois dias que ele pode despender em Xinfeng, uma das raras cidades com linha de trem pelas quais passamos, a cinco horas de Guangzhou.

— Que espécie de Longa Marcha é esta? — pergunta Sitao, observando o banquete de pizza e salgadinhos que agora se espalham pelo quarto de Andy no Hotel Meifanshi (conforme recomendado pela polícia local, que nos parou para conversar quando entramos na cidade).

— É uma *Nova* Longa Marcha — diz Andy. — Significa comer o menos possível de amargura e o máximo de pizza.

Enquanto nos enfiamos nas camas, Sitao relaxa com uma cópia do *Jiangxi Daily* que pegamos na semana passada em Tangcun — que exibia uma matéria sobre nós na página três, debaixo do título "A Inglaterra é bastante arrojada!". Ele faz um som típico dos chineses, uma espécie de "uuuu-UH?" crescente, que indica surpresa e um tanto de curiosa incredulidade.

— Diz aqui que Ed é muito bom para cantar canções revolucionárias. Você cantou uma quando estava saindo de Yudu. É verdade?

— O quê? É claro que não.

— E fala que Andy disse que gostaria de citar o ex-premiê Zhou Enlai para louvar o povo de Jiangxi.

— Mas eu sequer sei o que Zhou disse sobre o povo de Jiangxi — exclama Andy.

— E você desistiu de fumar três maços por dia para fazer a Longa Marcha — continua Sitao.

Estamos todos rindo agora. Andy parou de fumar há mais de dez anos. Mas Sitao está chocado e entretido ao mesmo tempo. Ele sacode a cabeça.

— Não consigo acreditar. Não consigo acreditar.

É a primeira vez que Sitao lê na imprensa chinesa sobre um assunto que ele conhece intimamente, e, embora já tivesse lhe ocorrido que os jornalistas pudessem cometer enganos na apuração dos fatos, jamais imaginou que simplesmente pudessem inventar as coisas. Tendo ambos trabalhado na mídia chinesa, Andy e eu estamos menos surpresos. Uma lembrança em especial é de uma matéria do *Beijing Evening News* que dizia que o Congresso dos Estados Unidos estava ameaçando mudar-se para Miami, na Flórida, ou Charlotte, na Carolina do Norte, se não fosse instalado um teto retrátil no Capitólio. A fonte para o texto era o jornal satírico *The Onion*. O *Evening News* mais tarde teve de admitir que "parte do conteúdo [do artigo] era idêntica ao artigo cômico do *Onion*", mas foi adiante para explicar que "alguns jornais americanos pequenos, com o objetivo de fazer dinheiro, freqüentemente fabricam notícias insólitas para enganar as pessoas e fazer com que divulguem a história".

Sitao admite que tudo o que sabe sobre a vida no campo vem das seções sensacionalistas da imprensa chinesa, que não têm medo de publicar narrativas de corrupção neofeudal de líderes de aldeias. Agora ele quer confirmação em primeira mão.

— Ouvi falar que o chefe de uma aldeia é como um rei — diz Sitao. — Ele pode fazer o que quiser, até mesmo dormir com qualquer garota. Realmente quero saber se isso é verdade.

A sede de Sitao por conhecimento é perturbadora. Eu fico dividido — eu também adoraria saber qual é a do chefe da aldeia, mas a essa altura tenho medo de perguntar. Não quero que nos confundam com jornalistas, cujos movimentos na China são cuidadosamente monitorados e controlados. Se a notícia de que dois jornalistas ingleses estão andando pelos campos de Jiangxi entrevistando camponeses sobre a vida sexual de seus líderes se espalhar, a Longa Marcha pode ser levada a um clímax prematuro.

No dia seguinte, saímos de Xinfeng em direção a Youshan. Enquanto fazemos uma pausa perto de uma vila chamada Heqiu, Sitao aborda um camponês:

— Quanto ganha um chefe de aldeia aqui? — pergunta ele.

— Entre 2 mil e 3 mil iuanes por mês — responde o camponês.

— Não é muito — afirma Sitao. — Quem iria querer ser chefe da aldeia só por esse dinheiro?

— Bem, esse é só o dinheiro que sabemos. Tem outras maneiras de ele fazer dinheiro. Por exemplo, se uma família tem um filho extra, tem que pagar uma multa, e o chefe da aldeia fica com parte do dinheiro.

— Você gostaria de ser o chefe da aldeia? — pergunta Sitao.

— Sim, mas é impossível — diz o camponês. — Apesar de nós votarmos, ninguém sabe realmente qual é o resultado verdadeiro.

Na maioria dos casos em que perguntamos, os aldeões elegiam seu chefe (as exceções eram as áreas de certas minorias étnicas). Teoricamente, a principal autoridade da vila é subordinada ao secretário do partido, que não é eleito. Esse é o máximo a que a democracia popular, no sentido ocidental, chega na China. Pesando tudo, os chefes das vilas são exatamente a espécie de pessoas que você esperaria emergir como líderes no tipo de sistema democrático com que estamos acostumados no Ocidente — saídos das famílias mais ricas e educadas da aldeia. O cinismo do camponês de Heqiu era sintomático de uma atitude que encontramos em Jiangxi e Guangdong, onde as pessoas pareciam mais abertamente sarcásticas em relação a seus líderes do que em qualquer outra parte.

Sitao volta sua atenção para uma família que passa com três crianças, duas a mais do que o estipulado pelos regulamentos locais de natalidade planejada.

— Quanto vocês tiveram de pagar pelos filhos extras? — pergunta ele.

— Cinco mil iuanes cada — diz o pai.

Sitao fica boquiaberto. Uma família camponesa em Jiangxi estaria muito bem se fizesse 5 mil iuanes em um ano.

— Onde vocês conseguem esse dinheiro?

— Nós pegamos emprestado de parentes e pagamos aos pouquinhos.

A família também foi tributada em 100 iuanes anuais por membro para a construção da estrada em que estamos andando, o "Trecho Da A" da rodovia Xinfeng-Chijiang. A cidade de Da A é o centro administrativo da área, e pouco antes de chegarmos a ela encontramos um memorial de mármore registrando as contribuições para a construção da via. Uma doação de 500 iuanes ou mais é o suficiente para fazer com que seu nome seja inscrito na pedra.

Sitao fica novamente exasperado.

— Veja, a escola primária deu 26 mil iuanes, mas o banco agrícola local deu somente 1.800. O ginásio deu 15 mil, mas o escritório da receita deu 1.100.

Para mim, é mais surpreendente que um governo local de um nível tão pequeno seja responsável por um trecho de uma grande rodovia. O camponês que pagou seus tributos para financiar a estrada diz que fez isso com satisfação, já que uma rodovia melhor é do seu interesse, bem como do de todos. Ele obteve um retorno insatisfatório ao seu investimento, porém, porque assim que chegamos à divisa de Da A com o distrito administrativo seguinte, a estrada deixa de ser pavimentada e se torna uma faixa de lama semi-asfaltada. Vemos isso várias vezes — uma estrada bem cuidada em um distrito que vira uma pista em más condições no seguinte. Os moradores atribuem essa anomalia à "corrupção", que parece ser a desculpa padrão para qualquer coisa fora dos parâmetros adequados.

A Longa Marcha atrai multidões de curiosos por Jiangxi, mas Youshan é o primeiro lugar em que somos seguidos na rua por um bando de crianças barulhentas.

Sitao parece constrangido.

— É assim que eles normalmente se comportam quando vocês chegam? — indaga ele.

— Vocês nunca viram estrangeiros? — pergunto a uma pré-adolescente.

— Oh, sim — responde ela.

— Onde?

— Na TV.

É isso! É o que somos para as crianças. Não somos reais; somos um programa de TV. Melhor de tudo, somos livres e interativos. Os estudantes de inglês comandam o ataque.

— Vocês gostam da comida chinesa?

— O que vocês acham de Youshan?

— Vocês gostam do seu país?

— Vocês gostam da China?

— Não consigo agüentar isso por muito tempo mais — diz Andy. — Onde diabos fica a hospedaria?

— Hospedaria, não. Hospedaria, não — protesta nossa platéia, detestando a idéia de ficar sem nós.

Abro caminho até o escritório do governo local, onde encontro um jovem que me leva a uma loja sem placas que também funciona como hospedaria. Explico por que estamos em Youshan.

— Mesmo? O chefe aqui é um velho revolucionário — diz o jovem funcionário.

— Você está brincando!

— Não, eu acho que ele até mesmo participou da Longa Marcha.

Você acha? Como é estranho que em uma cidade tão pequena as pessoas estejam incertas a respeito da notável história de vida de Chen Jien. Chen me recebe vestindo uma impecável farda Mao azul-marinho. Ele move-se lentamente, mas sem fragilidade, e inicialmente parece nervoso comigo. Mas depois que explico nossa viagem ele nos leva a um restaurante do outro lado da rua e senta-se conosco enquanto comemos, gradualmente compartilhando memórias de sua vida como um soldado revolucionário.

"Eu tinha 11 anos quando me alistei no Exército Vermelho", conta ela "O exército passou pela minha vila, Chang'an, perto de Youshan, em 1934. Eu me dei muito bem com os soldados. Eles não enganavam, não xingavam nem batiam nos camponeses. Quando partiram, perguntaram se eu gostaria de ir com eles. Eu disse 'Sim' e fui."

Simples assim, uma decisão instantânea aos 11 anos de se juntar a um exército que conhecia havia apenas um dia, para lutar por uma causa da qual não sabia quase nada. O pai de Chen estava morto. Assim como Zeng Shaodong, ele não voltaria a ver a mãe por 18 anos.

"Eu senti como se tivesse entrado para uma família", fala Chen. "No começo, eu não tinha serviço para fazer, eu só andava. Meus pés doíam muito e o líder da minha unidade deixou que eu montasse em um cavalo e se assegurou de que meus pés fossem lavados. Tinha muita gente para tomar conta de mim — eu era apenas uma criança —, e assim eu me senti bastante agradecido. Eu faria qualquer coisa por essa sensação. Eu morreria por ela. Era assim que os soldados se sentiam em relação ao exército. Quando os líderes pediam voluntários para colocar uma bomba em alguma fortificação [uma missão provavelmente suicida], muitos se apresentavam."

"O Guomindang estava por todos os lados, na frente, atrás, à esquerda e à direita. Eu tinha muito medo todos os dias. Os soldados mais velhos falaram para eu não ter medo. Ouça o som das balas, disseram eles, e você saberá a distância deles e se é perigoso."

"Se matássemos donos de terras e distribuíssemos as propriedades, talvez conseguíssemos algo para comer. Caso contrário, só comíamos arroz, que eu carregava num saco. Eu lembro que fazia muito frio e que eu tinha só metade de um cobertor fino, porque era apenas uma criança. As minhas sandálias eram feitas para mim por adultos — eu não sabia fazê-las sozinho."

Chen não terminou a Longa Marcha. Ele conta que foi ferido na área ao redor de Kangding, em Sichuan, onde foi deixado para trás, aos cuidados de uma família da região. Ele acabou retornando ao exército para combater os japoneses em 1938 e finalmente voltou para casa em 1952, para administrar uma loja de provisões do Estado. Sua mãe ficou bastante emocionada. "Não chore, mamãe", disse-lhe Chen. "Eu estou vivo, eu voltei."

Ele casou-se com Li Shuixiang, que quando tinha seis anos fora comprada pela mãe para ajudar nas tarefas da casa. Ela custa dezoito cestas de grãos. Juntos, tiveram três filhos e uma filha.

Depois do jantar, Chen nos leva de volta ao nosso quarto no último andar da casa. Li Shuixiang traz uma bacia com água quente para lavar nossos pés — a bacia tem cerca de um metro de diâmetro, com tamanho suficiente para receber os três jovens marchadores. Chen senta-se conosco por mais algum tempo e pergunto se ele se lembra de alguma canção dos dias da Longa Marcha.

Chen canta:

> "Soldados
> Lembrem-se da bandeira que nos guia
> Cooperar para avançar
> Para o Exército Vermelho dos trabalhadores
>   e camponeses chineses
> Começar o contra-ataque
> Criar uma base
> É preciso lutar, é preciso lutar."

Quando termina essa música, uma solitária lágrima corre do olho direito de Chen. Enquanto Sitao fala, ele vira o rosto para enxugá-la.

Depois que Chen se retira, Sitao não quer nos deixar dormir.

— Ele me lembra o meu avô, sabe, aquele que morreu no ano passado — diz. — Ele falava sempre sobre o Partido Comunista, mas eu não tinha interesse. Eu achava que não passava de bobagem. Mas eu jamais tinha encontrado um participante da Longa Marcha. Quando ele disse que acreditava naquilo, naquela coisa de "Sirva o povo com coração e alma", ele realmente falava sério.

Está na moda ser cínico a respeito do moderno Partido Comunista. As pessoas comuns vêem os membros do partido esbanjando dinheiro público em "sessões de estudo" que são mais eventos sociais do que socialismo; um mundo de bocas-livres com jantares, bebidas, karaokê e boliche de graça. Os líderes do partido desfilam pelas ruas em limusines pretas com motoristas e vidros escurecidos. Eu jamais encontrei um membro com menos de cinqüenta anos que dissesse que se filiou por razões ideológicas. Eles aderem para ganhar acesso a empregos, dinheiro e poder — embora muitos vejam esse poder como o poder de fazer o bem. Mas houve uma época em que o partido tinha algo capaz de conquistar corações e mentes. Após ouvir Chen Jie uma noite inteira, a última coisa que Sitao nos diz antes de dormir é: "Eu quero pensar mais nisso. Quero conversar com mais velhos comunistas e entender mais sobre eles."

Embora possamos nos tornar os primeiros estrangeiros a refazer a Longa Marcha, vinte anos atrás um jornalista e ex-soldado chamado Luo Kaifu afirmou ser a primeira pessoa a andar de Jiangxi a Shaanxi na trilha do Exército Vermelho. Encontramos com ele uma vez em Pequim e usamos uma edição de seu diário no planejamento de nossa viagem. Por mais que possamos ficar com a impressão de que não sabemos o que estamos fazendo, pelo menos temos certeza de que estamos mais bem preparados do que Luo Kaifu. Ele nos contou que tinha dinheiro para comprar apenas um equipamento antes de partir — uma mochila novinha que foi imediatamente roubada, ou "trocada", você poderia dizer, já que o ladrão deixou uma sacola velha e esfarrapada no lugar.

Mais vinte anos de "reformas e abertura" também facilitam nosso caminho através da China rural. Em meados dos anos 1980, muito provavelmente os camponeses chamariam a polícia ao verem dois estrangeiros. Agora eles perguntam se podemos ajudar a trazer "investimento estrangeiro" para suas regiões. Os padrões de vida subiram, tornando relativamente confortáveis áreas que no passado eram remotas e miseráveis.

Em nenhum lugar isso é mais evidente do que quando cruzamos a montanha Youshan e entramos na região de Dayu. A primeira grande cidade chama-se Chijiang, que Luo Kaifu se lembrava como uma localidade bastante desolada. "As janelas da escola não têm vidros", escreveu. "E o que é pior, não há dinheiro para luz elétrica na sala de aula. Eles usam velas e lampiões. Os moradores guardam seus ovos e carne para as festas."[4]

Encontramos Chijiang transformada pela rodovia que agora a corta, ligando as grandes cidades de Ganzhou e Shaoguan via Dayu. Por cerca de três quilômetros, essa estrada é margeada por novas construções, mais limpas e melhores do que tudo o que vimos fora das maiores cidades-condados. A maioria delas abriga alguma forma de comércio, principalmente restaurantes, pensões, lojas de móveis e oficinas de motocicletas. A nova escola tem janelas com vidros. Um grupo de alunas nos encaminha para um prédio de quatro andares na esquina do que pode ser, com alguma liberdade, chamado de "praça". Por 50 iuanes, passamos a noite no que agora parece o máximo da luxuosidade — um quarto limpo com um chuveiro de água quente. Do outro lado da praça, há um cibercafé.

Vinte anos atrás, Chijiang era o tipo de lugar que você sonharia em deixar para trás. Hoje, encontramos uma família que viajou centenas de quilômetros, vinda de Guangxi, para abrir uma loja de destilados caseiros. Parece que cada homem jovem possui uma moto — e nada para fazer além de rodar nela para cima e para baixo com seus amigos. Em todas as partes, campos e lojas estão cheios de mulheres trabalhando duro. As ruas, contudo, estão lotadas de homens ou andando de moto ou encostados nelas, fumando. Os motoqueiros também podem ser vistos jogando sinuca ou mahjong. Eles mastigam sementes de girassol e as cospem no chão. Deixam crescer um bigodinho. Gostam de andar de moto em duplas, exibindo-se para as garotas e gritando "O-IIIIIIIIIII!" para os estrangeiros com uma voz estridente e cômica.

As autoridades de Dayu fizeram contato com Jia Ji para dizer que não somos bem-vindos para atravessar sua área. A rota da Longa Marcha passa por dentro de uma zona fechada de treinamento militar em Dayu, dizem eles. A região está oficialmente fechada.

Isso desponta como uma lição prática em saber fazer as perguntas certas. Nosso mapa das estradas do sudeste da China mostra uma rodovia passando direto pelo meio do condado — não dá para tudo estar fechado, dá? Jia Ji dá um telefonema e pergunta:

— Não podemos dar um outro jeito? E se eles passarem pelo condado ao longo da rodovia?

— Ah, sim. Isso não teria problema.

Não estamos determinados a seguir a rota "exata" da Longa Marcha. Sabemos que provavelmente isso será impossível — mesmo que existisse tal coisa. Não apenas havia três colunas principais, como dentro dessas colunas os soldados também se moviam por vários caminhos diferentes enquanto procuravam comida (alimentar o 1º Front do Exército, com 86 mil homens, era um desafio) e passagens seguras. Portanto, reconstruir uma rota obrigatoriamente será um negócio levemente impressionista. Estamos nos esforçando para seguir a coluna central, em que a liderança marchou, já que é a mais documentada e direta, mas estamos preparados para enganos e obstáculos intransponíveis. Teremos de arcar com os enganos; os obstáculos, vamos contorná-los.

Já dentro da cidade, encontramos acomodações no "primeiro hotel duas estrelas moderno para viajantes estrangeiros no Condado de Dayu". Dayu, afirma em chinglês um panfleto no hotel, é a "capital mundial do tungstênio". Uma "área militar fechada" e tanto. Parece que tudo com o que temos de nos preocupar é perder a velha trilha que ia através da passagem de Dayu para a Província de Guangdong. Antes, porém, temos de lidar com o fato de que a chuva noturna diária evoluiu para um toró ao longo de todo o dia. Antes, o termo que conhecíamos para chuva era *da yu*, ou "chuva grande", mas a faxineira no Hotel Mudanting nos ensina uma nova expressão: *bao yu*, ou "chuva torrencial". Penduramos nossas roupas ensopadas debaixo do ar-condicionado e, em votação unânime, concordamos em esperar sentados pelo fim da tempestade. No dia seguinte, Dayu vira notícia nacional pela chuva recorde. Eu me sinto enganado. O diário de Luo Kaifu sugere que esta deveria ser a época de seca em Jiangxi. Desde que saímos de Yudu, duas semanas atrás, choveu em 11 de 14 dias.

No terceiro dia, a *bao yu* diminui. Conforme prometido, seguimos para o sul ao longo da rodovia para Meiguan, a passagem para Guangdong batizada com o nome das ameixeiras que adornam as encostas das colinas. Cinco quilômetros depois da cidade, vemos dois policiais no acostamento. Andy os ignora e caminha rapidamente, mas o policial mais velho faz contato visual comigo e acena para me aproximar. Começo a ensaiar desculpas e explicações, mas o guarda não está interessado em ouvi-las.

— Coma um pouco — interrompe-me ele.

— Hum, bem, eu já comi. Obrigado.

— Para onde vocês estão indo?

— Meiguan.

— Vocês estão indo pela trilha a pé?

Ah! Bela tentativa, seu guarda.

— Não, não, é claro que não. Nós estamos indo pela estrada principal.

— É melhor não — diz o policial. — Essa estrada ainda está em construção e, além disso, você pode atravessar a montanha pela velha trilha que Chen Yi usou.

Ele aponta adiante na estrada, para uma curva a cerca de cinqüenta metros.

— Veja, seu amigo já a deixou para trás.

Chamo Andy de volta e juntos tomamos a trilha, para descobrirmos que nosso caminho é bloqueado não por uma patrulha militar, mas por um pedágio. Temos de pagar 10 iuanes cada um, para entrar na "trilha panorâmica" oficial de Meiguan, através da qual podemos cruzar a fronteira por um caminho que um guia turístico que encontramos no lado de Guangdong nos diz que é usado desde a época de Qin Shihuang, o primeiro imperador da China, que governou de 221 a 210 a.C.

Exceto pelo guia e os três homens do seu grupo, temos Meiguan à nossa inteira disposição. As ameixeiras rarearam e uma garoa cinza torna traiçoeiros os paralelepípedos pré-históricos. O guia nos diz que as pedras foram colocadas na dinastia Tang, há 1.300 anos. E sim, afirma, o Exército Vermelho passou por aqui.

É um enigma. Onde está a zona militar e por que todo mundo diz que a rota da Longa Marcha passa por ela?

Tomando cuidado com nossos passos, descemos a escadaria Tang até entrarmos na Província nº 2 da Longa Marcha. Não ligo muito para perguntas sem respostas, porque esse na verdade é o nosso primeiro grande marco. Imagino que à medida que avançarmos será mais fácil explicar nossa presença. Se já atravessamos uma província, por que as autoridades em outra província se incomodariam?

— Eles acharam que estava tudo bem em Jiangxi — protestarei. — Qual é o seu problema?

Na minha imaginação, isso funciona todas as vezes.

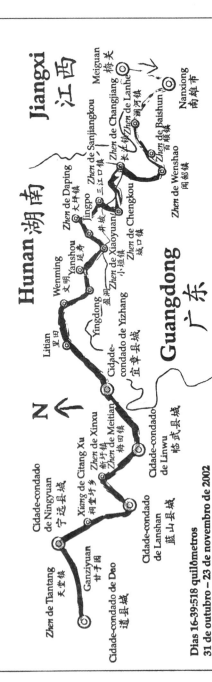

Guangdong

PIB per capita de 2004: 19.316 iuanes (US$ 2.333,00)
População: 86.420.000
População de minoria étnica: 1.230.000 (1,42%)
Principais minorias: zhuang (46,4%), yao (16,5%),
she (2,3%), hui (2,1%), manchu (1,5%)
(Censo da China de 2000, Escritório Nacional de Estatísticas da China)

Hunan

PIB per capita de 2004: 9.117 iuanes (US$ 1.101,00)
População: 64.400.000
População de minoria étnica: 6.575.300 (10,2%)
Principais minorias: tujia (40,1%), miao (29,2%),
zuang (15,5%), dong (12,8%), yao (10,7%),
bai (1,91%), hui (5%), mongol (2%),
manchu (0,1%), uygur (0,1%)
(Censo da China de 2000, Escritório Nacional de Estatísticas da China)

Dias 16-39:518 quilômetros
31 de outubro – 23 de novembro de 2002
Total: 761 quilômetros

Capítulo 2

Uma Minoria de Dois

A Província de Guangdong é o local onde nasceu o Partido Guomindang, fundado por Sun Yat-sen em 1912, no ano seguinte à abdicação do último imperador chinês. O partido tornou-se imediatamente um dos protagonistas que preencheram o vácuo político. Sun não era nenhum esquerdista — sua filosofia política baseava-se no que chamava de os "Três Princípios do Povo": nacionalismo, democracia e subsistência. Mas, no começo dos anos 1920, Sun passou a ser influenciado pela União Soviética. Como o Partido Comunista chinês havia sido fundado apenas em 1921 e não tinha mais do que algumas centenas de integrantes, Stálin viu no Guomindang e seus 30 mil filiados uma aposta mais segura para estender sua ascendência na China. De seu lado, Sun Yat-sen queria dinheiro e equipamentos militares soviéticos. Ele concordou em reordenar o Guomindang segundo as linhas revolucionárias soviéticas e em 1924 persuadiu o congresso de reorganização a aceitar uma aliança com os comunistas. Apesar da fraqueza numérica, os comunistas tinham dez dos 41 membros do novo Comitê Executivo Central do Guomindang. Um deles era Mao Tsé-tung.

Após Sun Yat-sen morrer de câncer no fígado aos 58 anos, em 1925, seu *protégé* Chiang Kai-shek passou a dominar os aparatos político e militar do partido. Chiang tinha 37 anos quando Sun morreu e abandonou sua segunda esposa para casar-se com a cunhada de Sun. Na juventude, Chiang passara um ano numa escola militar no Japão. Ele retornou à China para juntar-se à revolução republicana que destronou a dinastia imperial Qing em 1911, depois da qual dividiu seu tempo entre a revolução e as festas, bebendo e divertindo-se ao redor de Xangai com amigos da Gangue Verde do submundo. Ele tornou-se conselheiro militar de Sun Yat-sen em 1916 e no começo da década de 1920 já era a mais importante figura militar do partido. Em 1924, Chiang montou a Academia Militar de Whampoa, cujos graduados formavam o núcleo do exército regular do Guomindang. "Se eu controlar o exército, terei o poder para controlar o país", disse, de acordo com a segunda mulher, Chen Jieru. "É o meu caminho para a liderança."[1]

Chiang desconfiava dos comunistas pelo menos desde uma viagem à União Soviética em 1923. Conforme a visão de Chiang, as promessas soviéticas de ajuda eram perfunctórias e insinceras. Ao retornar, ele escreveu: "O único objetivo do partido russo é fazer do Partido Comunista chinês o seu herdeiro legítimo." Ele disse ao substituto de Sun Yat-sen, Liao Zhongkai: "Minhas observações pessoais levam-me à conclusão de que não podemos confiar inteiramente no Partido Comunista russo. Eu falei a você que podíamos acreditar apenas em trinta por cento do que os russos tinham a dizer. Na verdade, não chega a isso."[2]

O front conjunto do Guomindang e do Partido Comunista sobreviveu por dois anos após a morte de Sun Yat-sen. Chiang Kai-shek continuou a aceitar ajuda e conselhos da União Soviética, mas as relações começaram a se deteriorar quando ficou claro que Chiang era fundamentalmente oposto à esquerda. Em março de 1927, Chiang voltou-se contra seus aliados e declarou o que seu secretário chamou de uma "guerra sanguinária para eliminar o inimigo interno".[3] Em 12 de abril de 1927, soldados e membros da Gangue Verde leais a Chiang começaram a prender e executar trabalhadores, líderes trabalhistas e comunistas em Xangai, onde a liderança do partido tinha sua base. O "Terror Branco" subseqüente ceifou centenas de milhares de vidas, de forma mais horrenda na Província de Hunan, após o "Incidente do Dia do Cavalo", em 21 de maio, quando o comandante da guarnição começou uma matança de três semanas que chacinou 10 mil pessoas na área de Changsha, a capital provincial. O terror fez quase 300 mil vítimas em Chaling, Leiyang e Pingjiang, condados de Hunan.[4]

O rompimento violento do Guomindang convenceu os comunistas de que eles precisavam ter suas próprias forças armadas. Como Mao Tsé-tung disse, menos de quatro meses depois: "De agora em diante, devemos prestar a maior das atenções às questões militares. Temos de saber que o poder político é obtido a partir do cano de uma arma."[5]

Os esforços iniciais do exército comunista não foram encorajadores. A primeira grande ação foi a "Revolta de Nanchang" de 1º de agosto de 1927, na qual cerca de 20 mil soldados tomaram a capital da Província de Jiangxi e a mantiveram por quatro dias antes de marchar ao sul, para a Província de Guangdong. Em duas semanas, mais da metade desse exército desapareceu, a maioria por deserção. Os líderes por fim chegaram à costa de Guangdong no início de outubro. Lá, eles abandonaram os soldados remanescentes e fugiram por mar para Xangai e Hong Kong. "A Revolta de Nanchang, desse modo, teve um fim trágico", escreveu Zhang Guotao, um daqueles líderes e também membro fundador do Partido Comunista, que mais tarde teria um importante papel na Longa Marcha. Somente uma força de cerca de mil homens, sob a chefia de Zhu De, o futuro comandante-em-chefe do Exército Vermelho, continuou a lutar, após ficar isolada da força principal na região da divisa Guangdong-Jiangxi.

Mao não estava em Nanchang. Ele havia recebido a incumbência de organizar a "Revolta da Colheita de Outono", na sua província natal de Hunan. A insurreição estava programada para 16 de setembro, mas jamais teve início. Os soldados de Mao foram derrotados quase que imediatamente e o próprio Mao foi capturado momentaneamente. Ele escapou por um grande matagal quando era levado para o quartel-general da milícia local para ser executado. Mao recuou para o sul com suas forças restantes, até finalmente se refugiar, no começo de outubro, em Jinggangshan, um distrito pobre e montanhoso da Província de Jiangxi. Em abril do ano seguinte, Zhu De e seus soldados chegaram à base de Mao. As duas forças uniram-se para formar o que seria conhecido como o "Exército Zhu-Mao".

Embora Jinggangshan fosse uma excelente cidadela, era pobre demais para sustentar as forças reunidas ali. No verão de 1928-9, 25 mil soldados inimigos de 14 regimentos do Guomindang começaram a convergir para lá. O Exército Zhu-Mao não tinha provisões suficientes para agüentar todo o inverno. Mao optou por uma tática à qual voltaria diversas vezes no futuro, especialmente na Longa Marcha — ele fugiu. Em 14 de janeiro de 1929, a força principal, com 3.500 homens, abandonou Jinggangshan por uma obscura rota nas montanhas, e o Exército Zhu-Mao entrou em uma fase nômade.

Foi no sul de Jiangxi que eles finalmente começaram a construir uma base estável de operações. As comunicações eram tão precárias nessa região que as tropas do Guomindang tinham dificuldades para atacar os vermelhos, que usavam táticas de guerrilha com excelentes resultados. Entre dezembro de 1930 e setembro de 1931, o Exército Zhu-Mao repeliu três "campanhas de cerco" de Chiang Kai-shek. O êxito era tamanho que a liderança do Partido Comunista começou a recuar da clandestinidade de Xangai para a base rural de Jiangxi, que pouco depois foi renomeada como "República Soviética Chinesa".

A essa altura, os comunistas estavam completamente cercados por forças hostis. A base de Jiangxi era sua posição mais importante — em seu auge, em 1932, incorporava de quatro a cinco milhões de pessoas —, mas havia outras duas. Uma ficava na região fronteiriça das províncias de Hubei, Henan e Anhui, controlada por cerca de 15 mil soldados sob o comando de Zhang Guotao; a outra, na divisa entre as províncias de Hubei e Hunan, onde 10 mil soldados vermelhos se instalaram debaixo da liderança do ex-chefe de bandoleiros He Long.

Após a derrota da Terceira Campanha de Cerco de Chiang Kai-shek, os vermelhos conseguiram um alívio graças à invasão e ocupação japonesa da Manchúria (nordeste da China), em setembro de 1931. Mas, no verão de 1932, Chiang deixou essa distração de lado e voltou a atenção para os comunistas. Zhang Guotao foi forçado a sair de sua base rumo a uma área ainda mais remota no noroeste; He Long também cedeu, indo para a Província de Guizhou, a oeste. Erroneamente acreditando que havia aniquilado essas duas forças vermelhas menores, Chiang agora direcionava seus exércitos para o alvo final: a República Soviética de Jiangxi.

Dessa vez, a defesa foi dirigida por Zhu De e Zhou Enlai — com Zhou agora ocupando a velha posição de Mao como comissário político do Exército Vermelho. Mao havia sido afastado do posto em outubro de 1932, depois do que exerceu um papel pequeno nos assuntos militares e passou a devotar seu tempo à administração civil da República Soviética Chinesa. Os novos líderes foram extremamente bem-sucedidos, derrotando várias divisões do Guomindang e fazendo 10 mil prisioneiros. O Quarto Cerco foi desativado na primavera de 1933.

A República Soviética não saborearia mais uma grande vitória. Para a campanha do quinto e último cerco, Chiang refinou suas táticas. Aconselhado pelo general alemão Hans Von Seeckt, ele cercou a China vermelha com meio milhão de soldados e começou a estrangular a base vermelha.

Provavelmente passei a impressão de que em 1934 Chiang Kai-shek era o governante irreprimível de toda a China, desafiado somente pelo desorganizado Exército Vermelho. Essa seria uma impressão falsa, porque Chiang era bem menos do que isso. De outra forma, os vermelhos jamais poderiam ter lhe escapado.

O governo da China havia enfraquecido progressivamente durante os últimos anos da dinastia Qing. Cinco anos depois da queda da dinastia, em 1911, a autoridade central desintegrou-se inteiramente. Embora a República da China, declarada em 1912, continuasse a existir no papel, o país fragmentou-se em feudos controlados por "senhores da guerra" que comandavam exércitos independentes. A grande conquista de Chiang Kai-shek foi unir um número suficiente desses senhores da guerra sob o Guomindang para poder consolidar um governo nacional em Nanjing em 1928. Chiang distribuiu títulos e posições de autoridade oficial aos senhores da guerra, mas em grande parte fracassou na tentativa de desalojá-los de suas bases de poder pelo país. Em muitas partes, a autoridade de Chiang ia até onde os chefes provinciais permitiam. E, porque os senhores da guerra corretamente suspeitavam de que Chiang gostaria de livrar-se deles todos, muitos se esforçaram para evitar seu fortalecimento.

Um desses senhores da guerra era o chefão da Província de Guangdong, Chen Jitang, que, em 1934, concluiu que Chiang era uma ameaça maior do que os bandoleiros vermelhos. A República Soviética de Jiangxi ficava ao norte da fronteira de Guangdong, e Chen considerava isso uma útil proteção contra o seu ambicioso senhor. Ele enviou uma mensagem secreta a Zhou Enlai em setembro de 1934 propondo conversas reservadas. Zhou não deixou a oportunidade passar: "Nós podemos aproveitar a postura anti-Chiang Kai-shek do general Chen", teria dito.[6] (Penso que citações como essa de Zhou provavelmente são mais corretas no sentido do que textualmente; prefiro imaginá-lo recebendo a mensagem de Chen com um colorido palavrão de alegria.) A conseqüência foi que dois emissários comunistas foram enviados para negociações em uma vila no norte de Guangdong, onde um pacto mútuo de não-agressão foi selado. Um mês depois, quando o Exército Vermelho saiu da área soviética de Jiangxi, passou pelas regiões fronteiriças de Guangdong sem encontrar absolutamente nunhuma resistência, movendo-se por um corredor nas montanhas ao norte da cidade de Nanxiong.

Fui promovido a general descobridor-de-rotas, já que Andy não sabe ler mapas chineses. Não que o mapa seja de alguma utilidade. Ele diz que a única estrada segue para o sul por exatos 27 quilômetros, de Meiguan a Nanxiong — e supostamente deveríamos ir para oeste. Passo grande parte da manhã em discussões inconclusivas com velhas figuras sorridentes, todas afirmando ignorar a existência de caminhos pelas montanhas que levem carros e andarilhos até a rodovia asfaltada de quatro pistas. E, porque sou um novato nesse jogo, acredito neles. Enquanto somos obrigados a ir ainda mais para o sul, eu me consolo com a sugestão de um senhor de que um punhado de batedores vermelhos foi até os subúrbios de Nanxiong. Então não estamos nem um pouco fora de rumo — declaro que Nanxiong de fato faz parte da rota da Longa Marcha, o que significa uma visita muito útil ao supermercado e uma noite em um quarto com água quente. Andy não questiona o meu revisionismo histórico.

A caminhada até a cidade, contudo, não é confortável nem fácil. Essa foi a primeira vez que fizemos um longo percurso em estrada asfaltada, e a experiência contradiz violentamente a opinião dos palpiteiros que nos disseram que "todas as novas estradas tornarão mais fácil a sua Longa Marcha". Se a rodovia Meiguan-Nanxiong é uma medida das coisas que virão, a nossa Longa Marcha será principalmente desagradável, desanimadora e perigosa. Ao mesmo tempo que provoca bolhas nas solas dos meus pés, a estrada também abala a minha disposição. Oficialmente, Guangdong é a província mais rica da China, mas aqui as cidadezinhas e vilas parecem tristes e deprimentes. Os tijolos de barro das casas das vilas não mais exibem o rico laranja de Jiangxi, mas um amarelo pálido. Muitas estão lado a lado com construções pela metade, erguidas em etapas, avançando aos trancos, quando a família consegue ocasionais fontes de renda — por exemplo, com aqueles membros que foram *da gong* nas cidades grandes. O mercado em Meiling oferece uma seleção lamentável de carnes acinzentadas e frutas passadas. Paro para avaliar se tiro uma foto, mas a sensação de voyeurismo é forte demais. Enquanto guardo a câmera, um vendedor grita: "O que você está fazendo aqui? Este lugar é pobre demais!"

Uma fábrica gigante de cimento jaz moribunda acima da vila, uma ruína cinza com janelas quebradas numa curva da velha estrada que foi cortada pela nova rodovia. A produção de cimento agora é feita por empresas familiares que margeiam a estrada, cuspindo de barracos nuvens de pó branco no ar. Em vez de trazer riqueza e modernidade, fico com a impressão de que essa estrada pega tudo de valor que pode ter aqui e leva para alguma outra parte. As vilas, espalhadas por quase um quilômetro pelo vale, parecem restos de naufrágios, como velhos cascos enferrujados e semi-afundados em canais abandonados. Talvez elas estivessem mesmo morrendo e a estrada simplesmente acelerasse o fim da agonia.

A agricultura variada do oeste de Jiangxi deu lugar ao cultivo quase exclusivo de arroz nos campos do norte de Guangdong, já que no fim de outubro é época de colheita. Camponeses espalham seus grãos sobre partes da autovia para secá-los sob o sol. Como se isso já não fosse suficientemente perigoso, eles isolam essas áreas com pedras, obrigando ônibus e caminhões a desvios bruscos para evitá-las.

— Você não acha que isso é perigoso? — pergunta Andy a um jovem que espalha um carpete de arroz pela pista que vai para o sul.

— *Mei shi* — responde ele.

Muitas coisas são *"mei shi"* na rota da Longa Marcha. Fumar dois maços por dia? *Mei shi*, os chineses têm bastante saúde. Beber uma garrafa de álcool e ir de moto para casa? *Mei shi*, não é perigoso. Acordá-lo no meio da noite para examinar os seus documentos? *Mei shi*, somos da polícia. O livro de chinês de Andy sugere que *mei shi* quer dizer "tudo bem". Mas, na prática, parece significar "não estou nem aí".

Embora consigamos virar rumo a oeste em Nanxiong, os moradores continuam fazendo restrições aos nossos esforços de encontrar a rota do Exército Vermelho. Eles apontam para o norte, acima das montanhas, e dizem não, as velhas trilhas não estão mais lá. Ninguém vai por ali. Por que vocês não pegam o ônibus?

As pessoas de Guangdong chamam esta região de Beishan ("montanha do norte"). Não muito tempo depois do início da Longa Marcha, estas encostas cheias de árvores tornaram-se um refúgio para os vermelhos que ficaram para trás na zona soviética. Somente cerca de 30 mil soldados foram deixados para guardar a República Soviética da China; ao menos um terço deles estava ferido. O Guomindang conquistou Ruijin, a antiga capital vermelha, em 10 de novembro de 1934. Yudu caiu em 17 de novembro, um mês após a saída da força principal do Exército Vermelho. Os vermelhos restantes espalharam-se ou foram capturados ou mortos. O irmão de Mao Tsé-tung, Mao Zetan, que tinha trinta anos, foi morto a tiros por uma patrulha do Guomindang e seu corpo foi colocado em exibição pública em Ruijin. Zetan estava cuidando de Xiao Mao, o filho de dois anos do irmão mais velho. Depois disso, a mulher de Zetan, He Yi, deixou Xiao Mao sob os cuidados de uma família camponesa. Ele jamais foi visto novamente. Somente um pequeno grupo liderado por Chen Yi e Xiang Ying sobreviveu, escondendo-se nas montanhas e combatendo como guerrilheiros. Pelos próximos três anos, disse certa vez Chen Yi, eles "viveram como animais",[7] caçados por unidades do Guomindang, que às vezes punham fogo na floresta para tentar fazer com que os guerrilheiros saíssem.

Pelos padrões chineses — e da Longa Marcha —, as montanhas de Guangdong são café pequeno. Não há picos nevados e as passagens são baixas o suficiente para que possamos atravessar duas ou três por dia. Em termos relativos, elas são apenas colinas. Todavia, pelos padrões ingleses, elas são enormes e cansativas. As encostas continuam cobertas pela densa mata que abrigou Chen Yi e seus homens; não há como atravessá-la sem um facão, não existe nenhuma trilha que possamos ver e, desse modo, acabamos vencendo vagarosamente as intermináveis curvas, subidas e descidas da estrada moderna. Esses dias são solitários. As montanhas desafiam o plantio, fazendo com que os humanos lutem por espaço em pequenas cidades cheias de lixo ao longo do estreito chão do vale. Somos pouco incomodados pelo tráfego aqui.

Finalmente, o tempo muda. Depois de uma quinzena de chuvas e miséria geral, guardamos as capas e caminhamos com camisas de mangas curtas, e todos os dias após o almoço deitamos para descansar e dormimos por duas horas. Todo anoitecer eu me arrependo da sesta quando as luzes somem e a estrada adiante não mostra sinais de nenhum lugar habitável. Os dias estão ficando mais curtos, e cinco minutos de caminhada no escuro parecem meia hora na luz do sol. O desconforto de andar à noite é agravado pela incerteza quanto às duas questões-chave do dia — comida e acomodação. Como devemos ser os primeiros estrangeiros a passar por essas aldeias, e como temos o dobro do tamanho do habitante local médio, a noite não é a melhor hora para bater às portas implorando por ajuda. Somos um pouco menos intimidadores quando as pessoas podem nos ver aproximando-nos na distância.

E, co a floresta deixa fora de questão acampar, quando o sol se põe não temos alternativa senão prosseguir noite adentro. Sabemos que, por fim, chegaremos a uma cidadezinha, o centro administrativo do distrito. Nunca há mais de um dia de caminhada entre essas cidades, talvez porque nas épocas anteriores aos carros e estradas as pessoas compartilhassem de nossa aversão a dormir ao léu. Não há problemas em chegar a cidades após o anoitecer. Quase todas têm alguma forma de hospedagem que fica aberta até as nove ou dez horas e, nas cidades, o dinheiro de um imenso estrangeiro é tão bom quanto o de qualquer outro.

Assim, carregamos nossos cansados corpos por sobre uma última montanha durante o pôr-do-sol e avistamos a cidade mineira de Lanhe, no vale abaixo. Parece deserta, enquanto descemos as curvas. Há luz em poucas construções; e estas exibem um brilho laranja como o de um fogo apagando. No local em que a estrada principal chega ao chão do vale e entra na cidade, as construções são novas, mas estão vazias — as fachadas estão ou fechadas ou inacabadas. Lâmpadas apagadas margeiam o que subitamente se torna um caminho traiçoeiro e esburacado. Só depois de mais duzentos metros é que a cidade exibe algum sinal de vida — um salão de cabeleireiro, uma loja de roupas e finalmente um par de restaurantes-hospedarias, um de cada lado no ponto da rua onde os ônibus param para pegar e deixar passageiros.

Após uma escolha aleatória, ficamos em um quarto de 10 iuanes com cartas de baralho e guimbas espalhadas pelo chão. Sim, diz a senhoria, somos os primeiros estrangeiros que ela viu em toda a sua vida em Lanhe. Mas, não, ela nada sabe sobre os marchadores. Um grupo de crianças barulhentas junta-se na porta, revezando-se para espiar. O policial local tem de fazer força para abrir passagem para, de um modo um tanto hesitante e quase se desculpando, pedir nossos documentos. Ele jamais viu um passaporte estrangeiro antes, então mostro alguns recortes de jornais chineses sobre a nossa Longa Marcha para ajudá-lo a preencher o relatório que ele diz que precisa fazer para o Escritório de Segurança Pública de Nanxiong. Embora não pareça especialmente incomodado por ter dois estrangeiros na cidade, não quero que ele comece a se perguntar onde está nossa "permissão oficial", de forma que, enquanto copia nossos nomes e números, tento dar outro rumo à conversa.

— Como é a vida em Lanhe nesses dias?

— Não muito boa — diz ele. — As minas costumavam ser bastante movimentadas nos anos 1970 e 1980, mas desde que a reforma e abertura começaram, as empresas estatais perderam o apoio do governo. As coisas não vêm sendo muito boas desde que elas passaram a ter que se virar à própria custa.

Satisfeito com a explicação do *Jiangxi Daily* para nosso empreendimento, o policial nos avisa que continuamos fora da rota. Ele gesticula na direção norte, enquanto desenha um quadro com mais montanhas entre nós e a trilha certa. Eu não ligo. Andei 34 quilômetros hoje, o máximo até agora, meus pés estão me matando e tudo o que quero é uma garrafa de cerveja e um jogo de futebol.

As noites de sábado são as mais importantes da semana para o moral da Longa Marcha, porque é aos sábados que o canal esportivo da Televisão Central da China, o CCTV-5, transmite uma programação dupla com futebol da primeira divisão de Alemanha e Inglaterra. Isso se tornou fundamental para nossa visão do futuro imediato. Andy me aporrinha para examinar nosso cronograma e calcular quando chegaremos a uma cidade-condado, ou pelo menos a um grande *zhen* (o maior centro urbano depois de uma cidade-condado), onde poderemos ter acesso a uma TV. Nós dois nos agarramos a esses elos com nossa vida passada. Nenhuma estrada é tão grande se oferece futebol ao seu término.

O pontapé inicial é às dez da noite. A única televisão de nossa hospedaria fica no andar de baixo, na sala de refeições. Mas, quando descemos, vemos que as luzes estão apagadas e a porta, trancada. Vamos para a rua. Está completamente escuro. Dez da noite de um sábado e Lanhe já foi para a cama. Eles não sabem que tem jogo?

— Tem que haver algum lugar aberto — diz Andy. — Temos que procurar mais.

Enquanto nossos olhos se ajustam à escuridão, percebemos um leve brilho no salão de cabeleireiro. Toda a vida noturna de Lanhe consiste em três senhoras amistosas deliciadas por receberem dois frustrados fãs de futebol. Elas também têm uma TV.

— Sentem-se, sentem-se — diz a dona. — Vocês gostariam de lavar o cabelo?

— Se lavarmos o cabelo, podemos assistir à televisão? — pergunto.

— Claro.

Andy pega o controle remoto e começa a zapear os canais... *mas não tem o CCTV-5*. Pare o xampu. Agora eu sei que estamos com problemas. Nós nos afastamos demais da civilização, não há sequer futebol na TV.

Civilizados ou não, aparelhos de TV estão em todos os lugares, e os camponeses os deixam ligados do desjejum até a hora de dormir. Tanto quanto posso dizer, a programação das TVs na China rural é inteiramente devotada a duas formas de atrações: melosas novelas históricas recheadas com regulares combates de kung fu de má qualidade e propaganda governamental. Apesar de os camponeses claramente preferirem a primeira, a segunda atualmente está em alta graças à abertura do XVI Congresso do Partido Comunista da China (PCC), em 8 de novembro.

Estudei na URSS antes da queda do comunismo soviético, mas jamais vi nada assim. Dia após dia, espetáculos grandiosos ao ar livre exaltam o partido com músicas e danças. Até mesmo as platéias são coreografadas para as câmeras. Entre os programas, os comerciais são complementados com canções tais como a animada "Sem o Partido Comunista Não Existe a China Moderna", apresentadas por veteranas divas em vestidos vermelhos ou brancos cheios de cascatas, postadas na Grande Muralha ou acima das fortes correntezas do rio Amarelo, em Hebian, ou ainda rodopiando diante de um desfile de soldados e tanques ou de helicópteros e foguetes espaciais em pleno vôo. As "notícias" se resumem a um alinhamento de reportagens de todos os cantos do país detalhando as festividades em honra ao PCC. Uma delas, feita na região de uma minoria étnica da Província de Sichuan, é apresentada por uma repórter inteiramente vestida com trajes típicos, sem faltar o chapéu. Atrás dela, um conjunto de figuras coloridas dança e toca interessantes instrumentos musicais primitivos.

Mais importante do que tudo, todavia, é algo chamado de o *"sange daibiao"*, ou os "Três Símbolos". Dá a impressão de que o congresso do partido decretou que ninguém na televisão pode abrir a boca sem mencioná-los. O povo chinês está estudando os Três Símbolos, eles usam os Três Símbolos para resolver problemas e desenvolver a nação, eles até mesmo estão aplicando os Três Símbolos à questão populacional. Numa manhã, enquanto coloco minhas coisas na mochila, Andy zapeia os canais e se detém em um programa idealizado para testar o conhecimento de inglês dos estudantes chineses. A primeira pergunta do apresentador é:

— O que são os *sange daibiao*?

— O Partido Comunista simboliza os interesses básicos das amplas massas do povo, a cultura avançada e a ciência e tecnologia avançadas — recita o estudante.

— Os "Três Símbolos" teria sido suficiente, mas parabéns — diz o apresentador.

Os Três Símbolos nos acompanham por toda a jornada. Cada veículo da mídia no país martela a mensagem dos Três Símbolos todos os dias. Muros e construções em todas as cidades e vilas apresentam slogans com letras de um metro exortando os cidadãos a "estudar detalhadamente os Três Símbolos". Mas o que eles simbolizam? Ao contrário do jovem estudante da TV, nenhum dos cidadãos comuns que encontramos até agora tem alguma pista. Eles nem ao menos podem citá-los, quanto mais explicá-los. Essa ignorância é extraordinária. Parece que essa avalanche de educação política passa pelas pessoas sem deixar nenhum traço. A melhor resposta que alguma pessoa não-membro do partido consegue fornecer é a de uma garota de 16 anos que arrisca: "Camarada Mao, Deng Xiaoping e Jiang Zemin?"

Os funcionários do partido que encontramos são uma outra coisa. Eles conseguem recitar a mesma fórmula que o estudante de inglês na TV, mas também têm dificuldades em dizer por que são obrigados a aprender isso. Eles sabem que os Três Símbolos são uma invenção do presidente Jiang Zemin, o seu legado teórico para o comunismo chinês, mas não conseguem explicar o que Jiang tem em mente.

Levamos dois meses e cerca de 1.500 quilômetros para encontrar alguém que vê o legado de Jiang como algo mais do que um slogan vazio. É um cavalheiro que estudou tanto nos Estados Unidos como na Escola do Partido, em Pequim. Os Três Símbolos, afirma ele, não são destinados aos cidadãos comuns. Eles têm uma finalidade que se restringe ao partido, como uma arma para Jiang e seus aliados usarem contra oponentes. Jiang deixa de ser o secretário-geral do partido no XVI Congresso; em março de 2004, ele também deixa a presidência. Colocar os "Três Símbolos" na Constituição é a sua maneira de assegurar que o seu sucessor escolhido, Hu Jintao, e seus apoiadores tenham a base ideológica para perseguir um curso repelido por alguns membros do partido — abrir o país ainda mais para o mundo exterior e retirar o Estado ainda mais da economia, diluindo sua responsabilidade histórica com trabalhadores e camponeses. Onde antes o Partido Comunista representava trabalhadores e camponeses na vanguarda da luta de classes, agora ele representa meramente "a grande massa do povo".

"É simples", diz nosso amigo do partido. "É como justificar ações com referências à Bíblia — você encontra o texto apropriado que se encaixa nas suas necessidades. Os Três Símbolos tornam isso muito fácil. Digamos que, por exemplo, haja um conflito de interesses dentro de um governo local entre líderes progressistas — teoricamente no lado de Jiang e seus apoiadores — e um grupo de autoridades corruptas que querem construir um novo conjunto de escritórios para si mesmas."

"Os líderes podem convocar uma sessão de estudos dos Três Símbolos, na qual citarão os 'interesses das grandes massas' e argumentarão que o dinheiro do governo seria mais bem empregado num hospital. Não há nada nos 'Três Símbolos' que apóie gastar dinheiro para si mesmo, então como a oposição vai defender sua posição? Houve uma época em que as pessoas citavam o Pensamento de Mao Tsé-tung ou a Teoria de Deng Xiaoping para derrotar seus oponentes. Agora a turma de Jiang tem os Três Símbolos para sustentá-la."

Em Chengkou, na fronteira das províncias de Guangdong e Hunan, nosso caminho finalmente converge com o do Exército Vermelho. Vinte anos antes, Luo Kaifu passou por aqui durante a sua Longa Marcha. Ele escreveu: "Para receber o Exército Vermelho, os camponeses cavaram um grande buraco para que as águas quentes do local permitissem que os soldados vermelhos se banhassem. Agora esse lugar se transformou em uma casa de banho de fontes termais de alta classe. Um funcionário do governo me diz que sem dúvida devo tomar um banho ali."[8]

Banhos termais de alta classe é tudo o que precisamos. Para alcançarmos Chengkou foi preciso uma caminhada de 35 quilômetros por impressionantes trilhas montanhesas e pelo menos um grande desvio imposto por um touro errante, que — para mim, ao menos — não tinha nenhum direito de estar numa vereda tão estreita. E, nosso estado geralmente sujo e desalinhado à parte, eu gostaria de saber se há algum morador antigo que possa se lembrar por que se comoveram tanto com os vermelhos a ponto de cavar para eles um buraco para banhos quentes.

Somos detidos na entrada da antiga cidade por um senhor chamado Li Anmin, que ri e sacode a cabeça ao ouvir nossa pergunta.

— Não foi isso que aconteceu — afirma ele. — O buraco da fonte quente foi cavado para o comandante do Guomindang daqui, Mo Furu. Ele fugiu quando o Exército Vermelho chegou; e os soldados aproveitaram, é claro. Mo voltou após o exército partir. Trata-se da casa de banho dele.

Li tem uma cabeça cheia de esplêndidos cabelos grisalhos eriçados, mas não pode ter muito mais de cinqüenta anos: jovem demais para se lembrar de adeptos de banhos quentes vermelhos ou do Guomindang.

— Como você sabe? — pergunto.

— Siga-me — diz Li.

As vielas na velha Chengkou ainda são pavimentadas com pedras, e um punhado de decadentes estruturas de dois andares feitas de madeira dá uma leve idéia do que era a cidade setenta anos atrás, talvez trezentos anos atrás. Li nos conduz até uma construção de concreto suja diante do último portão remanescente da cidade. Não há clientes ali, apenas uns poucos atendentes, homens e mulheres, que passam o tempo com um jogo de cartas. O fedor do lugar parece ser resultado da negligência, ou será apenas o enxofre? Um homem abandona o jogo e vem perguntar se queremos um banho.

— Não, não — diz Li. — Eu só estou levando-os para ver a placa de Mo Furu.

Li aponta para uma pedra esculpida apoiada contra a parede no canto do lixo, onde um espaço desocupado acabou virando local para o descarte de entulho. Uma pilha de garrafas plásticas vazias nos mantém a uma distância cautelosa.

— Vê? — diz Li. — Ela registra a escavação da fonte e a colocação da placa memorial por Mo Furu em 1934.

Encostada contra a outra parede do canto há uma pedra cinza, quase do mesmo tamanho, sem inscrições.

— Mo Furu partiu antes da Libertação e sua placa foi retirada — diz Li. — Então, na Revolução Cultural, aquela pedra foi usada para cobri-la inteiramente. Mo voltou a Chengkou em 1984. Ele queria restaurar a fonte e colocar a placa de volta, mas o governo local não deixou.

Li acredita que Mo Furu ainda esteja vivo, com noventa e tantos anos e vivendo em Hong Kong. Essa fonte deve ter significado muito para ele. Após cinqüenta anos, atraiu-o de volta. Mas dificilmente é uma surpresa que o governo o tenha contrariado. Até mesmo nesses tempos mais liberais pareceria estranho para os comunistas locais receber o velho comandante do Guomindang para restaurar um símbolo de seu antigo status e autoridade.

Mo Furu fez sua visita em 1984, no mesmo ano em que as autoridades locais mentiram a Luo Kaifu quando ele inquiriu sobre a escavação da fonte de Mo. Não era uma grande mentira, mas a placa de Mo torna-a pungente — a verdade escondida num canto e coberta por lixo.

Passamos nossa primeira noite na Província de Hunan na cidadezinha de Daping. Andy está impaciente para se conectar à internet. Zombo: que perda de tempo, não existe a menor chance de um lugar desses estar online.

Andy pergunta à senhora que cuida da hospedaria:

— Com licença, há alguma casa de internet em Daping?

— Há uma descendo a rua — diz ela. — Eu vou pedir para a minha filha levá-los lá.

Minhas expectativas em relação ao atraso em toda a extensão da rota da Longa Marcha são contrariadas com regularidade. Eu esperava que o acesso à eletricidade fosse um grande problema e conseqüentemente coloquei na bagagem uma célula solar com tamanho suficiente para carregar nossos equipamentos. Já decidi me livrar dela. Nunca imaginei que em quase todas as cidades haveria sinal para telefones celulares, e certamente não esperava tanto acesso à internet. Nos meses seguintes, haverá muitos lugares menores do que Daping que oferecem computadores e conexões à internet. Porém, raramente vejo alguém surfando na rede. As casas de internet são usadas quase que exclusivamente por rapazes adolescentes para fumar e disputar jogos de computador violentos.

O mapa diz que bem a oeste de Daping entraremos em áreas habitadas pela minoria étnica yao. Os yaos são uma das 55 minorias oficialmente reconhecidas na China. Eles somam mais de 2,5 milhões, vivendo em comunidades nas montanhas espalhadas por cinco províncias do sul da China e uma região autônoma. Um amigo em Pequim alerta: "Esses yaos são um tanto selvagens." Um morador chama a área de "o Tibete de Hunan".

Nos anos 1930, o Partido Comunista e o Guomindang tinham posições muito diferentes sobre a diversidade étnica da China. O Guomindang seguiu a linha do fundador do partido, Sun Yat-sen, cuja opinião era de que "nós devemos facilitar o desaparecimento de todos os nomes de povos individuais que habitam a China, isto é, manchus, tibetanos etc... unificando-os em uma única cultura e unidade política".[9] Na prática, "facilitar" significou a imposição de um processo de assimilação da cultura chinesa han. Os comunistas rejeitavam essa política de assimilação. A Constituição de 1931 da República Soviética Chinesa afirmava: "O Governo Soviético da China reconhece o direito à autodeterminação das minorias nacionais na China, seu direito à completa separação da China e à formação de um Estado independente para cada minoria nacional. Todos os mongóis, tibetanos, miaos, yaos, coreanos e outros que vivem no território da China devem gozar do total direito à autodeterminação."

Essa era uma promessa fácil de se fazer dentro da sua cidadela cercada em Jiangxi. Os comunistas também viram que ela era bastante útil taticamente durante a Longa Marcha, quando passavam pelas regiões de muitas minorias e precisavam encorajar os moradores a apoiá-los. Mas ao chegar ao poder em 1949, o partido não mais achava tão interessante conceder "total direito à autodeterminação" aos vários povos que viviam no território da China. Em setembro desse ano, em Pequim, o "Programa Comum da Conferência Política Consultiva do Povo Chinês" surgiu com uma nova formulação: "Cada área nacional autônoma é parte inseparável da República Popular da China... A República Popular da China será uma grande família fraterna e cooperativa composta por todas as suas nacionalidades."[10]

O país, portanto, teria de ser unificado (pela força, se necessário) em um Estado multinacional, o que significava a criação de estruturas estatais que refletissem a diversidade étnica e ao menos fornecessem um verniz à noção de autonomia étnica. A questão que se colocava era: como, por exemplo, poderiam ser alocados assentos no Congresso Popular às minorias étnicas se ninguém sabia exatamente quais eram esses grupos e onde ficavam? A primeira tentativa de identificar as minorias étnicas envolveu um processo de auto-registro no Primeiro Censo Nacional, que contabilizou mais de quatrocentos grupos étnicos, incluindo mais de 260 na Província de Yunnan. De um ponto de vista administrativo, quatrocentas minorias separadas não parecia muito prático. O governo decidiu ignorar identificações subjetivas, favorecendo a conveniência política e análises "objetivas" de especialistas. O resultado foi um projeto de pesquisa de "definição étnica grupal" que visava estabelecer um catálogo oficial dos grupos étnicos da China. Inicialmente, foram reconhecidos 39 (incluindo a maioria han), enquanto outros 15 foram reconsiderados e somados à lista durante o período anterior ao Segundo Censo Nacional, em 1964. A minoria Luoba conquistou o reconhecimento em 1965, e um 56º grupo, o povo jinuo, da Província de Yunnan, foi o último a ser formalmente registrado, em 1979.[11] Os grupos restantes dos mais de quatrocentos originais foram ou classificados como hans ou colocados em subgrupos de minorias "oficiais" como a yao. Cerca de um milhão de chineses ainda continuam "não-identificados", já que o governo não consegue decidir sobre sua etnia.

Andy contou-me que certa vez foi a uma mostra na Drum Tower, em Pequim, dedicada às 56 nacionalidades da China. Cada nacionalidade era representada por uma fotografia de um de seus membros usando trajes tradicionais — cada nacionalidade exceto a han, que era representada pela foto de um homem sentado diante de um computador vestindo terno e usando um chapéu de colonizador, desculpe, um chapéu amarelo. Andy viu a mostra na companhia de nossa amiga e ex-colega de trabalho Wu Wenzi. Ela ficou incomodada com o cavalheiro han de terno, mas por razões que achou difícil explicar.

— Sabe, eu realmente não sei dizer o que ele deveria estar vestindo. A han na verdade não tem nenhuma identidade própria — disse ela.

Na época, isso pareceu a Andy uma declaração extraordinária para alguém que desde o berço era ensinada a ter orgulho de "5 mil anos de civilização". Mas, dada a noção de que a nacionalidade han é uma invenção relativamente recente que abrange um grupo diverso com aproximadamente 1,2 bilhão de pessoas, ele não deveria ter se surpreendido tanto. A própria idéia de que há uma única raça han existe apenas desde o fim do século XIX, quando teorias nacionalistas européias de consangüinidade e afiliação começaram a penetrar na vida intelectual chinesa. Sun Yat-sen estava entre aqueles convencidos de que havia uma raça han ligada por sangue, história e uma cultura comum, e ele concluiu que a superioridade numérica da han deveria traduzir-se igualmente em primazia política. Embora Sun reconhecesse cinco povos distintos na China (han, manchu, mongol, tibetano e muçulmano), seu nacionalismo republicano antimanchu era apoiado por uma narrativa mítica que mostrava como a China havia desenvolvido "um único Estado a partir de uma única raça" desde a fundação da dinastia Qin em 221 a.C.[12]

Mas os fatores que estimularam identidades nacionais coerentes na Europa estavam amplamente ausentes na China. Enquanto as nações européias se uniam basicamente ao redor de grupos de línguas, com uma forma padronizada de língua "nacional" fortalecida por sistemas educacionais governamentais, a diversidade lingüística da China persiste até os dias atuais. O dialeto falado pelas pessoas hans em Pequim é tão diferente daquele dos habitantes hans de Xangai ou Hong Kong quanto o russo do polonês, ou o espanhol do italiano. O mandarim baseia-se na língua da região de Pequim, e seu papel nacional como uma *"lingua franca"* era tradicionalmente reservado às classes educadas. Ele só começou a funcionar como uma língua verdadeiramente nacional para as classes inferiores da China em conseqüência da industrialização (levando a movimentos em massa de trabalhadores pelo país), da educação em massa e da televisão. Sem um simples indicador como a língua para apoiar-se, muitas pessoas compartilham a incerteza de Wu Wenzi sobre o que significa ser um han. Eles não têm nenhuma característica óbvia a distingui-los, nem mesmo um traje nacional ou uma única culinária nacional — a China tem oito culinárias nacionais oficialmente reconhecidas, cada uma delas de uma parte diferente do país.

O imenso tamanho e o atraso econômico da China também ajudaram a impedir o desenvolvimento da identidade han. Nas menores nações da Europa, educação e comunicação de massas combinaram-se muito mais cedo para criar um senso de experiência, cultura e história compartilhadas, todas elas podendo ser interpretadas como elementos de uma única identidade nacional. Esses fatores de desenvolvimento econômico só muito recentemente começaram a atuar na China.

Uma característica particular do projeto de pesquisa dos comunistas sobre as minorias foi a hierarquia étnica que ele formalizou. Cada grupo foi classificado numa escala de desenvolvimento social que começava com "primitivo" e terminava em "socialista". A han, na época da reforma agrária comunista (1949-51), foi considerada em um estágio de "feudalismo tardio", enquanto a maior parte das minorias foi classificada mais abaixo na escala de desenvolvimento. Desse modo, as minorias foram oficialmente declaradas "atrasadas", enquanto a han era a nacionalidade mais progressista e, portanto, a vanguarda a ser alcançada pelos outros grupos étnicos.[13]

Como nas notícias sobre o XVI Congresso do partido que vimos na TV, os povos minoritários geralmente são retratados na mídia chinesa usando trajes tradicionais e quase sempre estão cantando e dançando ou engajados em alguma colorida atividade típica. A mídia propaga um estereótipo romantizado de sociedade "primitiva" que agrada ao senso de superioridade cultural da maioria han. Sempre suspeitei que essa imagem televisiva das minorias fosse uma farsa, montada para atender aos telespectadores hans, um retrato de sociedades primitivas dentro da China diante do qual, por contraste, os hans podem se definir. Eu achava que talvez fosse confortador para a maioria pobremente definida que as minorias parecessem visivelmente diferentes e "atrasadas".

A própria Wu Wenzi contou a Andy uma história que alimentou minhas suspeitas. Alguns amigos de seu tio eram da minoria yao, e certa vez ela foi visitá-los no Condado Dao, em Hunan, não muito longe de onde estamos agora. Ela estava interessada em conhecer seus ambientes e os costumes da minoria e ficou desapontada ao descobrir que não era como na TV. Todos tinham a aparência igual à de qualquer outra parte. Não havia trajes coloridos, línguas estranhas e, definitivamente, nada de cantorias e danças.

"Eu perguntei às pessoas ali por que não estavam usando suas roupas tradicionais", disse Wu. "Elas disseram: 'Não fazemos mais isso. Só as vestimos em ocasiões especiais. Se as usássemos na cidade, as pessoas ficariam olhando e apontando para nós, então paramos.'"

Wu insistiu com a avó da família: posso ver as roupas?

"Eles trouxeram as roupas e então a avó disse: 'Por que não as coloca?' Eu me vesti e saí para dar uma volta pela vila, quando dei de cara com uma equipe da estação de TV do condado."

"O diretor veio correndo e pediu para eu me juntar a eles. Ele disse 'Estamos filmando um documentário sobre o desenvolvimento econômico local', e me perguntou se eu o ajudaria. Eu disse: 'Mas eu não sou daqui! Eu sou uma han, uma pequinesa! Eu só estou de visita aqui.'"

"O diretor disse que não havia problema — não importava. Ele já tinha conseguido que uma outra garota vestisse os trajes tradicionais. Eles nos colocaram num chiqueiro e pediram para fingirmos que estávamos trabalhando."

"Então lá estava eu — uma garota urbana han num traje yao, trabalhando num chiqueiro no campo para demonstrar o desenvolvimento local. Meus amigos em Pequim morreram de rir."

Os yaos foram claramente derrotados na luta pela terra. As aldeias hans encostadas no lado oeste de Daping encontram-se num vale amplo e fértil e estão entre as mais atraentes que já vimos. Caminhamos até um nível mais elevado, onde as estações chegam com algumas semanas de atraso. Onde previamente todo o trabalho era manual, os campos aqui estão tomados pelo som dos motores que movimentam as debulhadoras de arroz. Acima desses campos, no entanto, o caminho leva a montanhas onde a terra cultivada é escassa e pobre. Passando por um minúsculo arrozal, encontramos Qu Nianghua. Ele tem sandálias baratas nos pés e suas roupas estão furadas. Nós lhe oferecemos uma tangerina. A maioria dos chineses hans recusaria, depois afinal aceitaria, mas Qu aceita a fruta imediatamente. Essa é a única diferença cultural real que conseguimos encontrar: nada de costumes ou roupas coloridas, apenas pobreza e relativa distância. Na fala, na aparência física e nas vestimentas, não há distinções entre os yaos e os hans ao redor de Daping. Eu me pergunto se sou eu que não enxergo as diferenças por ser um forasteiro, mas os próprios yaos mal conseguem precisar sua própria "identidade".

— Cerca de oitenta por cento das pessoas aqui são yaos — conta Li Ling'ao, um yao de 74 anos. — Eu conheço todo mundo, então posso dizer quem é yao e quem é han, mas não consigo fazer isso se for a algum outro lugar.

Yanshou está ligada ao mundo exterior por uma estrada desde os anos 1950, mas ainda se sente isolada. É o primeiro centro urbano *xiang* que vemos sem uma antena de celular, embora os moradores digam que uma será construída em breve. Avançar a oeste daqui significa caminhar sobre a montanha até Xiang, da minoria yindong yao — a apenas 16 quilômetros pela rota do Exército Vermelho, mas a quarenta ou cinqüenta quilômetros pela estrada.

Todos nesta região nos tratam com grande cortesia, a ponto de ficar constrangedor continuar a fazer compras. Estamos procurando frutas para a próxima etapa, mas tudo o que as pessoas têm nas mercearias são umas poucas tangerinas, que relutam em vender — mas que ficarão bastante felizes em dar de presente. Eu noto que uma velha dá a um homem mais jovem um saco de tangerinas e pergunto se ela nos venderia algumas. Ela põe a mão dentro do saco, tira duas das melhores — e a maioria das frutas é de má qualidade — e as entrega para mim.

— Por favor, aceite-as — diz ela.

Eu desisto depois disso. Não quero passar todo o meu tempo na região yao recusando a gentileza da sua minoria selvagem.

Jia Ji vem encontrar-se conosco em Yizhang para trocar equipamentos gastos e quebrados e matar um desejo ardente de Andy: uma xícara de café fresco. Suas melhores intenções quase são destruídas quando ela descobre que esqueceu a cafeteira, mas invoco o espírito do Cara dos Equipamentos e monto uma usando um pedaço de filtro de papel e dois hashis.

Confortos do lar à parte, é um grande incentivo ter Jia Ji para compartilhar nossas experiências. Eu já me sinto ficando um pouco entediado. Noto que estou me recolhendo, para defender e conservar minha força emocional. Quando partimos, eu estava aberto a tudo e todos, absorvendo e observando cada possível nova experiência. Não continuo assim. Estou mais cauteloso e seletivo em relação às pessoas e coisas com as quais interajo. Jia Ji traz uma nova perspectiva e entusiasmo incontido. Sinto que é uma boa oportunidade para dar um bom chute na própria bunda.

Jia Ji passa um dia conosco na estrada, andando os 24 quilômetros entre Yizhang e Meitian, uma próspera cidade carvoeira e, de longe, o maior *zhen* que já vimos. A caminhada é bastante fácil. Colinas como essas são um passeio. Não há um terraço com arrozal à vista. As casas das vilas são sólidas e alinhadas, a maioria com tijolos vermelhos em vez de barro. Entre elas, há novas construções cobertas com reluzentes azulejos brancos. Vemos crianças colhendo flores e pulando corda em vez de trabalhando. Esta é a área mais rica pela qual passamos, mas o desenvolvimento extra traz estresses familiares — barulho, sujeira, tráfego, descortesia indiferente e perigo urbano (nosso jantar é interrompido por um cozinheiro que persegue um cliente com um facão). E, embora no começo Jia Ji estivesse cheia de pensamentos positivos, entretida e feliz pela atenção que recebemos na estrada, à noite ela anuncia: "Eu odeio motoqueiros."

É reconfortante encontrar empatia aqui. Quando Andy ou eu criticamos aspectos da vida chinesa, amigos e colegas tendem a responder que o problema é que somos estrangeiros e, desse modo, não compreendemos a China. Mas Jia Ji também não gosta de ouvir pessoas berrando às suas costas. Ela também nota que os gritos de "o-iiiiii" raramente vêm de uma só pessoa, mas principalmente de grupos de homens, ou motoqueiros em duplas ou trios. Ela vê que eles não estão sendo nem um pouco amistosos — estão apenas se pavoneando uns para os outros. Ela observa que isso não acontece com freqüência nas vilas, que essa cultura exibicionista juvenil pertence às cidades. E que as pessoas que param, conversam e travam amizade conosco não gritam e riem. Elas não ficam bradando com uma voz engraçadinha e estridente "o-iiiiii" enquanto passam, sem jamais voltarem.

Deixamos Jia Ji em Meitian. Nosso próximo encontro fica marcado para Tongdao, em Hunan, dentro de aproximadamente cinco semanas. Depois de Tongdao, o próximo local de encontro será a cidade mais famosa na história da Longa Marcha: Zunyi. Nós dois sentimos que se conseguirmos chegar a Zunyi, então todo mundo terá que começar a levar nosso esforço a sério. Mas Zunyi ainda está muito longe, enquanto nos movemos penosamente por Hunan. Somos tratados com desconfiança, embora sejamos tolerados. A polícia nos pára na rua para examinar os documentos e nos interrogar sobre nossos objetivos. Somos seguidos por carros sem placas com vidros escuros. No caminho para Citang Xu, perguntamos a uma camponesa quanto falta para chegarmos. Um jipe verde passa na direção oposta, indo para Lanshan, e quando começamos a andar novamente, percebemos que ele desacelera, dá a volta e encosta ao lado da mulher. Ele nos segue a uma distância de cinqüenta metros pelos cinco quilômetros até Citang Xu e pára em frente à hospedaria em que buscamos abrigo. Cerca de um minuto após entrarmos, o telefone toca. O senhorio admite que recebeu ordens para "garantir nossa segurança". A sua solução é trancar a porta, recusar-se a tirar sua vista de nós e cobrar o dobro pelo serviço.

A acolhida na província fica ainda mais azeda na entrada de Tiantang, depois do almoço. Uma minivan despeja um grupo de policiais de cara amarrada. Após tomar nossos documentos e dizer que esta não é uma "área de turismo", eles nos mandam entrar na van.

— Preferimos andar, se vocês não se incomodam — diz Andy.

— Estamos fazendo a Longa Marcha, sabe? — falo pela quarta ou quinta vez.

— Entrem na van — diz um homem num terno. Ele fede a álcool. Presumo que seja o líder.

— Acho que a gente devia gravar o que esses caras dizem, só por precaução — diz Andy, ligando o gravador digital no seu bolso. O gravador tem o nome de Voice Pen e realmente tem uma leve semelhança com uma caneta tinteiro bem larga. Do nosso canto no veículo sujo, posso ver o líder fazendo telefonemas. Quando termina, a atmosfera magicamente se transforma. A Longa Marcha está na boca de todos. Aqui estão seus passaportes, apertos de mãos por todos os lados, aceitem um cigarro! Nós os respeitamos!

Obrigado pela calorosa recepção, dizemos, mas não podemos descansar porque estamos a caminho do próximo condado.

Dez minutos depois, na estrada, a minivan dos policiais encosta de novo. Ficamos tensos. O que foi agora? O tira no banco do passageiro inclina-se para fora e dá a Andy seu gravador digital.

— Você deixou sua caneta cair — fala ele.

Embora ninguém nos seja abertamente hostil, o clima de amizade não parece ter sido restaurado. Meio dia após Tiantang, pouco depois da fronteira do condado, em Ganziyuan, não conseguimos encontrar lugar para ficar — nem mesmo na hospedaria, que o dono diz estar fechada.

— Então o que devemos fazer? — pergunto.
— *Mei banfa* — responde ele. — Não há solução.

Se existe uma coisa que aprendi sobre a China, é que sempre há solução, ainda que seja montar uma barraca num campo de nabos — uma placa na estrada em Ganziyuan alardeia que esta é uma "Base de Produção de Nabos".

Eu odeio nabos e Andy odeia barracas. Uma coisa é montar uma barraca num lugar ermo, outra bem diferente é montá-la numa área bastante habitada, onde você garante uma multidão de curiosos e nenhuma paz. Decidimos fazer algo que não tínhamos feito antes, embora seja uma linha de ação que as pessoas nos aconselham com freqüência quase diária. Fomos ao governo local pedir ajuda.

Em Pequim, lembro, amigos e colegas faziam o possível para evitar ter de lidar com o governo local, que era um exemplo perfeito de frustração e desperdício de tempo com burocracia. Mas na rota da Longa Marcha, as pessoas parecem ter uma imensa fé na capacidade do governo local para resolver os problemas de dois estrangeiros. "Vocês já foram ver o governo local?" é regularmente a terceira pergunta que ouvimos (depois de "De onde vocês são?" e "O que vocês estão fazendo aqui?"). Em vista dos últimos dias, eu meio que espero que sejamos presos, mas, como observa Andy, pelo menos assim conseguiremos arrumar uma cama para passar a noite.

Em cada cidade em geral há três construções relativamente novas e com reluzentes azulejos brancos — a escola, a delegacia e o escritório do governo local. Mas Ganziyuan é um lugar bastante incomum. Não apenas as pessoas são inamistosas e pouco cooperativas, mas o governo e a delegacia são longe do centro, localizados numa escola abandonada no fim de uma trilha enlameada. Não há ninguém lá, exceto um jovem policial e o igualmente moço secretário do partido. Ambos têm vinte e poucos anos e são formados na Faculdade de Bureau de Segurança Pública da Província de Hunan, em Changsha, a capital provincial. Eles nos convidam a ficar.

Após dez minutos de papo regado a xícaras de água quente (ninguém bebe chá quente nesta parte de Hunan), o policial, Tang Hongyun, pergunta se temos documentos de identidade.

— Claro, vou buscá-los — digo.

— Ah, tudo bem, nós confiamos em vocês — fala Tang.

Comemos juntos, uma refeição simples preparada pelo velho camarada responsável pela solitária manutenção do lugar, uma espécie de cozinheiro/faxineiro/jardineiro pau-para-toda-obra. Ele prepara um peixe ensopado, um prato de vegetais verdes fritos chamado *cai xin* e uma cumbuca de picles de pimentões picantes. Ninguém bebe álcool. Andy pergunta como é a vida como policial.

— Hunan tem pouca polícia — responde ele.

Se estivéssemos num programa de TV, Andy engasgaria com o seu *cai xin* e eu lançaria um cômico olhar incrédulo. Eu vi mais policiais em dez dias em Hunan do que em dez anos na Inglaterra. Isso é enganoso, segundo Tang, que calcula que Hunan tem menos policiais per capita do que províncias mais abastadas como Guangdong.

— Só contamos com quatro policiais nesta delegacia, e um deles tem uma doença crônica e fica em casa, então, na prática, somos apenas três, mas temos de cuidar de uma população de 30 mil. Ser policial na China continental é trabalho duro. Nós realmente não temos horário de trabalho, já que estamos sempre à disposição, e não temos feriados, não como a polícia de Hong Kong, por exemplo.

Estou acostumando a ver policiais passando para cima e para baixo nas estradas em grandes veículos com tração nas quatro rodas — Landcruisers da Toyota ou, mais comumente, Pajeros da Mitsubishi novinhos em folha. Já observei que esse carros estão sempre limpinhos e que jamais os vi em terreno *off-road*. Geralmente, estão fazendo a escolta de autoridades governamentais ou cheios de pessoas que mais parecem parentes que criminosos — a menos que existam muitas gangues na China rural integradas por avós, mães e duas crianças. É muito fácil identificar o melhor restaurante da cidade — é o que tem o Pajero da polícia estacionado na frente. Nas vilas distantes das estradas principais, contudo, quase não há presença policial. Talvez Tang esteja certo e o que notei nas rodovias seja apenas uma dispendiosa fachada.

Tang nos deixa para dormir em nosso precário dormitório e vai para a sua própria acomodação — um quartinho na delegacia. Ele é decorado com uma frágil cama, uma cadeira de madeira e uma mesa. Tang possui alguns livros e um som barato, com quatro ou cinco CDs. Ele é um jovem sério, de fala suave, e realmente gostamos dele.

Sem fôlego, He Xia nos alcança durante uma pausa ao lado da estrada. Após nos avistar ao longe, ela correu quase um quilômetro, de sua casa na vila de Hejia, segurando com força o seu livro escolar de inglês. Ela tem 15 anos, é cheia de esperança, energia e sinceridade, e nos interroga sobre o texto de inglês daquela semana. Ela gosta de inglês, mas acha que a professora não é boa e reclama que a escola não tem fitas para ajudar na pronúncia. Seu sonho é ir para a escola intermediária superior na cidade, mas teme que o custo seja muito alto para a família.

O sistema educacional chinês começa com a escola primária, em que tipicamente os alunos têm de cinco a 11 anos. Então eles vão para a escola intermediária inferior, que dura três anos. Esses nove anos de educação básica são teoricamente obrigatórios. A escola intermediária superior também compreende três anos, após os quais os estudantes podem prestar o exame nacional de entrada nas universidades. Para a maior parte das crianças rurais, a escola intermediária superior está fora do alcance, e até mesmo os anos "obrigatórios" da escola intermediária inferior são negados a muitos por causa dos custos. Com raríssimas exceções, até a mais básica das escolas primárias cobra pelo menos 120 iuanes (US$ 15,00) por ano, enquanto são precisos no mínimo 400 iuanes (US$ 50,00) para pagar por um ano na escola intermediária inferior. Isso pode não parecer muito, mas as famílias rurais geralmente têm dois filhos e, na rota da Longa Marcha, passamos por áreas em que a renda total familiar é de 400 iuanes anuais. O preço da escola intermediária superior começa em 800 iuanes por ano e chega a milhares, dependendo da localização e da qualidade do estabelecimento.

— Você não é muito parecida com as outras garotas que conhecemos — diz Andy para He Xia.

Ela concorda com a cabeça.

— Sou mais como um menino — diz ela. — As outras garotas não praticam esportes, mas eu gosto de pingue-pongue e basquete.

Penso no seu futuro. Com que idade He acha que se casará?

Ela levanta os ombros.

— É melhor não casar muito cedo. É preciso ver um pouco do mundo antes. Depois de acabar a escola, eu talvez saia da vila e vá *da gong* em Guangdong.

— Os seus pais vão escolher o seu marido ou você mesma pode escolher? — pergunta Andy.

— A maioria das pessoas escolhe seus próprios maridos e mulheres agora, embora às vezes os pais ainda escolham. Ouvi adultos falando de alguns lugares onde as pessoas ainda compram esposas. Ouvi falar de dois homens que as compraram no Vietnã.

— Quanto isso custou? — pergunto.

— Quatro mil, 5 mil iuanes.

Provavelmente mais do que um filho extra, então, mas He não sabe nada a respeito disso.

As experiências recentes provocam mais uma questão sobre a vida local.

— Tem muitos crimes por aqui? — indaga Andy.

— Esta área é bastante caótica — diz He. — Tem grupos que param você e exigem dinheiro, e eles espancam se você não der. Não é seguro sair sozinho à noite.

Mentalmente, faço uma reverência ao policial Tang. Ser seguido por carros da polícia talvez não seja uma má coisa, afinal de contas.

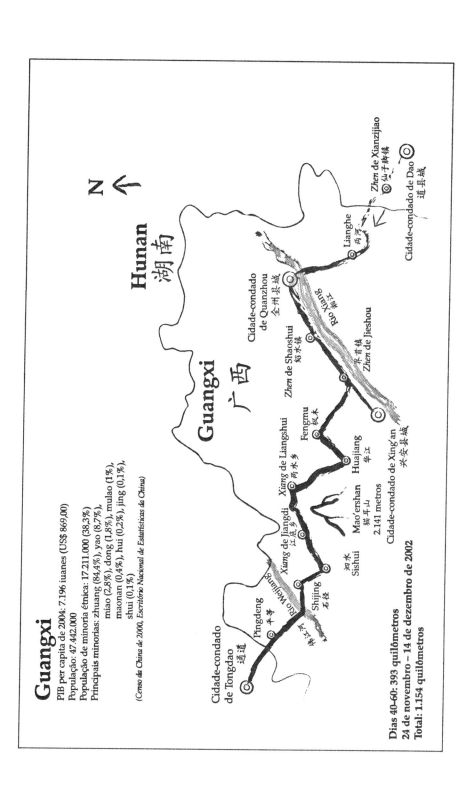

Capítulo 3

O Rio Xiang

À medida que nos aproximamos do maior campo de matança da Longa Marcha, a memória popular deixada pelo Exército Vermelho consiste em histórias de conflitos e narrativas em que soldados pagavam pelas coisas em vez de saqueá-las. A mitologia da Longa Marcha tem como um de seus elementos fundamentais a rígida adesão dos soldados vermelhos à orientação de Mao de que "nada deve ser tirado dos camponeses, nem sequer uma agulha". Aqueles que são velhos o bastante para lembrar juram que isso é verdade. Habitantes mais jovens apontam campos de batalha onde brincaram quando crianças, às vezes encontrando relíquias de armas — da mesma forma que as crianças de Londres colecionavam estilhaços de bombas alemãs durante, e muito tempo depois, a Blitz. Na divisa entre Hunan e Guangxi, encontramos um velho que aponta para a vila abaixo da estrada e conta como sua mãe lhe dizia palavras de conforto, "Não chore, não tenha medo", enquanto a batalha se desenrolava do lado de fora. Ele lembra-se de tentar conversar com os soldados vermelhos, mas não conseguia entender o dialeto.

A divisa não tem nenhuma placa, mas ainda assim está evidente. No lado de Hunan, não há qualquer desenvolvimento; no lado de Guangxi, a rodovia está sendo alargada até a cidade de Quanzhou. Trabalhadores na estrada são uma boa notícia. Eles trazem serviços que, de outra forma, seriam inimagináveis em uma aldeia como Wulipian, onde uma construção no estilo de uma cabana foi erguida para fazer negócios com os operários, vendendo comida, bebida e cigarros e oferecendo karaokê. Três bonitas jovens importadas da cidade-condado encorajam as bebidas e o karaokê. Elas se candidatam a se juntar à nossa Longa Marcha, embora faltem 19 quilômetros para o nosso destino do dia, Lianghe.

— Mas vocês terão de pagar ao chefe para nos tirar daqui — diz Liu Guihua.

Infelizmente, nossa Longa Marcha não paga para ter recrutas — mesmo aquelas corajosas o suficiente para andar 19 quilômetros de salto alto.

Guangxi é oficialmente uma "região autônoma" da minoria étnica zhuang, o maior grupo minoritário da China. Aqui no Condado de Quanzhou, todavia, ainda estamos em território han, uma agradável e relativamente próspera região colada à órbita das populares áreas turísticas ao redor de Guilin, cerca de 95 quilômetros a sudoeste. Os caminhos são fáceis e relativamente planos. Mais de trinta quilômetros em um dia não é problema algum, e também uma necessidade, às vezes, para manter o ritmo dos vermelhos, cujas unidades avançadas a essa altura se moviam rapidamente.

Era fácil para Chiang Kai-shek prever os movimentos do 1º Front do Exército. A missão de reconhecimento dos vermelhos havia marchado pela mesma rota três meses antes, a caminho de um encontro casual com o bandoleiro-convertido-ao-comunismo He Long, cujas forças perambulavam por Guizhou, no nordeste, desde que abandonaram sua base no verão de 1932. Escrevendo em Pequim no final de 1934, o jovem jornalista americano Harold Isaacs citou um telegrama de um grupo de proprietários de terra em Guizhou: "Os exércitos [de Guizhou] certamente não podem eliminá-lo [He Long]... Não há nenhuma esperança em fazer tal pedido. Quando [He Long] chegou... tinha apenas 3 mil ou 4 mil homens, muitos deles doentes e feridos... Ele trouxe alívio para os pobres, abolindo exigências despóticas... Em dois meses, seu exército expandiu-se para 10 mil homens."[1]

Para combinar forças com He Long, o 1º Front do Exército tinha de cruzar o rio Xiang, a última grande barreira natural entre Guangxi e a Província de Guizhou. Aqui, Chiang Kai-shek planejou terminar a guerra civil de sete anos de uma vez por todas. Ele posicionou tropas provinciais em ambos os flancos do Exército Vermelho que se aproximava, enquanto as forças regulares do Guomindang viriam por trás. Quando os vermelhos chegassem ao rio, Chiang encurralaria e mataria todos eles.

A travessia mais importante dos vermelhos era em Jieshou, 43 quilômetros rio abaixo a partir de Quanzhou. Jia Ji diz ter ouvido que ainda há um velho em Jieshou que ajudou a construir o pontão para os vermelhos. Como agora se trata de uma cidade com vários milhares de habitantes, Andy e eu decidimos que o melhor a fazer é procurar o governo local para ver se há registro de seu paradeiro.

Encontramos uma sala cheia de funcionários levando a vida na boa. Eles agem como se fosse bastante razoável e normal que dois estrangeiros entrem de repente, anunciem que estão refazendo a Longa Marcha e peçam ajuda para localizar um homem que construiu um pontão em 1934. No espaço de meia hora, Liu Faxiang é localizado e nós temos dois funcionários para ajudar a traduzir o seu difícil dialeto para um mandarim compreensível. Estou um tanto impressionado e bastante agradecido por esse serviço público, embora não possa deixar de evitar a incômoda sensação de que isso é um sinal de que eles realmente não têm muito trabalho para fazer.

Todas as casas na rua de Liu são da era pré-comunista. Aqui é onde vivem os idosos, a única parte da cidade que sobreviveu ao moderno impulso por concreto e ladrilhos brancos de lavatórios. Estamos no meio da tarde, mas pouca luz penetra na sala de Liu, onde sentamos em bancos de madeira diante de nosso anfitrião e dois prestativos funcionários do governo local, Liu Yongrong e Jiang Hongwei. Uma solitária lâmpada joga um brilho amarelado sobre a cena.

Liu tinha 19 anos em novembro de 1934. Ele trabalhava como aprendiz de um ferreiro de Ruijin, em Jiangxi, chamado Zeng Xiangqiu.

"Eu não sabia nada sobre os comunistas na época", relembra Liu, "exceto que os dirigentes do Guomindang disseram que eles matariam todos nós. Quando ouvimos que eles estavam se aproximando, outros camponeses fugiram. Meu mestre, porém, disse para eu não ter medo. Ele disse que os soldados vermelhos eram boas pessoas, que não matavam camponeses porque eles próprios eram camponeses."

"Uma unidade avançada veio até o meu mestre e pediu-lhe que fizesse correntes para a construção de um pontão. Ele me mandou ajudá-lo e nós trabalhamos em segredo nas correntes."

O pontão de Liu ficou pronto a tempo para o 1º e o 3º Grupos do Exército, que fizeram a travessia sem dificuldades. Por três dias, a contar de 25 de novembro, Xiang pareceu não representar um grande obstáculo. Mas no quarto dia, 28 de novembro, o general He Jian surgiu com quatro divisões para atacar o flanco direito dos vermelhos. Bai Chongxi, um senhor da guerra de Guangxi, entrou pela esquerda, e a situação mudou dramaticamente. O Exército Vermelho agora estava cortado ao meio pelo rio, com suas divisões de primeira classe na margem norte, enquanto a vagarosa coluna de suprimentos lutava rumo aos pontos de travessia. Era o início da mais desastrosa batalha da Longa Marcha.

Nie Rongzhen, comissário político do 1º Grupo do Exército, e o comandante Lin Biao telegrafaram ao Comitê Militar Central em 30 de novembro, pouco antes da meia-noite:

"... Se o inimigo atacar amanhã com sua posição superior, não podemos garantir que conseguiremos resistir com o equipamento disponível e o nível existente de capacidade das tropas. O Comitê Militar Central tem que mover hoje através do rio Xiang todos os soldados no lado leste."[2]

A resposta veio à 1h03:

"O 1º Grupo do Exército deve permanecer em posição e eliminar os soldados inimigos... que estão marchando do sul para o oeste... Não importa o que aconteça, precisamos controlar a estrada e as ramificações a oeste dela."[3]

Duas horas depois, o Comitê Militar Central enviou um novo telegrama para enfatizar a seriedade da situação:

"A batalha de hoje tem grande importância para a campanha para a marcha a oeste. Vencer a batalha vai abrir o caminho para o futuro... Os comandantes do 1º e do 3º Grupos do Exército, e também seus departamentos políticos, devem enviar instrutores políticos para encorajar nossos soldados a se engajarem na batalha e conscientizá-los de sua importância. Ou seremos vitoriosos ou seremos derrotados..."[4]

Vários meses antes de começarmos a Longa Marcha, Andy e eu procuramos um dos principais editores do *Beijing Youth Daily* para ver se o jornal nos ajudaria a identificar e entrevistar veteranos do Exército Vermelho. Ele polidamente recusou-se a cooperar, mas gostou tanto da idéia que encarregou seus próprios jornalistas de ir, em frente com o projeto. O resultado foi reunido numa publicação de dois volumes intitulada *Minha Longa Marcha*. Um dos entrevistados, um soldado de propaganda e guarda do batalhão de artilharia do 1º Grupo do Exército, rememorou a batalha no Xiang:

"[Foi] muito, muito cruel", disse Liao Dinglin. "A água cristalina transformou-se num rio negro de sangue."[5]

Mais da metade do exército foi perdida, de acordo com Liu Bocheng, chefe do Estado-Maior do 1º Front do Exército.[6] Historiadores chineses geralmente colocam as perdas no lado comunista em 30 mil, mas isso muito provavelmente inclui feridos e desertores. Uma pesquisa publicada no sexagésimo aniversário da Longa Marcha contabilizou 8.400 mortes em três batalhas separadas ao redor do Xiang.[7] Apenas 26 de seus nomes estão inscritos no imenso memorial em Xing'an, porque na época os vermelhos não mantinham registros dos homens alistados. Tanto quanto sei, ninguém jamais se preocupou em tentar contar os mortos do Guomindang, que não merecem nenhuma celebração, embora tenham sido em sua maioria recrutados junto à mesma massa camponesa que os vermelhos e soubessem ainda menos das políticas e ideologias de seus líderes.

Embora os vermelhos jamais tinham penetrado nas muralhas de Quanzhou, hoje há um pequeno cemitério memorial em uma colina atrás de um descampado sujo no centro da cidade. O campo está tomado por um grupo de homens e mulheres envolvidos em um jogo de croqué. Sempre imaginei o croqué como um jogo de imperialistas ingleses das classes altas, disputado em gramados de filmes de época por senhoras com longos vestidos brancos durante o verão. Não esperava encontrá-lo numa emporcalhada praça pública no meio de uma pouco conhecida cidade comunista, abaixo de um cemitério que celebra os heróis do Exército Vermelho.

Há sete túmulos ao lado de uma trilha no meio de um pequeno parque. A trilha está transformando-se em lama com a chuva que não vai parar por três dias. Eles examinam os forasteiros, mas não prestam atenção nas sepulturas. As pedras negras são novinhas, uma inscrição em branco no canto inferior direito de cada uma registra sua colocação em 2002. Elas têm uma estrela vermelha no alto. Duas das lápides pertencem a soldados da Longa Marcha, um dos quais vitimado em batalha em local próximo. Ele ocupa a sepultura central. Segundo a inscrição, seu nome é Yi Dangping, nascido em 1908, filiado ao Partido Comunista em Changsha em 1926 e alistado no Exército Vermelho em 1927. Em abril de 1934, ele recebeu a Estrela Vermelha (segunda classe), concedida pelo Comitê Militar Revolucionário Central. Durante a travessia do Xiang, ele ficou em segurança com a força principal do Exército Vermelho e o Comitê Militar Central, mas então combateu e morreu na "ação defensiva de Dangshan", tentando manter a passagem aberta para o resto do exército.

A lápide em Quanzhou não registra a história da morte de Yi Dangping. Yi foi seriamente ferido durante um combate na margem oeste do rio — tão gravemente que percebeu que não conseguiria escapar do campo de batalha. Em vez de correr o risco de ser capturado pelo Guomindang, o que provavelmente significaria tortura e execução, no caso de um oficial experiente como ele, Yi ordenou a um de seus próprios homens que atirasse nele.

O homem recusou-se a obedecer. Yi tirou a arma de suas mãos, colocou-a contra a própria cabeça e estourou os miolos. Ele tinha 26 anos.

Saindo da margem oeste do Xiang, em Quanzhou, e descendo cerca de vinte quilômetros, Andy e eu paramos em uma vila chamada Jiaoshan, onde Luo Kaifu escreveu que havia um "cemitério de mártires". Um morador local, atravessando a rodovia Quanzhou-Xing'an, nos leva até algumas laranjeiras. A cerca de cinqüenta metros do barulho da estrada, ele aponta para um buraco no chão.

— O que é isso? — pergunta Andy. — Por que você está nos mostrando um buraco?

Deve haver algum mal-entendido, o que não é surpreendente, dada a dificuldade de comunicação que estamos tendo com o homem de

Jiaoshan, cujo dialeto é um dos mais estranhos que já ouvi. Nós falamos e falamos, tentando entender um ao outro, até que pesco duas palavras-chave e percebo o que ele está contando: estamos diante da cova de Yi Dangping.

Seus restos foram desenterrados seis meses atrás e levados para o local que visitamos em Quanzhou. Este é o lugar em que ele se suicidou e onde seus camaradas correram o risco de enterrá-lo tão perto do campo de batalha. Agora, tudo o que resta é um buraco no chão perto de um monte de lixo em um laranjal, com o ruído do tráfego ao fundo.

Eu cresci num mundo em paz. A Segunda Guerra Mundial já estava enterrada no passado havia mais de vinte anos quando nasci; o serviço militar obrigatório deixara de existir muito antes de eu entrar na escola. O maior conflito que já tinha visto eram as brigas de sábado à noite em Manchester. Fico sentado ao lado do túmulo vazio de Yi por uma hora, tentando imaginar este homem, dez anos mais jovem do que eu, puxando o gatilho e acabando com a própria vida. Mas não consigo estabelecer uma empatia. Sua vida e sua morte são muito radicais.

Uma boa dose de incredulidade cerca nossa passagem pela China rural. Para algumas pessoas, parece que Andy e eu ficamos entrando e saindo da realidade. Num restaurantezinho em Fengmu, comemos um jantar simples, conversando o tempo inteiro com a família que mantém o estabelecimento — uma senhora de quarenta e tantos anos e suas três filhas, todas com vinte e poucos anos. Já é tarde quando começamos a refeição e assim comemos rapidamente e pedimos a conta. A senhora lança um olhar esperançoso para a filha mais velha (observei que pais camponeses freqüentemente se submetem aos filhos em questões de negócios) e murmura algo na linha: "Eles são estrangeiros, não deveríamos cobrar um pouco mais?"

É como se subitamente não estivéssemos ali, como se os últimos 45 minutos de conversa jamais tivessem ocorrido. A filha fica chocada e murmura: "Mãe, eles *entendem* chinês." Entramos de volta na realidade e a mãe parece mortificada. Ela nos cobra cerca de 10 iuanes a menos.

Quanto mais andamos, mais aparecem essas excentricidades nas atitudes das pessoas. Por exemplo, estou começando a notar que há muito mais trilhas do Exército Vermelho do que eu suspeitava inicialmente. No começo, em Jiangxi e Guangdong, eu simplesmente acreditava no que as pessoas me diziam: as trilhas não existem. Mas depois percebi que a realidade é muito mais complexa. Com regularidade, os camponeses não querem admitir que não sabem o caminho ou simplesmente não desejam contar a verdade.

Andy e eu discutimos por que as pessoas parecem esconder informações. Será que é porque querem nos proteger, porque acreditam que a estrada principal é mais segura e certamente nos perderemos se nos afastarmos dela? Ou simplesmente não conseguem entender por que queremos atravessar montanhas a pé? Talvez elas concluam que devem ter compreendido mal e respondam à pergunta que acham que provavelmente fizemos. Se um camponês chega a admitir a existência de uma trilha, ele geralmente acrescenta: "É uma caminhada muito difícil."

Não há como saber antecipadamente o que significa "muito difícil". Pode ser uma trilha de terra perfeitamente plana que até mesmo caminhões podem transpor com tranqüilidade. Quando escalamos e deixamos para trás os caminhos fáceis da planície do rio Xiang, contudo, pode significar uma escorregadia trilha montanhesa que não tem mais de vinte centímetros em alguns pontos. E como acabamos andando no leito de um rio, suponho que o camponês estava correto e na verdade jamais poderíamos ter esperado encontrar o caminho. Mas conseguimos atingir o chão do vale pouco antes do pôr-do-sol e juntamo-nos a um grupo de homens que regressam para casa após um dia de trabalho nas montanhas com florestas cerradas. Um deles carrega um imenso rato agitado que está amarrado na ponta de uma vara.

— O que você vai fazer com ele? — pergunto.

— Comer — diz o homem, visivelmente aturdido com uma pergunta tão estúpida. — É muito bom.

— Ah, hum, então você vai fritá-lo, não é?

Ele está deliciado com a idéia.

— Sim, fritá-lo.

— Vai colocar um pouco de pimenta?

— Mmmmmm...

Nosso restaurante daquela noite apresenta vários "ratos da montanha" taludos pendurados nas paredes. A dona do lugar tem muito orgulho deles.

— Eles têm gosto melhor do que porco — insiste ela.

Para variar, acho que Andy ficaria bastante contente em ver-me experimentando um prato de carne local. Invoco a penúria — cada rato custa 25 iuanes, o mesmo preço de uma galinha inteira. Não era à toa que aquele homem parecia tão contente na montanha.

Dias 61-86: 595 quilômetros
15 de dezembro de 2002 – 9 de janeiro de 2003
Total: 1.749 quilômetros

Guizhou

PIB per capita de 2004: 4.215 iuanes (US$ 509,00)
População: 35.245.000
População de minoria étnica: 13.339.600 (37,9%)
Principais minorias: miao (31,7%), bouyei (20,9%),
dong (12,2%), tujia (10,7%),
yi (6,3%), gelao (4,2%), shui (2,8%),
bai (1,4%), hui (1,3%), zhuang (0,4%),
yao (0,3%)

(Censo da China de 2000, Escritório Nacional de Estatísticas da China)

Zunyi 遵义
Zhen de Tuanxi 团溪镇
Zhen de Zhuzang 珠藏镇
Rio Wu 乌江
Zhen de Tianwen 天文镇
Zhen de Caotang 草塘镇
Laofenzui 老坟嘴
Zhen de Jiuzhou 旧州镇
Cidade-condado de Shibing 施秉县城
Xiang de Shuangjing 双井乡
Cidade-condado de Huangping 黄平县城
Rio Qingshui 清水河
Bachang 坝场
Wenquan 温泉
Cidade-condado de Jianhe 剑河县城
Xiang de Nanshao 南哨乡
Fuweng Cun 傅荷村
Dajia 大稼
Zhen de Mengyan 孟彦镇
Qizhai 器寨
Cidade-condado de Liping 黎平县城
Zhen de Zongchao 中潮镇
Zhen de Boyang 椿阳镇
Pingpu Dong Zhai 平铺侗寨
Zhen de Hongzhou 洪州镇
Cidade-condado de Tongdao 同道县城

Guizhou 贵州

Hunan 湖南

N ↑

Capítulo 4

O Incidente de Tongdao

Somos presos pela primeira vez duas horas após pôr os pés de volta na Província de Hunan. São 20h20 de 15 de dezembro, cinco quilômetros ao sul de Tongdao.

Devido a uma peculiaridade geográfica, passamos duas vezes por Hunan. O Condado Autônomo da Nacionalidade Tondgao Dong ocupa a ponta sudoeste da província, espetado entre Guangxi e Guizhou. Passamos os últimos 15 dias procurando achar o caminho através de obscuras trilhas ao longo da fronteira norte de Guangxi; nesta manhã, seguimos uma trilhazinha por sobre a última montanha e caminhamos de volta a Hunan. O mapa sugere que dois dias devem ser o suficiente para cruzar Tongdao e entrar no sudeste da Província de Guizhou — o lugar em que as palavras "Como seria tentar fazer a Marcha completa...?" pela primeira vez passaram pela minha cabeça, quase três anos antes.

Num primeiro reconhecimento, este parece o condado mais pobre até agora. Até mesmo os centros *xiang* são pouco mais do que montes de barracos de madeira, e quando tentamos implorar por um jantar em uma das construções mais recentes do *xiang* de Chuanxu, a senhora da casa desculpa-se e diz que não tem nada além de arroz e repolho. Somos socorridos pelo gentil casal que cuida da loja pegada ao prédio do governo local. Eles possuem o luxo de ovos, que misturam com um pouco de arroz frito para nós. Depois do cair do sol pegamos uma estrada pavimentada até a próxima cidade, e suas duas pistas não têm tráfego — ou melhor, exceto pelo enorme veículo bege com tração nas quatro rodas que desacelera às nossas costas e então pára. Dois homens saltam. Um deles veste uma intimidadora jaqueta de couro; o outro usa um menos ameaçador casaco de veludo marrom. Jaqueta de Couro exige saber quem somos e o que estamos fazendo.

— Deixa pra lá — digo. — Quem são vocês?

Em momentos como esse, acho que é importante ganhar tempo e agir como se você estivesse no comando. Os policiais chineses são obrigados a mostrar seus documentos antes de perturbar você, e é surpreendentemente fácil blefar diante das autoridades agindo como se você fosse mais importante do que elas.

Mas esses tiras não se impressionam. Muito pelo contrário: eles têm identidades bem à mão.

— Polícia. O que vocês estão fazendo aqui? Estrangeiros não são permitidos nesta estrada. Entrem no carro e nós vamos levá-los para a cidade.

— Na verdade, oficial, nós estamos fazendo a Longa Marcha, sabe...

Meu apelo ao espírito da Longa Marcha é descartado. Primeiro vem o refrão da "segurança". Nós não podemos andar nesta estrada à noite, insiste Casaco de Veludo.

Torço para que o meu sorriso vitorioso se traduza em chinês.

— OK — digo. — Obrigado pela sua preocupação. Você está coberto de razão. Nós não vamos andar à noite. Vamos voltar para o governo local do *xiang* de Chuanxu e pedir a eles que nos abriguem durante a noite. Podemos continuar pela manhã.

— Não, vocês não podem fazer isso. Entrem no carro. Não é longe.

Depois de andar 27 quilômetros escalando a montanha de Pingdeng, em Guangxi, Andy não está com humor para ser intimidado por um homem com uma jaqueta barata dos anos 1970.

— Bem, se vocês estão tão preocupados com nossa segurança, por que não vêm atrás de nós enquanto andamos os últimos quilômetros até a cidade?

O Durão assume o comando.

— Esta é uma área fechada. Estrangeiros não são permitidos aqui. Entrem no carro ou vamos pôr vocês dentro dele e levá-los de volta para Guilin.

Uma viagem para um dos principais resorts turísticos da China, nesse estágio exaustivo da Longa Marcha, não seria uma idéia tão má — exceto pelo fato de estar 95 quilômetros na direção errada. Eu me pergunto se a revirada de olhos de Andy encontra tradução. Ele não quer desistir.

— Veja! Vocês não entendem — diz ele. — Nós...

— Entrem no carro!

— Mas...

Em inglês, interrompo Andy:

— Não sei se devemos continuar discutindo. Eles não parecem ser policiais comuns, e, se o que dizem for verdade, não temos nenhuma escolha.

OK, eu admito. Sou medroso. Uma carona gratuita de volta a Pequim não é a maneira como quero terminar nossa missão. Andy curva-se à minha lógica e nos espremamos no banco traseiro junto com Casaco de Veludo — o banco do passageiro na frente está ocupado pela avó de alguém. Ela vira-se para nos examinar.

— Eles falam chinês muito bem — diz ela.

Tento fazer outro apelo à razão.

— Escutem — digo. — Nós não entendemos. Ligamos para o governo e eles disseram que não havia problema em atravessar esse condado.

— Eles não sabem — diz Veludo.

O quê?

— O governo não sabe que este condado é fechado?

— Exato. Eles não sabem fora daqui.

— O que você quer dizer com "fora daqui"? Nós telefonamos para o governo do condado.

— Vocês vão estar no primeiro ônibus para Guizhou amanhã de manhã.

O problema mesmo é que não podemos ter certeza de que esses policiais sabem do que estão falando ou se estão apenas blefando para se garantir. Autoridades chinesas não deixam de inventar regulamentos se acham que isso vai ajudar a livrá-las de dificuldades, e já tivemos várias oportunidades de ver como a nossa presença deixa nervosos os policiais em Hunan.

Somos detidos na delegacia por cerca de uma hora, respondendo a perguntas perfunctórias sobre nossos movimentos e empregos prévios em Pequim, e então somos colocados sob vigilância no Hotel Tongdao. Andy tenta pegar o quarto mais barato, mas eles nos obrigam a pagar por acomodações mais caras. É mais "seguro". Jia Ji e duas amigas, Sarah Bai e Nicole Gardner, deveriam se encontrar conosco em Tongdao no dia seguinte à tarde. Somos informados de que não podemos esperar por elas. Nicole é americana. Não menciono isso para o policial e me pergunto — em silêncio — como ela se sairá. Na manhã seguinte, a polícia está com tanta pressa de se livrar de nós que o ônibus, insolitamente, sai 15 minutos mais cedo. Jaqueta de Couro detecta um brilho rebelde no olhar de Andy.

— Nem pense nisso — diz ele, ou palavras com esse sentido.

Fazemos uma última tentativa de reverter nossa ordem de expulsão durante uma troca de ônibus, uma hora depois, em Xianxi. Telefonamos para o degrau mais alto na escala do governo que conseguimos, direto para o Escritório de Segurança Pública da Cidade de Huaihua, que supervisiona a polícia em Tongdao. O chefe do escritório, Wu Kaiyi, mostra-se simpático. É uma questão de jurisdição militar, diz ele, acrescentando que vai telefonar para o escritório militar e pedir para que façam contato conosco. Três minutos depois, um senhor do escritório militar de fato telefona. Ele também é amistoso. Mas então o telefone parece ser arrancado de suas mãos.

— Se vocês continuarem a telefonar para pessoas tentando conseguir permissão para atravessar esse condado, vocês, e quaisquer de seus amigos, vão ficar em sérias dificuldades — diz uma voz não-identificada.

— Vocês todos vão para a prisão.

Entramos no próximo ônibus para Guizhou. A fronteira fica 64 quilômetros a noroeste.

É particularmente irritante ser expulso de Tongdao porque o condado tem um papel de relevo na Longa Marcha e na mitologia maoísta. Alguns historiadores chineses chegam ao ponto de dizer que este é o lugar em que Mao começou sua escalada de volta ao topo.

"Os membros de baixa patente do exército [começaram a] manifestar dúvidas e insatisfação e ardentemente pedem por uma mudança de liderança", escreveu mais tarde Liu Bocheng, chefe do Estado-Maior do Exército Vermelho. "Esse sentimento aumentou com os reveses do nosso exército e atingiu seu pico durante a batalha ao longo do [rio Xiang]."[1] Em sua autobiografia, Otto Braun adotou um ponto de vista mais otimista em relação aos acontecimentos no Xiang. Ele argumentou que a maior parte das perdas ocorreu entre as colunas de apoio e recrutas novos, enquanto as divisões de combate veteranas saíram com baixas relativamente leves.[2] Mas mesmo que fosse esse o caso, muitos líderes estavam claramente descontentes e prontos para considerar uma mudança de direção. Em 12 de dezembro de 1934, ou por volta dessa data, comandantes do Exército Vermelho e líderes do Partido Comunista reuniram-se em Tongdao. Mao estava entre eles, e pela primeira vez desde 1932 suas opiniões foram aceitas em um conselho militar. Segundo relatos, ele propôs que o Exército Vermelho abandonasse seus esforços para chegar à área controlada pelos 2º e 6º Grupos do Exército. Essa região ficava a cerca de 320 quilômetros ao norte de Tongdao, e continuar nessa rota óbvia favoreceria Chiang Kai-shek. Em vez disso, sustentou Mao, eles deviam trocar de direção, indo para Guizhou, a noroeste, onde as tropas provinciais eram consideradas fracas.

— Você sabe que, se quisermos, ainda podemos voltar — diz Andy. — Tudo o que temos de fazer é evitar a estrada principal e podemos atravessar Tongdao furtivamente sem que nenhuma autoridade jamais saiba...

— Esqueça — respondo. — Não vale o risco.

Enquanto preparávamos o projeto, um amigo, William Lindesay, que nos anos 1990 refez alguns trechos da Longa Marcha e foi o primeiro estrangeiro a caminhar a extensão da Grande Muralha, deu-nos conselhos práticos. "É claro que vocês querem ter cem por cento de sucesso, mas, com um projeto deste tamanho, se vocês conseguirem completar oitenta por cento, já é um feito. Se conseguirem noventa por cento, será fantástico." Ele estava certo. Teríamos que nos adaptar às circunstâncias. Noventa e nove por cento da Longa Marcha terão que ser o bastante. Guizhou é uma província notoriamente pobre. Raramente é mencionada em guias de viagem ou matérias de jornal sem referências a um velho ditado segundo o qual a província "não tem três *lis* sem uma montanha, não tem três dias sem chuva e não tem nenhum homem com três moedas no bolso". Ao observar camponeses arando terraços de arroz com as mãos ou, no caso dos mais afortunados, com a ajuda de um búfalo d'água, é fácil imaginar que aqui nada muda há décadas, talvez séculos. Mas, setenta anos atrás, a vida era muito, muito pior. Na década de 1930, o principal plantio de Guizhou era de papoula, para a produção de ópio. Até mesmo os camponeses do Exército Vermelho ficavam chocados pela vulnerabilidade e fome do povo. O comandante-em-chefe, Zhu De, escreveu: "Os camponeses chamam os proprietários de terras de 'nobres dos aluguéis' e a si mesmos de 'homens secos' — homens sugados de tudo até ficarem secos... Milho, com pedaços de repolho, é o alimento básico das pessoas. Os camponeses são pobres demais para comer arroz; vendem-no para pagar o aluguel e os juros... Barracos miseráveis com telhados pretos de sapê apodrecido por todas as partes... Uma família de dez pessoas aqui. Duas camas de madeira, uma para o marido, a mulher e o bebê; outra, uma tábua para a avó. Os demais dormem no chão de terra, ao redor do fogo, sem nada para cobri-los."[3]

A região em que estamos entrando também é território de minorias, predominantemente habitado pelos povos dong e miao. A liderança do Exército Vermelho deu ordens especiais aos soldados com instruções sobre como lidar com as minorias que encontravam, mas na maioria dos lugares em que perguntamos, os moradores contam que simplesmente fugiram quando os vermelhos se aproximaram. Aldeões dongs em Pingpu Zhai, cerca de 15 quilômetros dentro do Condado de Liping, dizem-nos que viram das colinas o exército passando por sete dias e sete noites. Eles não tinham medo dos comunistas, mas dos hans em geral e dos soldados em particular. Sob as autoridades do Guomindang, eles freqüentemente eram forçados a trabalhar para senhores hans por períodos que iam de duas semanas a um mês.

Cerca de três milhões de dongs vivem principalmente em vilas montanhesas ao longo das fronteiras Hunan-Guizhou-Guangxi. Sinto uma grande atração por essas regiões. Apesar da relativa falta de contato com forasteiros, as pessoas parecem mais abertas e diretas do que antes.

Embora os camponeses hans tenham sido extremamente generosos e hospitaleiros, na maioria dos casos eles demoram para ir ao ponto e dependem de nós para quebrar o gelo. Como somos ingleses, isso cria dificuldades para o relacionamento — pelo menos no começo. Os dongs têm menos inibições. São espontâneos com sua amizade e é fácil conseguir comida e abrigo.

"Apenas bata em qualquer porta", dizem-nos. Fico incrédulo. Mas ao anoitecer em Pingpu, estamos sem alternativas. Jia Ji, Sarah e Nicole nos alcançaram depois de Tongdao (na chegada, Nicole trombou direto com um policial — que lhe pagou o jantar e ajudou-a a encontrar um hotel, onde barganhou um desconto para ela), e nossa barraca certamente não consegue acomodar cinco pessoas. Paro o primeiro homem que encontramos e vou direto ao assunto:

— Com licença, nós estamos procurando um lugar para ficar.

Esta é apenas a segunda vez em toda a história em que estrangeiros são vistos em Pingpu. Ficamos sabendo mais tarde que dois turistas franceses apareceram uma ocasião, tiraram algumas fotos e então partiram imediatamente. Mas o professor Wu (os chineses geralmente só dizem o sobrenome quando perguntados; assim, é comum dirigir-se a eles mencionando suas profissões) reage como se todos os dias fosse parado por estrangeiros pedindo ajuda.

— Um lugar para ficar? Sigam-me.

E em cinco minutos estamos acomodando nossas mochilas num agradável quarto na casa de madeira de dois andares que pertence ao chefe da aldeia. Temos uma fornalha com carvão para nos esquentar e uma fila de visitantes para conversar. Todos homens. Embora as mulheres dongs pareçam mais independentes que a maioria na China rural, ainda se colocam na retaguarda quando se trata de entreter visitantes — exceto na cozinha, é claro. Jia Ji, Sarah e Nicole, todavia, juntam-se ao círculo para o jantar.

Sentamos ao redor de um caldeirão com água fervendo, dentro do qual são colocados cogumelos, repolho e porco. Como convidados, somos presenteados com um prato especial que nenhum dos locais toca. É um peixe frio preservado em uma marinada picante que apresenta o sabor mais delicioso da Longa Marcha (para não-vegetarianos). Sarah é notoriamente fanática por comida e seus olhos arregalam-se quando se prepara para repetir.

— Mmmm, isso é *tão* bom! Como vocês fazem?

É a única pergunta que nossos anfitriões recusam-se a responder.

Pergunto como andam as relações com os hans atualmente. Wu diz que não há problemas e, além disso, eles ficam bastante isolados aqui em Pingpu. Ninguém liga muito para eles.

— Não consigo acreditar nisso — digo. — Nós encontramos duas senhoras hans na estrada principal sobre a montanha e elas ensinaram o caminho para cá, mas disseram: "Eles são dongs lá, eles não sabem falar chinês."

Nossos anfitriões dão gargalhadas. Embora falem dong entre si, eles conversaram conosco em mandarim pelas últimas três horas.

Quando chegamos a Pingpu, Andy e eu abandonamos a maior parte de nossas desconfianças "só para turista" em relação à realidade das culturas das minorias. Vila após vila, vemos evidências de culturas vigorosas e bastante distintas da maioria han — na arquitetura, nas roupas e na língua. A arquitetura em madeira das vilas dongs é particularmente reconhecível. Cada vila tem pelo menos um *gulou* ("pagode"), uma torre cuja base é aberta e usada como local de encontros, conversas ou apenas para descanso. Rios e riachos são cortados pelas tradicionais "pontes de vento e chuva" dongs, pontes de madeira cobertas que, nos distritos mais abastados, apresentam torres ornadas similares aos *gulou*. Pingpu tem dois *gulous*, um dos quais remonta ao século XIX. A vila reúne-se ali uma vez por mês para discutir os negócios. Um encontro no pagode também elege o chefe da vila.

Por volta da meia-noite, vou dar uma volta para visitar o cavalo da família, parado perto do banheiro atrás do canto. Há uma leve garoa, mas me detenho para ouvir a música que vem da solitária janela iluminada no fim da rua. É um som estranho para o ouvido ocidental, um alaúde *pipa* de quatro cordas sendo dedilhado enquanto um grupo de jovens vozes femininas canta a harmonia. E não há nenhuma câmera de turista ou da TV por perto.

*

O INCIDENTE DE TONGDAO

"Não tem três dias sem chuva" parece um pouco otimista. Na próxima vez que encontrar um veterano da Longa Marcha, vou fazer uma pergunta — você alguma vez ficou seco? E se ele responder "sim", então, como diabos isso foi possível? Andy e eu vestimos impermeáveis desenvolvidos com a ajuda de tecnologia da era espacial, mas mesmo assim após meia hora ao ar livre estamos completamente molhados e miseráveis.

Faltam apenas quatro dias para o Natal quando saímos de Liping. Pedimos aos amigos para embalar comidas e presentes e mandar tudo para um hotel em Jianhe, a próxima cidade-condado *en route*. Nenhum de nós consegue agüentar o pensamento de celebrar o Natal numa barraca em uma montanha molhada e gelada, de modo que, apesar de ainda faltarem 160 quilômetros, concordamos em marchar para Jianhe, em ritmo dobrado se necessário, para garantir a festa a qualquer custo.

Andamos noite adentro, na maioria das vezes por trilhas enlameadas com somente uma vaga idéia de onde estamos. O pior é a claustrofobia das trilhas montanhesas, onde uma grossa névoa corta a visibilidade para um par de metros, no máximo. Apenas um ocasional latido distante interrompe o silêncio. Em 23 de dezembro, planejamos ficar em Gaoyang, perto da divisa noroeste do Condado de Liping, mas a névoa é tão espessa que atravessamos a vila andando, sem sequer perceber que ela estava ali. Assim, dormimos num solitário pagode abaixo da escura vila de Fuweng.

Nosso pagode não está exatamente solitário na manhã seguinte. As primeiras a aparecer, por volta das sete horas, são as crianças a caminho da escola. Depois vêm camponeses indo para o trabalho. Todos carregam facas com cabos de madeira e lâminas de vinte centímetros curvadas como foices. Alguns também levam um solitário cesto; outros têm dois, um em cada ponta de uma vara. A maioria vai cuidar da vida sem parar para conversar, mas um grupo de três senhoras não consegue refrear a curiosidade. Elas examinam o tecido de nossas roupas e os equipamentos. Não estava frio na noite passada?, perguntam. Estava OK, mentimos. Elas ficam especialmente fascinadas com nosso aparato de cozinha. Mostro como funciona o fogareiro, fazendo aquela que tenho certeza é a primeira xícara de café de Fuweng, embora a curiosidade da senhora não chegue ao ponto de experimentá-lo.

Por causa do pagode, supus que se tratasse de uma vila dong, mas as senhoras dizem que na verdade é miao. Os miaos são a quinta maior das nacionalidades oficiais da China. Cerca de metade da sua população de nove milhões vive aqui em Guizhou, mas eles também estão espalhados por Hunan, Yunnan, Sichuan, Guangxi e Hubei. Há em torno de outros dois milhões na Tailândia, no Laos, no Vietnã e em Mianmar, onde eles se chamam de Hmong. Em geral, os subgrupos miaos são batizados de acordo com alguma característica particular de seu traje típico. O meu guia sugere que, estando no sudeste de Guizhou, estas mulheres devem ser membros do subgrupo miao preto, diferentemente do miao vermelho, do nordeste de Guizhou e do oeste de Hunan, e do meu favorito pessoal, o miao florido, do noroeste de Guizhou e do nordeste de Yunnan.

Não consigo dizer quem é quem a partir do modo como as pessoas se vestem. Os estilos mudam de vila para vila e até mesmo dentro do mesmo grupo étnico. De Liping a Fuweng, as cores predominantes dos dongs foram do azul-escuro para o verde-esmeralda e o azul-celeste. Estas senhoras estão principalmente de cinza, vestidas para o trabalho, mas ainda encontram espaço para toques de verde e vermelho ao redor das bainhas e cinturas. Eu nunca tinha visto bordados de camponeses hans com cores como essas. Após conversar por alguns minutos, pergunto-lhes se não se incomodam de tirar fotos.

— Oh, não — diz a mais velha. — Estamos horríveis. Se vocês querem tirar uma foto, nós temos que voltar e vestir nossas roupas boas.

Momentos como esse fazem nossa jornada parecer muito banal. Algumas frases podem pertencer a qualquer época ou lugar, e essa é uma delas. Durante um segundo, é como se não existisse nada de diferente, certamente nada "inescrutável" a respeito dos lugares e povos mais remotos. Não quero obrigá-las a voltar e subir todos aqueles degraus só para se arrumarem para nós, então desisto da fotografia. Lembro-me de uma das histórias de Luo Kaifu sobre esta região, uma narrativa que eu costumava tratar com alguma suspeita. Ele passou a noite numa vila miao e na manhã seguinte partiu sob as vistas de uma multidão de garotas lindamente vestidas. Luo era freqüentemente hospedado e ajudado por governos locais, e sua descrição desse episódio soava tanto como um *release* turístico que eu me perguntava se as autoridades não haviam montado a cena especialmente para ele. Agora vejo que essa desconfiança provavelmente era injusta. Esta não é a primeira vez, e certamente não será a última, que encontramos pessoas deliciadas em se vestir e se exibir para nós. Não é preciso que ninguém as organize. É um acontecimento raro, em alguns lugares único, um estrangeiro ser um hóspede, e claramente se trata de uma questão de orgulho e prazer para os anfitriões mostrar suas melhores coisas.

Embora já tenhamos deixado os dongs para trás, a hospitalidade permanece a mesma. O lojista em Fuweng nos orienta a seguir para oeste, ao longo de um riacho, até uma vila chamada Wumeng, de onde teremos que cruzar a cordilheira Laoshanjie para entrarmos no Condado de Jianhe. Poderemos almoçar em Wumeng, diz ele.

— Apenas vá até a casa de alguém e peça.

É verdade. Esse sistema notável parece universal nesta parte de Guizhou — ainda mais quando descobrimos que Wumeng é uma vila han. Demora um pouco até percebermos isso, já que não há diferença perceptível no comportamento das pessoas, e o chinês delas é tão difícil de entender quanto aquele falado pelos dongs e miaos.

A família Wu nos empresta sua cozinha, que também funciona como sala de estar no inverno, já que é o único recinto com calor. Andy resolve o seu problema vegetariano com óleo de sazanka da única lojinha da vila (a maioria dos camponeses daqui cozinha com gordura animal), e entretenho a multidão fazendo arroz frito num *wok* no fogão de ferro no centro da cozinha. É uma casa grande e vários homens de fora da vila vivem aqui, trabalhando como lenhadores nas encostas de Laoshanjie. Um casal de cachorros e um filhote também perambulam por ali, e Andy nota que são tratados com algum carinho. Isso é incomum. Estamos mais acostumados a ver os cachorros sendo xingados, espancados e comidos. Freqüentemente nos perguntamos por que os camponeses se dão ao trabalho de ter cães por perto. Eles não ganham nomes e raramente são tratados como algo que não um incômodo. Andy vira-se para um dos lenhadores, Li Rusen, e pergunta:

— Você comeria esses cachorros?

— Oh, sim — diz Li.

— E se uma criança fizesse amizade com um — persiste Andy. — Ainda assim você o mataria e comeria?

Li medita.

— Não, nesse caso não — conclui ele.

— Que tipo de cachorro tem o melhor gosto? — pergunto.

— Cachorros velhos, cachorros novos, os dois têm seus lados bons — afirma Li.

— Como você os mata? — pergunta Andy.

Li aponta para um pau ao lado do fogo.

— Bato até morrerem.

— Você consegue com um só golpe?

— Não — diz Li, que então faz os gestos de golpes repetidos, dizendo em inglês: — Um, dois, três, quatro!

Ele ri, assim como Wu e sua mulher.

Andy não ri. Tenho certeza de que ele deseja saber o que possivelmente Li e os outros podem achar de engraçado em espancar um animal até a morte. Mas eu não acho que eles estão rindo de um modo "rá-rá-rá". Suas risadas têm o mesmo som que freqüentemente se segue aos gritos de "o-iiiiii!", o produto de uma alegria infantil por ousar tentar alguma coisa nova — como falar inglês — para exibir na frente dos outros. Também há um traço de nervosismo nisso, como uma maneira de perguntar: "Estava certo? Eu fiz direitinho?"

A vida urbana costumava isolar Andy desse tipo de crueldade inconseqüente, mas agora ele se defronta com a violência contra animais com uma regularidade quase diária. Na cidade, você jamais ouve o grito de um porco. É um som extraordinário, inesquecível, como um bebê humano com pulmão de fole. Na vila, a preparação para matar um porco pode demorar meia hora. O porco grita o tempo inteiro, até que o açougueiro o silencia com um corte na garganta.

Para simplificar as coisas, desisto de comer carne em Yudu. É cansativo demais tentar explicar que temos dietas diferentes. É difícil para os chineses rurais entender por que alguém com dinheiro suficiente decide não comer carne. Mesmo após cuidadosas explicações, ainda há uma grande chance de pedacinhos de porco aparecerem em tudo, como se o vegetarianismo fosse uma espécie de *politesse* ocidental para a qual a resposta educada seja uma porção extra de carne. Os camponeses também parecem ter dificuldade em entender que nem todos os estrangeiros comem as mesmas coisas. Já é bastante difícil para a maioria das pessoas se adaptar à nossa presença de modo geral, quanto mais nos distinguir em personalidades individuais, distintas. Não consigo evitar pensar naquele velho clichê racista de que todos os chineses parecem iguais. Quando Andy e eu estamos separados, somos freqüentemente confundidos um pelo outro. Depois de lavar as roupas em Liping, Andy pôs fogo nas meias ao usar um minissecador de cabelos. Mais tarde, uma faxineira me parou no corredor.

— Eu vou trazer as toalhas em meia hora — disse ela.
— O quê?
— Depois daquele incêndio no seu quarto você me pediu toalhas. Eu vou trazê-las em meia hora.
— Eu não... ah, bom, sim, as toalhas. Muito obrigado.

Acordamos na manhã de Natal nas mais encantadoras acomodações da Longa Marcha até agora, uma casa de madeira miao que desce em cinco estágios do nível da estrada até a beira do rio. Bem diante do nosso quarto, o dia mais frio do ano nos espera em uma passarela aberta com vista para a água. O banheiro no final da passarela convida as extremidades do hóspede a experimentar a brisa gelada que emana do rio, 15 metros abaixo. Embora tenha muitas das caixas de concreto padrão, o *xiang* de Nanshao também possui construções de madeira mais antigas estendendo-se sobre palafitas por todo o caminho até o centro da cidade, que fica na confluência de dois rios cercados por colinas verdejantes na divisa do Condado de Jianhe.

O dia de Natal também é dia de comércio. As ruas estão cheias de camponeses miaos e hans vindos de toda a região. Os homens dos dois grupos não têm características físicas marcantes, além da força para fazer o trabalho pesado do campo, mas as mulheres miaos são uma visão e tanto, com suas roupas basicamente sóbrias transformadas por vívidas erupções de escarlate e laranja nos lenços na cabeça, nas mangas e nos ombros. Algumas têm pontos vermelho-claros de cerca de três centímetros pintados no meio da testa. Outras também usam pesados brincos, que esticaram os lóbulos das orelhas em quase dois centímetros.

Andy e eu avaliamos a idéia de ficar e passar o dia aqui, em vez de enfrentar 32 quilômetros de imponderáveis espaços em branco, que é tudo o que o mapa oferece entre Nanshao e nosso objetivo: jantar de Natal na cidade-condado. Eu saio e enfrento a garoa para telefonar para Jia Ji com o celular por satélite.

— Está tudo bem — diz ela. — Já conversei com o prefeito. Ele diz que pode arrumar um guia para conduzi-los pela velha trilha do Exército Vermelho, que deve levá-los até a cidade antes do anoitecer sem problemas.

Dadas as incertezas de nossas relações com as autoridades, evitamos guias e governos sempre que possível. Entretanto, como hoje é Natal, abrimos uma exceção.

No prédio do governo, o prefeito está ocupado. Então explicamos nossa situação para Hu Bingwen, um jovem que nos conta ter estudado em Pequim antes de regressar a Nanshao para trabalhar no governo. É importante compreender o procedimento normal numa situação como esta. Primeiro, você deve sentar-se, dar uma descansada — "*xiuxi*". Que tal uma xícara de chá? Alguma coisa para beliscar? Você explica o seu problema e o que deseja. Acrescenta, mais uma vez, que está com pressa. A primeira pessoa com quem você conversou desaparece, aparentemente para resolver seu pedido. Elas nunca voltam. Enquanto isso, você explica sua situação a mais pessoas, que oferecem mais chá e mais petiscos. Talvez um, ou mais de um, deles saia para ver o que aconteceu com a primeira pessoa. Eles voltam com outros. Antes que você possa dizer "Qiu Jiulong", já é hora do almoço e alguém sugere:

— Talvez seja melhor vocês passarem o resto do dia aqui.

Hu Bingwen diz:

— Natal, sim, eu entendo. Venham comigo.

Hu leva-nos rua acima até uma pequena casa de chá, onde nos deixa enquanto encontra alguém para nos guiar. Nesse meio-tempo, batemos papo com Li Yingmo, que conta uma história de seu pai, que viu os vermelhos passarem por Nanshao por volta dessa época em 1934. Unidades desceram das colinas por dois caminhos diferentes, uma confundiu a outra com o inimigo e começaram um combate. Fico contente com essa história. Nos livros, tudo parece sempre muito simples. Mao dá uma ordem, o exército move-se aqui, ali, para onde quer que tenha sido mandado. Ninguém se perde, ninguém comete erros. Os soldados são como peças num tabuleiro, e a única questão é que escolhas os jogadores, isto é, os líderes, fazem. Imagino a Longa Marcha como uma coisa mais caótica, confusa e cheia de ações espontâneas — tais como a decisão de disparar contra aqueles soldados ali em Nanshao. A história de Li desperta minha imaginação, mas também sublinha o extraordinário esforço que era coordenar os movimentos de um número tão grande de pessoas, por tantos caminhos diferentes e em um terreno tão difícil. Nem todas as unidades gozavam do luxo de um guia local. Quando deparavam com uma bifurcação em uma trilha na montanha, assim como nós, tinham de arriscar seu melhor palpite. Ao contrário de nós, porém, o palpite deles podia ser uma questão de vida ou morte.

Em meia hora, Hu nos apresenta ao guia, um senhor miao de 61 anos chamado Wang Fanghe. Para a caminhada de hoje de 32 quilômetros, Wang se equipou com: um chapéu de pele; um cachimbo caseiro, que na verdade ele usa como suporte para cigarros feitos à mão; um guarda-chuva fechado. Wang diz que podemos estar em Jianhe em seis horas, e, diante de tais preparativos, acreditamos nele.

A trilha segue para o norte praticamente sem desvios, quase sempre ao longo de uma cordilheira, e por três vezes sobe até picos em que as gotas da chuva congelam-se instantaneamente em nossos cabelos e roupas. As vilas nesta região não têm comunicação com o mundo exterior, exceto pela trilha. Os camponeses usam sapatos de algodão com solado de borracha que, de algum modo, aderem muito melhor à lama do que nossas avançadas botas. Nós caminhamos lenta e cuidadosamente, enquanto velhinhas a caminho do mercado perdem a paciência e nos empurram para abrir passagem. Em dois meses e meio e 1.125 quilômetros, nunca vi um camponês cair.

Se os dongs tinham menos inibições do que o han comum, os camponeses aqui são ainda mais abertos. Em vila miao após vila miao, vemos poucos homens. Somos recebidos por grupos de mulheres que riem e acenam para nós, chamando: "Venham e *wan'r* [brinquem] conosco." Muitas têm desenhos pintados com tinta azul no rosto — um sinal, ficamos sabendo depois, de que estiveram bebendo e divertindo-se.

Em Wuku, uma senhora de trinta e tantos anos separa-se do seu grupo de amigas, vem até mim, coloca a mão no meu braço e nos convida para jantar.

Fico bastante impressionado com isso, porque pelo que vimos antes na rota da Longa Marcha, o contato físico parecia completamente ilegal. A única exceção era entre rapazes, que Andy imagina compensarem a proibição de flertar abertamente com as moças com abraços entre si. Vi grupos de rapazes adolescentes fazendo o que ao olho inglês parecem manifestações abertas de homossexualismo, mas os chineses (os heterossexuais, pelo menos) ficam inevitavelmente mortificados quando manifesto essa observação.

Como posso explicar por que não podemos parar? O que eles ligam para o nosso jantar de Natal? Eu apenas posso sorrir, dizer obrigado e seguir em frente. Mas dou somente alguns passos na trilha antes de ser parado por uma figura ainda mais notável. Ele veste paletó e calças de risca de giz, e imagino que seja algum tipo de comerciante da cidade-condado.

— Olá — diz ele em inglês.

Bem, e daí, eu penso. Qualquer um pode falar isso.

— Oi — sorrio.

Mas então o homem continua com um inglês bem passável — de onde somos, o que estamos fazendo, para onde vamos? Ele faz perguntas de vocabulário e pronúncia. Eu arregalo os olhos.

— De onde você é?

— De Wuku — diz o homem. — Sou um fazendeiro aqui. — Ele até mesmo andou estudando as palavras politicamente corretas.

— Você já tinha encontrado algum inglês antes?

— Não, nunca vi nenhum estrangeiro em Wuku. Eu estudei inglês sozinho. Eu ouço rádio. Meu sonho é ir para Pequim estudar na universidade. Adeus, eu vou para casa. — E, com isso, ele vai embora.

Estou chocado. Esse homem mora numa vila que sequer tem uma estrada e jamais viu um estrangeiro. Ainda assim, de algum modo, se inspirou com esse sonho de não apenas partir, mas de ir até a capital, entrar na universidade e estudar a língua de um país do outro lado do mundo. E, em vez de apenas ficar sentado com seus devaneios, ele estudou sozinho para torná-lo possível — sem professores para encorajá-lo, sem colegas estudantes para apoiá-lo. Fico tão impressionado com esse encontro que se passam horas até que eu perceba que esqueci de perguntar a esse notável homem o seu nome.

Wang Fanghe cumpre a sua palavra. Chegamos a Jianhe pouco depois das cinco, a primeira vez em uma semana que chegamos ao destino antes do escurecer. Abrimos a caixa de gostosuras que nossos amigos mandaram e levamos alguns itens para o restaurante em estilo Hubei no outro lado da rua, onde debaixo de cada mesa há uma fornalha de carvão que mantém você aquecido até os joelhos. Enquanto misturamos pratos chineses feitos de frituras vegetarianas com vinho tinto australiano, queijo cheddar e pudim de Natal, a chuva começa a martelar o telhado de metal. Quando saímos, às dez da noite, a chuva transformou-se em neve e a cidade já está coberta. Não há tráfego e até mesmo o bar de karaokê fechou mais cedo — impedindo-nos de concretizar nosso plano bêbado de cantar *a cappella* músicas de Natal para os moradores locais. Caminho pela rua vazia e admiro os flocos de neve caindo diante dos postes de luz. Após uma vida de decepções na Inglaterra, celebro meu primeiro Natal com neve na companhia solitária do meu melhor amigo. Quase não sinto saudades de casa.

No dia de Ano-Novo, estamos tão cansados que até mesmo Andy admite a necessidade de um desjejum encorpado. Encontramos um pequeno restaurante na rua principal de Shuangjing, onde o dono, Zhang Jianyuan, está ocupado com exercícios de caligrafia. Ele entrega um cesto a Andy.

— Eu não tenho nada para cozinhar. Vá comprar o que quiser e eu preparo para você.

Chegamos a Shuangjing às 22h45 da noite passada, depois de uma noite verdadeiramente terrível, que começou com a constatação de que estávamos presos numa formação rochosa na margem norte do rio Qingshui. Não havia como seguir adiante nem, com apenas uma hora até o pôr-do-sol, tempo para voltar atrás em busca de segurança. Nossa única esperança era um grupo de mulheres lavando repolho na margem oposta, aparentemente indiferentes aos apuros de dois aventureiros estrangeiros.

— Socorro! Socorro! Salvem-nos — gritou Andy.

— Fica quieto! — disse eu. — Os acenos já são o suficiente.

Eu estava certo. Foram necessários apenas 15 minutos de gesticulação até duas mulheres remarem em um barco de madeira para nos resgatar. No caminho de volta, percebemos por que elas tinham hesitado — o rio estava cheio de pedras que quase chegavam à superfície e, com o nosso peso extra, era complicado navegar de volta até a margem de cascalho diante da vila das senhoras. Nossas salvadoras pareciam razoavelmente tranqüilas em relação às colisões e ao risco iminente de naufrágio. Quando chegamos à margem, as demais senhoras nos receberam com entusiasmo.

— Vocês são miaos, não são? — perguntei.

— Sim. Está ficando tarde, por que vocês não ficam conosco?

— Desculpe, mas nós temos que continuar.

— Mas já está quase escuro...

E assim nós descartamos uma agradável noite em boa companhia, com comida quente e um pernoite cedo. Em vez disso, arriscamos a vida atravessando de novo o Qingshui cinco quilômetros correnteza abaixo, numa balsa iluminada com tochas e pilotada por três mentecaptos, perdemo-nos num labirinto de arrozais enlameados em alguma parte próxima a Pingzhai e finalmente chapinhamos por ainda mais barro, colina acima, até chegar a Shuangjing. Acordamos a única hospedaria da cidade, dividimos uma nutritiva janta de fatias de abacaxi secas e nos jogamos na cama.

Andy agarra o cesto de Zhang Jianyuan. Um homem que oferece espontaneamente uma solução não deve ser ignorado. Além disso, há muitos camponeses miaos vendendo ao longo da rua principal, e em cinco minutos enchemos o cesto com raízes de bambu, cenouras, ovos e o item principal da dieta de Andy: tofu seco. Zhang põe seus exercícios de caligrafia de lado e começa a lavar, cortar, fritar e querer saber o que estamos fazendo aqui.

— Ah, o Exército Vermelho — ele assente com a cabeça. — Minha mãe costumava falar a respeito. Ela era criança quando eles vieram. Ela disse que todos os miaos correram para as colinas quando os vermelhos se aproximaram, e então os soldados dormiram nas casas vazias.

Mas se os miaos acharam que estavam se precavendo, diz Zhang, não contaram com a milícia do Guomindang em Taijiang, que ficava perto. Após os vermelhos partirem e os miaos voltarem para suas casas, a milícia apareceu e executou cinco ou seis aldeões acusados de colaboração.

— É uma pena que vocês tenham perdido Pingzhai — afirma Zhang. — Ainda dá para ver os slogans escritos pelos soldados vermelhos nas paredes de algumas das casas de lá.

Posso ver pela cara de Andy que ele também está pensando na montanha de lama entre aqui e Pingzhai que escalamos na noite passada. Esqueça, diz a expressão de Andy.

— Mas deixem para lá — continua Zhang. — Também há alguns bem aqui em Shuangjing.

— Você pode mostrá-los? — pergunto.

Claro que sim. Na verdade, ele fecha a loja para nos levar até a casa. Eu jamais me acostumarei com esse tipo de comportamento, as efusivas boa vontade e generosidade que ocasionalmente, não, freqüentemente, dominam os chineses após um pouco de conversa.

A casa da família Long fica numa parte velha da cidade, abaixo da rua principal, pouco depois de uma lavanderia comunal ao ar livre onde pelo menos duas dúzias de mulheres lavam roupas ao redor de um grupo de poças nas pedras. Um cartaz pequeno do escritório de cultura do condado, escrito à mão e pendurado ao lado da porta da frente, anuncia a presença dos "slogans do Exército Vermelho". Dentro, há três exemplos, que foram restaurados com tinta preta. É um tosco trabalho de preservação, mas Zhang conta que havia outros slogans que se perderam inteiramente. Um deles diz simplesmente "Guizhou vermelha"; outro conclama: "Una-se aos miaos para derrubar os bandidos e os ricos diabólicos." O último parece um tanto otimista, já que, conforme afirma Zhang, não havia nenhum miao ao redor com quem se unir.

Exceto que, em 1934, as coisas não eram exatamente como disse a mãe de Zhang. Na experiência dela, "todos" fugiram. Mas na casa dos

Long há uma mulher chamada Wu Laoxiu que era uma menininha quando o Exército Vermelho chegou. Sua lembrança é bem diferente.

Wu mostra uma empoeirada foto em preto-e-branco de seu sogro, Long Qianchen, mas quando começa a falar nosso amigo Zhang parece intrigado. Embora a língua de sua mãe também seja a miao, ele não consegue entender a fala antiquada daquela mulher. Uma das netas de Wu traduz para o mandarim. Uma dúzia de membros da família reúne-se ao redor para ouvir. Sinto que para os mais jovens é um acontecimento raro ouvir uma história do passado de sua bisavó. Ainda que brevemente, a nossa presença fez uma ponte entre as gerações e juntou passado e presente.

Wu conta que a sua família não fugiu. Muito pelo contrário, na verdade — Long Qianchen não apenas acolheu os soldados em sua casa e cuidou dos feridos como também guiou uma unidade até Shibing. Wu diz que ele foi recompensado ganhando uma sela, mas ninguém na família sabe o que aconteceu com ela.

Então os vermelhos "uniram-se com os miaos" ao menos uma vez. E quanto à história de Zhang sobre aldeões inocentes sendo chacinados pela milícia do Guomindang por colaborar? Long Qianchen *colaborou*, mas escapou. De agora em diante, sempre que ouvir que "todos" fizeram isso ou aquilo, vou me lembrar de Long Qianchen, que ficou quando "todos" fugiram.

Depois de Shuangjing, saímos gradualmente do território miao e entramos em uma vaga zona multiétnica, uma área de transição antes de os hans dominarem completamente ao sul do rio Wu. À medida que andamos para sudoeste, de Shibing para Huangping, as montanhas encolhem-se em colinas e a terra arável cresce e fica mais fértil. Cavalos e charretes, uma raridade nas montanhas, tornam-se uma visão comum. As casas mudam de madeira para tijolos vermelhos. A julgar pela súbita proliferação de restaurantes de Huangping a Jiuzhou, a carne preferida nesta região é a de cachorro.

Quanto mais nos aproximamos do santuário maoísta de Zunyi, mais encontramos memoriais da passagem do Exército Vermelho. Assim como a bandeira vermelha de concreto que ilumina a estrada que entra em Jiuzhou, a maioria deles foi construída para marcar o sexagésimo aniversário da Longa Marcha, em 1994-5. Mas, embora tenham menos de uma década, muitos já estão em estado de decomposição, envoltos em um ar de negligência e irrelevância. O obelisco vigoroso no *zhen* de Caotang está coberto de pichações; três quilômetros abaixo na estrada, na vila de Xiasi, surge o esqueleto de um salão memorial para comemorar o "Encontro de Houchang", no qual a liderança finalizou os planos para cruzar o rio Wu, o último grande obstáculo à marcha sobre Zunyi. Os moradores contam que ele foi iniciado há cinco anos, mas continua inacabado porque "não há dinheiro". Por enquanto, tudo o que registra o evento é uma pequena lápide branca num campo de repolho.

No fim da rua principal de Jiuzhou, há um cenário especialmente incongruente — uma igreja de pedra abandonada, cuja arquitetura não pareceria deslocada na Inglaterra do início do século XX. No passado, deve ter sido a construção mais imponente da cidade. Hoje, está vazia e se esfacelando, atrás de um portão enferrujado com cadeado, cercada por um muro alto de tijolos coberto com cartazes de propaganda e escondida por fios de eletricidade e telefone. Ao lado, há uma nova igreja, menor e construída principalmente de madeira, em um estilo chinês contemporâneo — isto é, uma caixa sem estilo com um telhado chinês "tradicional" colocado em cima. Como essa também está trancada, perguntamos aos transeuntes se sabem alguma coisa sobre a história da velha construção.

"Costumava ser uma igreja", é o melhor que conseguem oferecer. Ninguém sabe que esta igreja é o local onde o missionário suíço Rudolf Bosshardt foi seqüestrado pelo 6º Grupo do Exército em agosto de 1934. Cinqüenta anos depois, o líder do 6º Grupo do Exército, Xiao Ke, disse a Harrison Salisbury, um escritor que estava pesquisando a história da Longa Marcha em 1984, que um mapa da China também havia sido encontrado na igreja. Foi uma descoberta inestimável, mas os nomes das localidades estavam escritos em francês, que nenhum dos vermelhos entendia. Bosshardt foi levado ao quartel-general de Xiao para traduzir.

"Os dois homens passaram toda a noite examinando o mapa", escreveu Salisbury. "Para Xiao Ke, foi uma ocasião inesquecível. Sua face iluminava-se quando falava dela."[4]

Bosshardt ficaria com os vermelhos por 560 dias. Pouco depois de sua captura, o 6º Grupo do Exército uniu-se ao 2º Grupo do Exército, de He Long, e juntos estabeleceram uma base comunista no nordeste de Guizhou e no noroeste de Hunan. Um ano mais tarde, eles fariam sua própria Longa Marcha, de Hunan ao noroeste da China, reunindo-se com os homens de Mao em outubro de 1936. Bosshardt foi junto com eles até a Província de Yunnan, onde finalmente foi libertado.

Fico pensando no solitário e desolado monumento na beira da cidade. O que faria mais sentido como memorial — uma linda construção que é tanto parte da história da cidade como um significativo testemunho da Longa Marcha ou uma imensa bandeira vermelha de concreto?

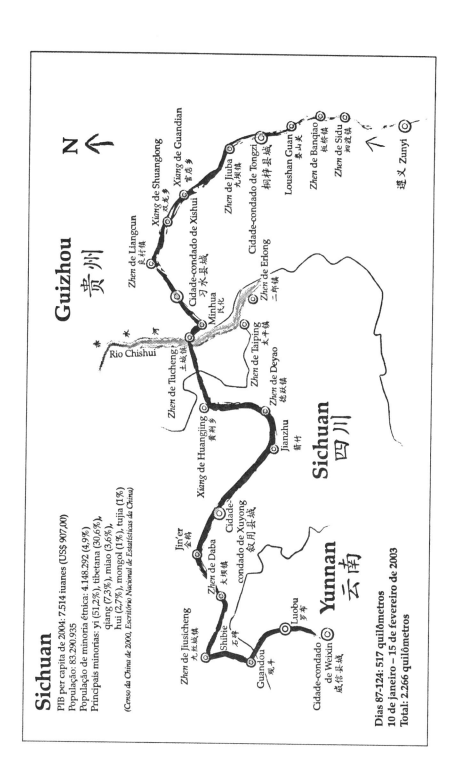

Capítulo 5

Zunyi

Nós nos aproximamos da cidade como uma dupla de camponeses.

Eu costumava trabalhar em Pequim na rua Wangfujing, que os promotores turísticos da capital gostam de chamar de o "Champs Élysées" da cidade. Todo dia eu via recém-chegados do campo de queixo caído — não apenas por causa do meu 1,93 metro, mas também devido à extravagância dos escritórios e lojas. Eles andavam de olhos arregalados para cima e para baixo na área de pedestres, depois perambulavam na direção do tráfego sem reparar nos ônibus que vinham, sem desviar a atenção dos outdoors com dois andares de altura que apresentavam modelos e produtos de maquiagem. Agora, acho que sei como eles se sentem.

Até mesmo a visão de uma construção com ladrilhos é o suficiente para fazer excitados braços erguerem-se para apontar. É um sinal de que talvez tenhamos chegado a algum lugar em que exista, digamos, uma loja, um restaurante ou — louvado seja o Senhor! — água quente. Na cidade, há luzes vívidas e lindas garotas, mercados com pelo menos três tipos diferentes de vegetais, privadas com descarga e lojas que vendem chocolate. Eu também perambulo pelo meio da rua sem olhar para nada além de vidros reluzentes e prédios altos.

Uma colina muito, muito íngreme guarda a entrada sul de Zunyi. Após vencê-la, penetramos em uma zona suburbana industrial. O sol se põe através do ar poluído pela fumaça das fábricas e o fedor de ovos podres. No horizonte, a poucas centenas de metros, monólitos de tijolo cospem chamas sulfurosas. No vale à esquerda, estende-se uma subestação elétrica do tamanho de um campo de futebol. Bem à frente, nada além de prédios sem alma, abundância de ladrilhos, espigões de concreto por todas as partes. A cidade está entupida de gente, tráfego e barulho.

É a coisa mais linda que já vi.

A entrada do Exército Vermelho em Zunyi, em 7 de janeiro de 1935, foi tão inesperada que a população, que Otto Braun estimava em 10 mil, não teve tempo de fugir. "Até mesmo dirigentes do Guomindang, latifundiários e comerciantes ricos continuavam ali. Quantidades enormes de comida e tecidos caíram em nossas mãos", escreveu Braun. O Politburo baixou ordens para o estabelecimento de uma nova base. "Brigadas de agitprop foram criadas, encontros de massa organizados, comitês revolucionários formados, provisões e ferramentas confiscadas distribuídas a necessitados e unidades de autodefesa organizadas. Até mesmo os primeiros estágios da reforma agrária foram contemplados."[1]

Após quase três meses de marchas e combates, pela primeira vez desde a partida de Yudu, os vermelhos estavam livres de pressões imediatas. O Guomindang havia sido temporariamente repelido e os soldados podiam comer, descansar e até mesmo conseguir roupas novas.

Mao aproveitou esse respiro para fazer um movimento em busca de poder. Seus dois aliados mais importantes eram Wang Jiaxiang e Zhang Wentian, que, junto com Mao, formavam o que Otto Braun se referia como a "Tríade Central" que liderava "a facção que desenvolvia uma luta subversiva para tomar a liderança do partido e do exército".[2] Tanto Wang Jiaxiang como Zhang Wentian eram membros do órgão mais alto do Partido Comunista, o Politburo; os dois estudaram na União Soviética, e Zhang também passara algum tempo nos Estados Unidos. Wang tinha 28 anos, Zhang, 34, e, apesar de os dois inicialmente terem se identificado com outros líderes doutrinados na União Soviética e liderados por Bo Gu, durante o curso de 1934 Mao atraiu-os para seu lado. Até setembro de 1934, Zhang Wentian viveu no mesmo lugar que Mao, um pequeno templo na montanha Yunshi, perto de Ruijin, onde Mao teve oportunidades diárias para conquistar o jovem homem. Em 1933, Wang Jiaxiang foi gravemente ferido por um estilhaço e teve de ser carregado em uma liteira durante toda a Longa Marcha. Ele ficou viciado na morfina usada para aplacar a dor. Enfraquecido por um ataque de malária, Mao também passou os estágios iniciais da Longa Marcha numa liteira. À noite, nos acampamentos, Mao e Wang passavam as horas discutindo o que dera errado em Jiangxi e o que deveria ser feito agora que o Exército Vermelho tinha saído bruscamente de curso.

Quando a "Tríade Central" se aproximou de Zunyi, o Exército Vermelho não contava com mais de 45 mil dos 86 mil homens que tinham começado a Longa Marcha. Os soldados já tinham andado 1.800 quilômetros em 12 semanas; as rações acabaram após uma quinzena, depois da qual tiveram de sobreviver com o que conseguiam comprar ou expropriar ao longo do caminho — a fome é o fio comum em todas as lembranças dos veteranos da marcha. O plano de estabelecer uma nova base com o 2º e o 6º Grupos do Exército fora abandonado, e o único grande confronto dos vermelhos com o inimigo havia resultado em perdas terríveis no rio Xiang.

Com a influência de Mao em alta depois do Encontro de Tongdao, Wang Jiaxiang e Zhang Wentian instigaram a convocação de uma "conferência ampliada" do Politburo, na qual a dez líderes políticos se juntaram sete membros graduados do Exército Vermelho, mais Otto Braun e seu intérprete, Wu Xiuquan, e ainda Deng Xiaoping, editor do jornal *Estrela Vermelha* e secretário do Comitê Central. Eles reuniram-se por três dias, de 15 a 17 de janeiro, para discutir a luta infrutífera contra o Quinto Cerco de Chiang Kai-shek e os acontecimentos da Longa Marcha. O Encontro de Zunyi viria a ser o mais relevante da Longa Marcha. Alguns afirmam que foi a reunião mais importante na história moderna chinesa.

Os líderes congregaram-se na casa de um senhor da guerra local, Bai Huazheng. A casa de Bai ainda está de pé, a cerca de trezentos metros de nossas acomodações na Hospedaria Zunyi. É uma estrutura de dois andares, simples e relativamente pequena para os ricos padrões europeus, construída com tijolos pretos com argamassa branca, com um balcão por toda a volta. O comissário político do Exército Vermelho, Zhou Enlai, e sua mulher, Deng Yingchao, ficaram em um quarto no andar superior, assim como o comandante-em-chefe, Zhu De, e sua esposa, Kang Keqing. O andar inferior foi usado como quartel-general do comando militar. A própria sala de reuniões ficava em cima, e, apesar de as cadeiras terem se perdido, a mesa original ainda está lá. Dezoito homens sentaram-se ao redor dessa mesa. Otto Braun e seu intérprete ficaram em um canto perto da porta.

Tanto quanto se sabe, não se tomaram notas das discussões. Tudo o que conhecemos do Encontro de Zunyi vem de dois documentos e do testemunho de alguns dos participantes, todos mortos agora. Essas fontes, todavia, são suspeitas. Os documentos foram escritos algumas semanas após o encontro e refletem um viés político pró-Mao, sendo que nenhuma testemunha pode ser considerada imparcial. Braun redigiu seu relato trinta anos depois, em uma época em que estava ocupado produzindo diatribes anti-Mao, enquanto os demais escreveram ou deram entrevistas numa China em que a história servia ao partido, e não à verdade. Portanto, tudo o que vou contar agora pode não ser verdadeiro.[3]

O líder do partido, Bo Gu, de 26 anos, fez a fala inaugural, seguido por Zhou Enlai. Ambos examinaram o fracasso contra o Quinto Cerco e as dificuldades do Exército Vermelho na Longa Marcha, mas com ênfases diferentes. Tanto Braun como testemunhas chinesas sugerem que Bo Gu destacou fatores objetivos, tais como a força do Guomindang e a relativa fraqueza do movimento comunista, ao passo que Zhou Enlai sublinhou fatores subjetivos, como erros táticos e operacionais. Zhou fez uma autocrítica — um movimento astuto, numa situação em que outros estavam se alinhando para fazer críticas. Wu Xiuquan recordou que o discurso de Zhou foi bem recebido pelos camaradas, enquanto Braun o caracterizou como tendo sutilmente distanciado Zhou de Bo Gu e dele próprio, "deste modo fornecendo a Mao o pretexto desejado para focar seu ataque em nós, ao mesmo tempo que lhe poupava".[4]

Mao foi o terceiro a ter a palavra. Ele foi direto na jugular, denunciando táticas e estratégia militares do período do Quinto Cerco, pelo qual apontou dois bodes expiatórios: Bo Gu e Otto Braun. Ele riscou uma linha entre "nós", isto é, Mao e seus aliados, e "eles". "Eles" perderam a República Soviética por causa de sua liderança equivocada e então conduziram o Exército Vermelho à beira do desastre na Longa Marcha.

A implicação era que "nós" iríamos corrigir esses erros e resgatar o Exército Vermelho.

Braun defrontou-se com críticas particularmente severas. Ele escreveu: "Fui acusado de ter 'monopolizado o trabalho no Conselho Militar' e de 'abolir a liderança coletiva'... De que forma um solitário conselheiro estrangeiro sem poder de comando, conhecimento da língua ou contato com o mundo exterior pode ter conseguido esse feito ficou sendo um segredo [de Mao]."[5]

Mas não acredito que Mao estivesse interessado em passar os fatos a limpo. Seu domínio da propaganda e da construção de mitos já estava sendo fortemente utilizado em Zunyi. Ele sabia que o Exército Vermelho se encontrava em uma posição desesperada. O exército tinha perdido metade de seus homens, o Guomindang continuava em seus calcanhares e não se vislumbrava um fim para a Longa Marcha. Olhar objetivamente para o passado seria correr o risco de dar início a um vale-tudo de recriminações gerais. Em vez disso, Mao declarou que a linha política do Comitê Central, o órgão supremo do Partido Comunista chinês para a definição de políticas, fora "irrefutavelmente corrigida" durante o Quinto Certo e a Longa Marcha. Isso era conveniente para Mao, já que ele era um membro do Comitê Central. Na questão da política militar, entretanto, desfiou erros que imputou a Braun e Bo Gu. Wu Xiuquan disse a Harrison Salisbury que Mao explicitamente rejeitou a desculpa de Bo Gu de que o Exército Vermelho fora derrotado porque o Guomindang tinha vantagem numérica. "Não eram números, eram táticas. A direção militar estava errada, insistiu [Mao]... A política Bo Gu-Braun havia sido baseada em 'conservadorismo na defesa', 'aventureirismo no ataque' e 'fuga na retirada'."[6]

Era particularmente fácil transformar em bode expiatório um estrangeiro que realmente não tinha importância para o partido, ao mesmo tempo que Bo Gu também era uma vítima conveniente. Ele era intimamente ligado a Braun (ambos até mesmo dividiam uma casa em Zunyi) e — ao contrário de Zhou Enlai — não tinha *background* e aparentemente pouco apoio no exército. Tanto Bo Gu como Otto Braun tinham sido indicados pelo Comintern e, em última instância, a autoridade dos dois dependia de Moscou. Agora, eles estavam à própria sorte. As comunicações com Moscou tinham sido rompidas em setembro de 1934, quando a polícia confiscou o transmissor do Comintern em Xangai. Durante toda a Longa Marcha, não houve contato entre o Exército Vermelho e Moscou. Ao colocar com firmeza a culpa em Braun e no líder do partido, o discurso de Mao no Encontro de Zunyi absolveu os militares chineses de qualquer responsabilidade por derrotas passadas. Não surpreende que eles tenham entrado na onda.

Braun escreveu que o discurso de Mao "foi aprovado por aclamação mais tarde, se podemos descrever assim a aceitação passiva. Mas não resta dúvidas de que a maioria dos presentes estava de acordo".[7] Wu Xiuquan disse que Zhang Wentian e Zhu De abertamente deram seu apoio a Mao, enquanto Zhou Enlai fez um segundo discurso aceitando as críticas de Mao a Bo Gu e Otto Braun e propondo que Mao virasse o comandante do Exército Vermelho. Nas palavras de Braun, Zhou "foi para o lado de Mao em grande estilo".[8] O general do 1º Grupo do Exército, Nie Rongzhen, também atacou Braun. Em suas memórias, Nie escreveu que Wang Jiaxiang disse-lhe antes da reunião: "Vamos expulsá-los do encontro. Vamos tirar [Braun] de cena!"[9]

Otto Braun jamais foi tão poderoso quanto Mao, e os subseqüentes historiadores chineses comprovam isso. Se ele tinha tanto destaque antes de Zunyi, era principalmente devido à influência que exercia sobre Bo Gu. Este fora treinado em Moscou e era comprometido com a idéia do internacionalismo comunista. Na hierarquia comunista da época, a Internacional Comunista (Comintern) ficava acima da liderança do partido chinês. Como Braun era o conselheiro militar nomeado pelo Comintern, os chineses eram obrigados a tratá-lo com seriedade. E como não tinha experiência militar nem treinamento, Bo Gu, de forma até natural, apoiou-se no alemão, que era oito anos mais velho que ele. Mas outros comandantes chineses também respeitavam os conselhos de Braun — a ponto de Braun ficar com a impressão que eles lhe delegavam responsabilidades. Quando as coisas saíram errado, isso colocou os chineses na agradável posição de poder jogar toda a culpa no estrangeiro.

Zunyi viu o fim de Braun como uma influência de peso no Exército Vermelho, embora não fosse descartado de todo. Ele esteve presente em vários importantes encontros posteriores na Longa Marcha e continuou a se relacionar com líderes do partido e do exército. Ele sobreviveu à Longa Marcha e compareceu à sua última reunião militar de alto nível em janeiro de 1936. Durante os três anos seguintes, ele ensinou táticas, treinou uma unidade da cavalaria e realizou diversas tarefas para o comando geral. Em 1939, Braun retornou à União Soviética, onde se tornou tradutor e membro da Associação dos Escritores Soviéticos. Em 1954, após 26 anos na China e na União Soviética, ele voltou para casa, na Alemanha Oriental, onde morreu em 1974, aos 73 anos.[10]

Imediatamente após o Encontro de Zunyi, Braun concluiu que Mao foi apontado como presidente ou do Politburo ou do Partido Comunista como todo (nenhum dos cargos existia previamente). Ele também imaginou que Mao tomara o lugar de Zhou Enlai como comissário político do Exército Vermelho. Nada disso aconteceu. Naquele momento, Mao apenas foi elevado para o órgão executivo do Politburo, o Comitê Permanente, enquanto Zhou permaneceu como comissário político, assim como Zhu De continuou no comando do Exército Vermelho. Mas a crença de Braun refletia a realidade mais profunda. Mao emergiu do Encontro de Zunyi como o personagem predominante, independentemente de quaisquer posições formais que ele e os outros ocupassem dentro das hierarquias do partido e do exército. Ao aceitar suas críticas a Bo Gu e Otto Braun, o Encontro de Zunyi sinalizou uma crucial mudança de poder na direção de Mao e seus aliados. Os únicos documentos que registram os eventos do Encontro de Zunyi foram escritos por dois desses aliados, Zhang Wentian e Chen Yun. Ao identificar Mao como o líder da linha "correta" em Zunyi, eles plantaram as sementes do mito que por fim iria imortalizá-lo como o salvador solitário do Exército Vermelho.

Andy e eu contemplamos a sala de reuniões bastante silenciosa. Só há os ocasionais passos de um guarda ou de raros turistas. Do lado de fora, atrás dos muros altos do complexo, há uma energética, pacífica e relativamente próspera cidade. É uma localidade totalmente moderna, com grandes e abastecidos supermercados, shopping centers chiques e cibercafés com banda larga. De algum modo, o que aconteceu aqui afeta todos lá fora — de fato, cada uma das pessoas do país e muitas no exterior. Os homens que discutiram aqui nesta pequena sala tocaram a vida de bilhões. Para o bem ou para o mal, cada uma dessas histórias de vida tem um fio que corre por este recinto vazio.

Há um quadro famoso de Shen Yaoyi sobre o Encontro de Zunyi. A maioria dos participantes é retratada em estilo simples, embora Bo Gu pareça um tanto agitado enquanto lê um documento que presumivelmente detalha sua liderança equivocada. Creio que a representação de Mao, contudo, é a melhor que há. O futuro líder tem um cigarro na mão direita e olha para a frente, capturando a visão de quem examina a pintura. Ele se destaca dos demais e sua expressão parece dizer: "Te peguei!"

Eu me dou conta em Zunyi de que estou vivendo a vida com uma intensidade que jamais senti antes. A movimentação constante intensifica as novas sensações. Por vezes, eu me rebelo contra a força dessa experiência. "Por favor, faça com que nada aconteça nesta tarde", digo para mim mesmo. As pessoas vêm e vão com uma regularidade estonteante. Eu faço amigos e sigo em frente, freqüentemente diversas vezes por dia, sabendo que jamais verei essas pessoas novamente. Essa instabilidade aprofunda minha ligação com os relacionamentos antigos. Amigos chegam para nos visitar em Zunyi, e a emoção de nosso encontro é maior do que em situações normais. Uma semana depois, a sensação de perda quando eles partem é ainda mais aguda.

Ao mesmo tempo que procuramos imitar os esforços dos vermelhos para comer bastante e descansar, também temos de nos preparar para encontros com multidões. A nossa Longa Marcha virou de ponta-cabeça. Duas semanas atrás, nos encontrávamos em "prisão hoteleira" em Tongdao; agora estamos na moda em Zunyi. Equipes de TV fazem fila à nossa espera, autoridades locais nos ciceroneiam por lugares históricos, o prefeito nos convida para jantar... E tudo graças a um jornalista morto.

Quando Harrison Salisbury esteve pesquisando em Guizhou, ele e a mulher, Charlotte, foram acompanhados por uma jovem chamada Yang Shengming. Dezoito anos depois, a Sra. Yang ascendeu à chefia do Escritório Provincial de Turismo de Guizhou. Obviamente, Salisbury deixou uma boa impressão, porque quando Yang descobre que mais dois estrangeiros estão se dirigindo à sua província para refazer toda a rota do Exército Vermelho, ela declara que o escritório de turismo nos apoiará durante nossa estada. Mas não é somente a nostalgia que leva Yang a se tornar nosso primeiro patrocinador "oficial". Ela está planejando um evento "Trilha Vermelha" para abrir partes da rota da Longa Marcha ao turismo e detecta uma esplêndida oportunidade propagandística na inesperada chegada de uma unidade estrangeira de vanguarda.

Graças a isso, nos vemos atrás de uma grande mesa num palco em uma sala de conferências da Hospedaria Zunyi. Ao lado, há cinco camaradas: Jia Ji, que na realidade é a responsável por isso, tendo telefonado para Yang Shengming antes de mais nada; o vice-prefeito de Zunyi, Yang Shengming; seu principal auxiliar, Fu Yingchun, e um veterano de oitenta anos da Longa Marcha chamado Wang Daojin. Acima de nossas cabeças, há uma faixa vermelha que diz "Celebração do 68º Aniversário do Encontro de Zunyi e Entrevista Coletiva de Dois Jovens Acadêmicos Britânicos que Refazem a Longa Marcha".

Diante de nós estão mais de cem pessoas de agências turísticas e jornais e televisões provinciais e nacionais. Mas, apesar dessa multidão um tanto surpreendente, minha atenção é continuamente levada de volta para o veterano da marcha Wang Daojin. Wang tem um boné de beisebol na cabeça. Eu estou com um uniforme do Exército Vermelho. Sinto-me ridículo. Ontem, com roupas normais, sentado na sala de Wang, fiz ao veterano praticamente as mesmas perguntas que os repórteres agora apresentam a mim e Andy.

— Por que você resolveu fazer a Longa Marcha? — perguntei.

— Eu tinha 16 anos quando me juntei à revolução em 1930 — contou Wang. — Minha família era de camponeses havia muitas gerações, os campos eram propriedade dos latifundiários. A colheita era bem ruim. Havia muitas montanhas e o transporte era inadequado. Mesmo assim, se o transporte fosse adequado, teria sido difícil fazer a revolta. Sentíamos que trabalhávamos o ano inteiro e ainda assim não tínhamos o suficiente para comer. Nós tínhamos que dar todo o arroz aos latifundiários para pagar o aluguel. Tudo o que comíamos eram batatas-doces e *feng mi* [um tipo de arroz integral]. Nós costumávamos dizer: "Com *feng mi* e sopa de abóbora para comer, o Exército Vermelho conquistará vitórias todos os dias." Na época, se quiséssemos comer o bastante e usar roupas quentes, tínhamos de resolver o problema das "três montanhas". As três montanhas eram feudalismo, exploração por parte dos latifundiários e burocracia. A revolução era a única maneira de resolver esses problemas, e entrar para o Exército Vermelho era a única maneira de fazer a revolta.

— Qual foi a coisa mais difícil na realização da Longa Marcha? — prossegui.

— Comida e roupa — respondeu Wang. — Ficaram difíceis depois que saímos da zona soviética. Nós tínhamos que mandar boas unidades para levantar comida junto aos latifundiários, mas isso reduzia nossa força de combate. Nós tínhamos o princípio de que não podíamos comer a comida dos camponeses pobres, assim, para conseguirmos os alimentos com os latifundiários e ricos, as unidades tinham de viajar muito. Na época, se conseguíssemos o suficiente para comer, já estava bom demais. Encontrar guias [também era um problema]. Não era comum pedir guias e assim tínhamos de pagar muito caro, senão os moradores locais não nos mostrariam o caminho.

"Após perdermos a batalha de Songpan [no norte de Sichuan], tivemos de cruzar os Pântanos. Levou nove dias. Foi bastante difícil. Não havia comida, estava muito frio, nós não conseguíamos fazer uma fogueira nem beber a água. À uma da manhã começavam chuvas de granizo. Os pequenos, podíamos agüentar, mas os grandes eram capazes de matar uma pessoa. Nessas horas, sentávamos em nossas unidades de costas um para o outro, com as armas na vertical. Cada unidade tinha um soldado que levava um pano duplo, e todos amarravam esse pano em suas armas, que seguravam acima da cabeça. Isso funcionava contra granizos pequenos, mas não dava para impedir os grandes.

De volta à entrevista coletiva, uma senhora da Televisão Guizhou pergunta:

— Qual é o significado da Longa Marcha para a China e o povo chinês hoje?

Essa não estava em nosso questionário para Wang Daojin. Odeio essa pergunta, e não somente por ainda não me sentir qualificado para respondê-la adequadamente. Eu a odeio porque estou convencido de que, se tentar dar uma resposta séria, os jornalistas vão sorrir e polidamente anuir com a cabeça, e depois vão inventar e escrever um monte de bobagem. Quanto à TV, vou ser reduzido a uma frase fora de contexto que poderia ser usada para praticamente qualquer coisa.

O Camarada Mao reconheceu instantaneamente o valor propagandístico da Longa Marcha. Uma semana após chegar a Wuqi, em outubro de 1935, ele fez um discurso em que anunciou: "A Longa Marcha é um manifesto. A Longa Marcha é uma unidade de propaganda. A Longa Marcha é uma semeadora."[11] Mao não queria dizer apenas que o Exército Vermelho tinha espalhado a palavra do comunismo pela China durante o ano na estrada, plantando sementes da revolução que mais tarde iria florescer por todo o país. Ele também queria dizer que a lenda da marcha continuaria a inspirar recrutas para a causa comunista. Mas a Longa Marcha é mais do que uma obra-prima de propaganda — é um acontecimento inspirador bem distinto das associações políticas do partido. Durante a viagem, centenas de pessoas, na maioria jovens chineses, escrevem-nos falando da nossa jornada e de seus sentimentos em relação à Longa Marcha. Somente dois chegam a mencionar a política; o resto foca em seus sonhos e aspirações e em como buscam encorajamento e inspiração nas lutas e conquistas de outros. Um acadêmico chinês emigrante escreve dos EUA: "Por favor, agüentem firme. A Longa Marcha pode não significar comunismo para muita gente. Mas tenho certeza de que significa coragem e esperança para todos."

Mas a Longa Marcha *tem* muito a ver com política, a política que delineou a China moderna. Tem a ver com um sonho de libertação em relação à opressão. Tem a ver com a tomada maoísta do partido e tudo o que significou para a Revolução e para todos os aspectos da sociedade chinesa desde então.

A repórter da TV Guizhou continua esperando por uma resposta. Andy me cutuca. Improviso:

— Na Inglaterra, eu li na escola que uma vez perguntaram a Zhou Enlai qual era a importância da Revolução Francesa. Zhou disse: "É muito cedo para dizer."[12]

Cutuco Andy:

— Pelo menos eles não terão que inventar uma citação de Zhou Enlai — sussurro. (No dia seguinte, um jornal afirma que eu disse que todos os livros escolares ingleses têm a foto de Zhou Enlai.)

Estou habituado a ter minhas falas distorcidas, mas não consigo me acostumar a ficar parecido com Otto Braun. Quando nossos uniformes do Exército Vermelho chegaram no dia anterior, como um presente do Museu Memorial do Encontro de Zunyi, nem Andy nem eu conseguimos pensar em uma desculpa para não os usar na entrevista coletiva. Pareceria um insulto aos anfitriões e, especialmente, a Wang Daojin.

Nenhum deles vê o que temos medo que observadores de fora enxerguem — de fato, uma foto é publicada no dia seguinte do *South China Morning Post*, de Hong Kong: dois palhaços ingênuos vestidos para a glorificação do Partido Comunista. A mídia local vê apenas uma boa imagem que ajudará a alcançar o objetivo da entrevista coletiva, que não é o de promover o comunismo, e sim o de divulgar Zunyi e encorajar o turismo em Guizhou. Então racionalizamos: uma foto nossa vestidos como soldados vermelhos provavelmente não vai converter ninguém ao comunismo, mas, se ajuda a estimular mais gente a visitar Guizhou, possivelmente é uma Coisa Boa.

"Possivelmente", porém, porque em outras partes pobres da China vi áreas turísticas em que as culturas locais se congelaram numa paródia de si mesmas. O que sobra é uma espécie de zoológico humano, onde as pessoas são exibidas. O outro lado da moeda é que para muitas dessas comunidades o turismo é o único modo de atrair investimentos e elevar os padrões de vida. Por toda a rota da Longa Marcha, ouvi pessoas falando de seu desejo por "investimentos". Em Guizhou, esse desejo estava particularmente ligado ao turismo até mesmo em lugares isolados como Pingpu, onde nossos anfitriões falaram de sua vontade de abrir uma hospedaria para os turistas que esperavam um dia seguir nosso caminho via Liping. Eles não querem ser deixados de lado. Eles querem se sentir parte de um mundo maior, e acredito que sentimentos similares explicam o calor de nossa acolhida em muitos lugares, como se nossa chegada fosse um sinal de que o mundo maior acabou de se aproximar um pouco. Além disso, especialmente nas regiões das minorias, a terra é tão pobre que não existe expectativa razoável quanto ao desenvolvimento de nenhuma outra indústria. Independentemente do que parecemos em nossos uniformes do Exército Vermelho, se estamos promovendo o turismo, estamos fazendo o que nossos amigos em Pingpu querem. E isso é o que basta para mim e Andy.

Caminhamos em uma trilha que supostamente vai para o *zhen* de Jiuba, cerca de dez quilômetros a oeste de Tongzi. As vilas que vimos hoje são deprimentes, e estamos nos perguntando o que acontecerá em Jiuba quando um rapaz vestindo calças como as de um marinheiro de pantomima vira a esquina.

— Sim — diz Xiong Gang. — Há um lugar em que vocês podem ficar em Jiuba.

Tem algum cibercafé?, pergunta Andy.

— Oh, sim — responde Xiong.

Comida?

— Sem problema.

Portanto, tudo o que um andarilho precisa; mas já tivemos muitos alarmes falsos para ficarmos entusiasmados só porque alguém nos diz aquilo que queremos ouvir. Além disso, como coloca Andy, olhe só para aquelas calças.

Xiong nos conduz a uma casa sem nenhuma característica especial perto do topo da vila e nos deixa na sala de entrada, enquanto procura pelo dono. (A China rural é como nos Bons Velhos Dias da Inglaterra, quando ninguém trancava a porta da frente.) A maioria dos nossos trinta espectadores se junta a nós do lado de dentro; o resto se comprime na janela. Sentamos em um sofá estofado de couro preto em forma de L diante de um fogão preto de ferro. O fogão é um objeto de conforto para nós, um personagem familiar em nossa vida em mutação constante. Sempre que saímos do frio, aqueles que estão dentro apontam para o fogão e dizem: "*Kao huo*." Até mesmo o som dessas palavras em chinês é reconfortante, quase capaz de transmitir calor. Como estamos congelados praticamente o tempo inteiro, ficamos obcecados com as oportunidades de *kao huo*.

Mais tarde, após o dono ter chegado, expulsado a maioria dos curiosos e nos mostrado um espartano quarto de fundos com duas camas,

Xiong Gang nos leva a outra casa do outro lado da rua, onde comemos um jantar simples com tofu defumado, batatas e arroz frito. Novamente, não existem placas indicando que se trata de um estabelecimento comercial. Sem Xiong, seria invisível.

Xiong senta-se conosco enquanto comemos. Ele tem 24 anos e trabalhou dois anos em uma fábrica em Guangdong antes de voltar para casa para tentar a sorte como cabeleireiro. Ele é um jovem educado e quieto e decidiu nos ajudar sem ter nenhum interesse particular para tanto. Prometo jamais julgar novamente alguém com base nas calças que veste.

Depois de Jiuba há a cordilheira que marca a divisa entre os condados de Tongzi e Xishui. A 1.400 metros acima do nível do mar, estamos cercados por névoa e confusão. Fomos conduzidos através da passagem até o Condado de Xishui por um professor primário de 22 anos chamado Luo Liwei. Antes de nos separarmos, ele nos colocou em uma estrada de terra e disse para continuarmos nela até Hecun, de onde poderíamos chegar a Guandian, nosso próximo destino. Ele disse que estaríamos em Hecun em uma hora. Isso foi há duas horas.

Uma casa de madeira sai da neblina, à nossa esquerda. Vislumbro uma mulher na porta; quando nossos olhos se cruzam, ela fecha a porta. A silhueta de um homem surge no outro lado da estrada. Andy o cumprimenta, mas ele desaparece. Não há nada depois dessa primeira casa, mas a montanha despenca a partir da estrada à nossa direita — talvez Hecun esteja lá embaixo, coberta pela névoa. Eu fico na margem da estrada com as mochilas enquanto Andy volta para fazer um reconhecimento.

Uma menina com não mais de 14 anos aproxima-se, carregando lenha presa a uma estrutura de madeira colocada nas costas. Ela olha para a minha enorme figura na névoa fantasmagórica e diminui os passos. Posso ver que está com medo, de modo que me sento, sorrio e digo "Oi" no meu melhor chinês.

A menina pára, retrocede, tira dos ombros a estrutura com a lenha e a deixa cair no chão. Então ela dá a volta e corre, gritando por seu pai na neblina: "Baba, Ba-baaaaaaaaaaaa!"

Papai não dá as caras para investigar o diabo na beira da estrada. Andy retorna sem encontrar ninguém para quem pudesse perguntar onde estamos. Ele diz que portas e janelas são trancadas à sua aproximação e ninguém responde às batidas. Antes de sairmos, tento pegar a lenha da menina. Ela tem a metade do peso da minha mochila, trinta quilos ou mais.

Encontramos Hecun cerca de meia hora mais tarde, logo abaixo da linha da neblina. Com uma vista limpa, o espetáculo é impressionante. Eu esperava que a vila ficasse no chão do vale, mas ela se agarra à montanha numa altura de talvez quinhentos metros. O vale é muito fundo e estreito para se ver o chão. Do lado oposto, o solo é muito íngreme para permitir o cultivo, mas bem abaixo de Hecun, no nosso lado, há arrozais de um esmeralda vivo e acima deles, no maior dos contrastes, existe uma grande mina de carvão de superfície, em que a maioria dos trabalhadores são crianças e adolescentes. Seus dentes e olhos brilham no meio dos rostos enegrecidos.[13]

A estrada termina aqui — algo que Luo Liwei deixou de mencionar — e então um jovem chamado Yang Xiong nos conduz para baixo, através da vila, até a mina, de onde o caminho para o vale aparece claramente diante da encosta da montanha. Levamos mais uma hora sobrecarregando os dedos dos pés em uma descida acentuada até chegarmos ao riacho que acompanha o último quilômetro e meio até Guandian, onde um obelisco de concreto em memória ao Exército Vermelho domina a cidade escurecida e o rio está cheio de lixo.

À noite, travamos amizade com um monte de crianças, das quais meia dúzia nos segue de volta até nossas acomodações, ansiosas por continuar a conversação, praticando algumas palavras de inglês e tirando algumas fotos. Duas delas retornam no dia seguinte na hora do café-da-manhã. Hu Xue e sua amiga Dai Huahua voltaram para casa durante os feriados do Ano-Novo chinês. Elas são estudantes de 16 anos da escola intermediária superior de Xishui. Hoje, entretanto, elas anunciam que estão se juntando à Longa Marcha.

— Nós iremos com vocês até Shuanglong e podemos tomar o ônibus de volta — anuncia Hu.

— Vocês sabem como chegar até Shuanglong? — pergunta Andy.

— Não.
— Vocês sabem a que distância fica? — pergunto.
— Não.
— Que experiência vocês têm em caminhadas nas montanhas? — pergunta Andy.
— Nenhuma.

Quem somos nós para dizer não?

Shuanglong está a menos de dez quilômetros em linha reta, mas nossa marcha leva quatro horas. Embora esteja bem diante de suas portas, as garotas jamais subiram a velha trilha e atravessaram as fazendas nas montanhas. Elas estão excitadas e nem um pouco intimidadas pela lama e o esforço. A terra se eleva em estágios, e cada vez que atingimos o topo de uma escalada, pensando que certamente atingimos o cume, descobrimos que na verdade estamos na beirada de um espaço pequeno e plano enfiado entre as dobras da cordilheira. O terreno é suficiente somente para uma fazenda, às vezes apenas um pequeno campo, e então a trilha lamacenta recomeça a subir.

Como estamos conduzindo duas estudantes na rota da Longa Marcha, sinto que devemos testar sua educação política.

— O Camarada Mao andou por esta trilha, sabia? — digo para Hu Xue. — O que você acha dele?

— Ele era magnífico — responde Hu —, mas então ficou estúpido.

— Por que você diz isso?

— Por causa da Revolução Cultural. Havia o culto à personalidade, sua fotografia estava em todos os cantos.

— Como você sabe isso? Os seus pais te contaram?

— Não, eu li no meu livro de história.

— E quanto a Zhou Enlai?

— Magnífico, definitivamente.

— E como você avalia Jiang Zemin comparado a Mao e Zhou? — pergunto.

— Bem, você não pode dizer que Jiang é magnífico porque ele ainda não morreu. Neste momento, eu acho que ele é muito suave e que seus óculos são grandes demais.

— E quanto a Li Peng? (Como primeiro-ministro, Li impôs lei marcial pouco antes do massacre de Tiananmen, em 4 de junho de 1989.)
— Ele é igual a Jiang, óculos grandes.

"Com Mao no comando, as tropas sentiram-se tranqüilas", escreveu Harrison Salisbury. "Finalmente, os comissários políticos conseguiam dizer-lhes por que e onde estavam marchando."[14]

Na verdade, com Mao no comando após o Encontro de Zunyi, os soldados dirigiram-se às cegas direto para uma das mais perigosas batalhas da Longa Marcha.

Após deixarem Zunyi em 19 de janeiro, o plano era ir a noroeste até o rio Chishui, cruzá-lo e prosseguir ao norte até o rio Yangtze, na Província de Sichuan. Uma vez atravessado o Yangtze, o 1º Front do Exército iria localizar e unir-se ao 4º Front do Exército, a força comandada por Zhang Guotao que fora expulsa de sua base em 1932 durante os estágios iniciais da Quarta Campanha de Cerco, ordenada por Chiang Kai-shek. O exército de Zhang Guotao obtivera um notável sucesso desde então. Ele crescera, ficando com mais de 100 mil homens (mais um regimento de combate com 2 mil mulheres) e estabelecera um soviete na região da divisa Sichuan-Shaanxi.

O plano começou a dar errado assim que a vanguarda vermelha se aproximou da cidade de Chishui, onde eles esperavam cruzar o rio Chishui e continuar ao norte para explorar travessias do Yangtze. Eles descobriram que a cidade estava muito bem defendida e, após combaterem o dia inteiro em vão, desistiram e recuaram para o sul, em direção à força principal, que estava prestes a enfrentar problemas ainda maiores.

No amanhecer do dia seguinte, 28 de janeiro, com a vanguarda vermelha ainda a 32 quilômetros de distância, o grupo principal, sob a liderança de Mao, atacou a força inimiga que estava no seu encalço nos últimos dois dias. Pensaram que se tratava de uma unidade provincial pequena e tipicamente desprovida de motivação, que poderia ser derrotada com facilidade e em pouco tempo, o que permitiria que os vermelhos pudessem avançar em velocidade sem serem molestados na retaguarda. Essa informação de inteligência estava inteiramente equivocada. O inimigo se tratava de bem armados regimentos sichuaneses dispostos a lutar e em número equivalente aos vermelhos. À medida que o dia progrediu, as perdas cresceram e aumentaram os temores de que o Exército Vermelho não conseguisse resistir. Às 15 horas, foi convocado um encontro de emergência do Comitê Militar Central — a única ocasião em que isso aconteceu durante uma batalha. Foi decidido o abandono dos combates ao anoitecer e o recuo imediato, cruzando novamente o Chishui em Tucheng, dois quilômetros e meio a oeste do campo de batalha.[15] Em vez de marchar para o norte até o Yangtze, os vermelhos fugiram para oeste, para, até então, a mais remota região e montanhosa da Longa Marcha. Eles passariam os próximos dois meses andando em círculos cada vez menores.

A oeste de Chishui, Andy e eu seguimos um afluente por uma estrada de terra que dividimos com vans e motocicletas. A primeira aldeia, Baicun, tem alguns ladrilhos e até mesmo um par de lojas. Mas, pelo meio da tarde, só vemos fazendas isoladas e uma estreita trilha lamacenta que se bifurca, e depois se bifurca novamente, enquanto o rio se divide em riachos cada vez menores. Depois de Baicun, as informações de nosso roteiro não batem com coisa alguma no mapa de Guizhou e assim perguntamos a camponeses locais.

— O Exército Vermelho passou por aqui?
— Sim.
— Qual caminho eles tomaram?
— Para Sichuan.

Os camponeses fazem um gesto típico, um movimento no ar que não aponta para nenhuma direção em particular. Apenas vá em frente, diz o aceno, não haverá problemas.

Os registros que levamos sugerem que algumas unidades vermelhas passaram por uma cidade chamada Huangjing no dia seguinte à travessia do Chishui. De acordo com o mapa, Huangjing fica mais ou menos a oeste através da divisa. Encontramos às 15h30 dois camponeses, que nos contam serem de Huangjing, a apenas a "vinte *lis*" de distância.

Em seu livro *Marching with Mao*, William Lindesay escreve:

"O campesinato chinês é o último bastião do *li*, uma bizarra e tipicamente chinesa medida de distância flexível. Um *li* plano tem meio quilômetro; mas um *li* em uma caminhada ladeira acima, sendo mais difícil, é menor, enquanto um *li* ladeira abaixo, sendo muito mais fácil, é maior! Parece bastante contraditório uma unidade ser variável, até que se percebe que o *li* é uma indicação não apenas da distância, mas também do esforço necessário para vencê-la, uma medida lógica e engenhosa concebida especificamente para andarilhos. Por ignorância, eu inicialmente ridicularizei essa unidade, mas com a experiência passei a confiar nela, sabendo que um *li* representa uma caminhada de aproximadamente cinco minutos, independentemente do terreno."[16]

Neste caso, temos menos de duas horas pela frente. Tempo mais do que suficiente para chegar a Huangjing antes do anoitecer. Uma hora mais tarde, um rebanho de cabras pretas passa por nós, seguidas por meia dúzia de homens. Perguntamos: vocês estão indo para Sichuan?

— Não, nós somos de Guizhou. Estamos indo para casa, mas venham conosco e mostraremos o caminho. Para onde vocês estão indo?

— Huangjing. Falta muito?

— Vinte *lis*. Talvez vocês consigam chegar antes de escurecer.

Agradecemos aos pastores e, ao nos separarmos, eles dizem para escalarmos em torno de cem metros até uma cordilheira, onde a vila deles fica escondida em uma floresta luxuriante. Sigam o caminho inferior, dizem, e vocês atravessarão a montanha e chegarão a Sichuan.

Assim como no caso do *li*, a definição de "caminho" também é um conceito flexível. No início, é uma trilha familiar e levemente inclinada, bem marcada por homens e cabras. Gradualmente, suas beiradas ficam indistintas à medida que a floresta se infiltra. O rio que corre ao lado encolhe até virar um fio alimentado pelos pontos mais elevados da montanha. Uma garoa fina mais paira no ar do que cai, envolvendo a profunda vegetação verde. E então a trilha faz curvas de noventa graus — para cima. O "caminho" agora é uma escada de cinqüenta metros de lama e pedras. Sichuan fica no topo.

O sol já está se pondo na hora em que sentamos, arfantes, no terreno da Província Nº 6 da Longa Marcha. Na distância, ouvimos um som como o de chuva pesada. À esquerda, há um vale que mais se assemelha a uma fenda. Ela parece zombar da nossa recente escalada. No lado oposto, uma parede de rocha desce de uma cobertura de floresta até espaços que vão além de nosso campo de visão. Nós nos apressamos na direção do barulho de água caindo, procurando o tempo inteiro por terrenos abertos e planos que permitam uma barraca. Não há nenhum, e quando dobramos uma curva e um espaço se abre entre as árvores, vemos que a nossa potencial fonte de água está bem longe.

São quedas d'água gêmeas, projetando-se da encosta oposta à nossa trilha, que agora corre ao longo da beira de um penhasco que permite à nossa visão chegar até o chão do vale. Uma cachoeira começa cerca de dez metros acima da outra, tendo uma altura de pelo menos cem metros. Elas são estupendas, magníficas e profundamente irritantes. Por que têm que estar aqui agora? Falta pouco para a luz acabar, e, quase imediatamente, uma outra visão nos tira da contemplação e admiração — um campo cultivado, localizado acima da cachoeira mais alta e perto da linha de nossa trilha. Agricultura = gente = comida e cama.

Em dez minutos estamos no quintal escuro de uma ampla e iluminada construção. Pela porta aberta, posso ver um fogo e uma fila de garrafas térmicas. O homem da casa, um fazendeiro de trinta e tantos anos, aparece. Peço desculpas pela invasão, explico que estamos indo para Huangjing, mas parece que acabou a luz do dia e seria possível, se não fosse muito incômodo...

— Há muitas casas em Longba, por aquele caminho — diz ele. — Por que vocês não vão e ficam lá?

— Mas está escurecendo — digo. — Se não podemos ficar aqui, você pelo menos poderia mostrar o caminho?

Aquele gesto de novo.

— Por ali, apenas dez minutos.

— Como podemos achar o caminho no escuro? Você não pode nos ajudar?

Silêncio. Andy assume.

— Bem, está tarde demais agora — diz ele. — Vamos montar nossa barraca aqui no seu quintal. Não vamos perturbá-lo. Tudo bem?

Silêncio.

Se viajar supostamente alarga os horizontes das pessoas, por que me sinto imediatamente tão hostil em relação a Sichuan? Tanto Andy como eu estamos cada vez mais propensos a tirar conclusões precipitadas, chegando a julgamentos instantâneos sobre lugares e pessoas. Não conseguimos evitar. Para o bem ou para o mal, uma pessoa pode definir atitudes em relação a uma vila, uma cidade e até mesmo uma província.

— É o povo de Sichuan — diz Li Mingxia depois de ouvir o relato sobre nossa primeira noite na província. Li Mingxia é de Henan, a província com a pior reputação em toda a China... pelo menos se depender das pessoas de Pequim. Antes de partirmos na Longa Marcha, havia pânico em Pequim por causa de uma gangue de camponeses de Henan que supostamente estavam cruzando a cidade e injetando sangue infectado com HIV nas pessoas. Era uma bobagem, claro. Henan é mais corretamente conhecida pelas milhares de infecções de HIV causadas pela venda não-fiscalizada de sangue. Os governos locais foram coniventes com os programas de coleta de sangue e, com o apoio das autoridades provinciais, fizeram tudo para encobrir o desastre. Comunidades inteiras estão sendo devastadas pela Aids, mas ninguém foi responsabilizado ou punido — exceto vítimas que foram intimidadas, espancadas e aprisionadas por protestarem contra o tratamento que recebiam.

Andy e eu somos os primeiros estrangeiros que muitas pessoas na rota da Longa Marcha viram. Em alguns dias, me preocupo pensando que nosso comportamento vai ditar a impressão que terão de todos os estrangeiros, talvez para sempre. Não gosto do papel de embaixador do resto do mundo, especialmente logo de manhã, ao desmontar a barraca na chuva enquanto nosso anfitrião puxa conversa.

— De onde vocês são? — tenta ele.

Dou a ele um tratamento de silêncio. Não quero que se espalhe que a Inglaterra é uma nação de malucos mal-humorados. Além disso, neste exato momento não consigo pensar no meu país, exceto se considerarmos a pessoa de outro inglês, William Lindesay, e sua confiança no *li* "flexível". Huangjing, ficamos sabendo, ainda está a vinte *lis* de distância.

Seis horas depois, continua a vinte *lis*. Chegamos às cinco, pouco antes do pôr-do-sol.

Não há nenhum sinal enquanto passamos por uma vila cujo nome jamais descubro. Perdemos o caminho principal, o que significa que agora estamos atravessando os quintais e jardins dos fundos das casas dos camponeses. Isso é arriscado. Os cachorros ficam mais agressivos à medida que vamos para oeste. Antes de Zunyi, não prestávamos muita atenção neles. Eles perturbavam só por causa do barulho; raramente ousavam aproximar-se, e o menor dos gestos agressivos era o bastante para afugentá-los. Este, contudo, não faz nenhum som ao se aproximar furtivamente de Andy pelas costas e morder sua panturrilha.

Cães mordem vegetarianos. Andy diz mais tarde que, se algum dia for obrigado a comer carne, um cachorro será o primeiro animal a ir para a panela. Enquanto cuido do ferimento, uma mulher com cerca de cinqüenta anos e uma pré-adolescente saem da casa mais próxima, pegam o cachorro e o prendem. A mulher então se aproxima num estado terrível de vergonha e desculpa. Ela não consegue parar de se desculpar, "*Dui bu qi, dui bu qi*", e depois de alguns instantes percebo que ela é surda e que a neta deve ter chamado sua atenção para a agitação do lado de fora. Também fico sabendo que estamos ao lado de um túmulo recém-fechado, que pertence ao pai da mulher, e que ela está prestes a andar até a próxima vila para visitar a mãe de oitenta anos.

Não conseguimos evitar — e acabamos pedindo desculpas por deixar a senhora nervosa. Andy dá à neta uma laranja. Mas ele continua com dor e irritado, e, quando diz "Eu nem posso ter a satisfação de ficar com raiva da dona do cachorro", não está brincando inteiramente.

Andy pega o celular e telefona para nosso médico em Pequim.

— Eu fui mordido por um cachorro. O que devo fazer?

— Onde você está? — pergunta ele.

— Sichuan.

— Neste caso, você tem de ir imediatamente até a cidade grande mais próxima e tomar injeção contra raiva.

— Tem certeza?

— Bem, consideramos que a raiva é endêmica em Sichuan, então, sim, tenho certeza.

A cidade mais perto é Chongqing, a um dia inteiro de ônibus, supondo que realmente consigamos chegar à estrada até a noite. Apesar de Andy ter tomado injeções anti-rábicas em Pequim, elas lhe dão apenas 48 horas extras antes de necessitar uma nova agulhada. Convocamos uma reunião oficial da Longa Marcha para resolver o que fazer. Para começar, Andy tende ao ponto de vista dos camponeses locais em relação ao risco de contrair raiva: "*Mei shi.*" Observo que, no caso de o cão ter raiva — e certamente parecia raivoso —, em três dias ele começará a espumar na boca, o cérebro se desintegrará e ele morrerá em agonia inimaginável.

Andy põe a mão na testa por um momento.

— Eu vou para Chongqing — diz ele.

Só ao anoitecer chegamos à rodovia de Daba e, na hora em que pisamos lá, Andy já perdeu a satisfação de ser o andarilho às voltas com o sofrimento. Ele tem apenas uma perna inchada, ao passo que estou tão doente que mal consigo andar. Tive diarréia nas últimas 48 horas, mas nessa tarde foi piorando à medida que o caminho ficou mais difícil. Durante quase todo o dia, percorremos trilhas íngremes, fazendo atalhos em montanhas pedregosas com arbustos raquíticos para evitar curvas fechadas da estrada. Nos últimos cinco quilômetros, tive de fazer descansos a cada meia hora. Estou banhado em suor e cada passo é um desafio.

Por que nos darmos ao trabalho? Por que apenas não acenamos para o primeiro carro e vamos direto para a cidade a vinte quilômetros? Eu não tenho motivo de vida ou morte para continuar. Eu não sou um soldado do Exército Vermelho. Mesmo assim, parece que sou movido por uma determinação de não trapacear comigo mesmo.

Andy e eu com freqüência afirmamos que nosso objetivo não é experimentar o que os vermelhos experimentaram, mas há horas em que sinto o fio da navalha sobre a qual eles andaram. Nunca dei muita atenção à diarréia, que tinha com freqüência em Pequim, especialmente depois de um cozido picante de carne e legumes de Chongqing, mas elas nunca atrapalharam muito a vida normal. Eu não conseguia compreender o significado quando lia sobre como a diarréia é um problema sério nos países em desenvolvimento. Agora, consigo. Em Daba, estou frágil demais para andar. Apesar de todos os remédios e do apoio de alta tecnologia à disposição, sei que não posso seguir em frente. Vejo como em circunstâncias extremas a casualidade de uma doença, até mesmo uma pequena desordem estomacal, pode representar um golpe de morte. Vejo que os sobreviventes da Longa Marcha foram não apenas fortes e corajosos. Eles também tiveram sorte.

"Doença, não", disse o veterano Zhao Yuxiang ao repórter que o entrevistou para o projeto de história oral "Minha Longa Marcha", do *Beijing Youth Daily*. "Quero dizer, você não ficava doente. As condições não permitiam... Na época, não havia os conceitos de ferido ou doente, apenas de vida ou morte."[17]

Liao Dinglin contou ao *Beijing Youth Daily* que viu homens doentes implorando a seus líderes que atirassem neles.[18] Li Kaiyou, um soldado de propaganda do 6º Grupo do Exército, era responsável por encontrar casas seguras: "Nós deixávamos dinheiro para os soldados feridos com os moradores da região. Não esperávamos que alguns dos soldados gravemente feridos seriam mortos pelos moradores para lhes tomar o dinheiro. Após percebermos isso, não dávamos dinheiro para os soldados feridos na frente dos moradores. Nós os alertávamos para usar o dinheiro somente em momentos cruciais e às vezes dizíamos a eles para não contar que tinham dinheiro."[19]

Não posso ir a Chongqing com Andy, que precisa partir imediatamente para as suas injeções. Dois dias depois, saio para dar os primeiros passos. Peço uma carona até o centro da cidade, mando um fax para Andy, volto para a cama e passo quatro horas descansando do esforço. Agora estamos bastante atrás do Exército Vermelho.

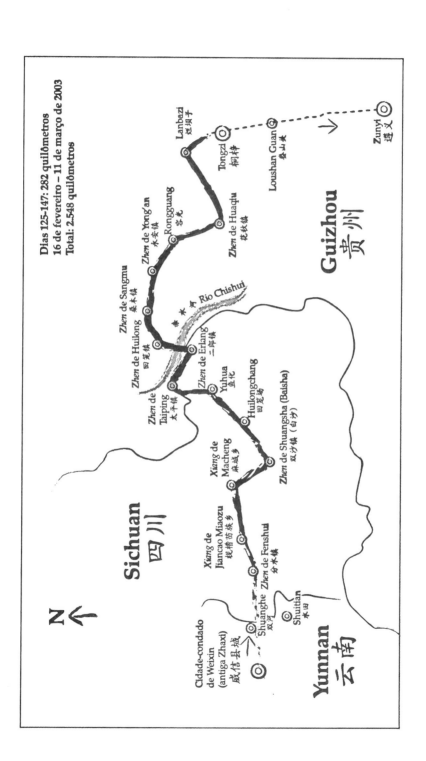

Capítulo 6

A Filha Desaparecida do Camarada Mao

O Museu Memorial do Exército Vermelho paira sobre Zhaxi, instalado na colina acima dos restos da velha cidade. Pouco restou dos tempos da Longa Marcha. Há uma única rua de casas de madeira assimétricas e, bem abaixo do museu, um belo par de salões vermelhos envernizados que no passado serviram como uma espécie de clube para as pessoas da Província de Jiangxi — um lugar apropriado para os líderes vermelhos se congregarem na última da série de reuniões, agora conhecidas coletivamente como o Encontro de Zhaxi. Os salões sofreram uma magnífica restauração e são preservados num silencioso complexo que também agrega a casa em que Mao e Zhang Wentian ficaram. Esta é uma construção pequena, com somente dois quartos, ligados a um pequeno cômodo central, onde, segundo conta a guia do museu Luo Hongfen, eles faziam suas refeições. Mao e Zhang viviam juntos na montanha Yunshi, perto de Ruijin, antes mesmo de a Longa Marcha começar, e notei que eles foram companheiros habituais de moradia durante a própria marcha. Três dias antes de chegar a Zhaxi, Zhang ganhou sua recompensa por apoiar Mao em Zunyi. Em uma reunião em Huafangzi, em 5 de fevereiro — a primeira da série do "Encontro de Zhaxi" —, Zhang assumiu formalmente a posição de Bo Gu como "Pessoa com Responsabilidade Geral pelo Partido" — na teoria, o posto mais graduado no partido na época.

Esse episódio da Longa Marcha acabou sendo o ápice da carreira política de Zhang Wentian. Semanas depois do Encontro de Zhaxi,

Zhang e Mao já tinham começado a se distanciar. Otto Braun afirma que Mao lhe disse no fim de abril que Zhang entrara em "pânico" e começara a fazer "intrigas" contra ele.[1] Verdade ou não, Andy e eu não vemos mais acomodações conjuntas para Zhang e Mao na Longa Marcha. E, apesar de naquele momento não ter havido um rompimento declarado com Mao, Zhang nunca atingiu as alturas às quais parecia destinado em 1935. Ele permaneceu como um membro proeminente do partido, mas sem atingir as principais posições. Após a vitória comunista definitiva em 1949, ele foi para o Ministério do Exterior, tornando-se embaixador na URSS em 1951 e vice-ministro do Exterior em 1955.

A carreira de Zhang saiu dos trilhos em 1959, quando foi identificado por Mao como parte de um "círculo" oposicionista liderado por Peng Dehuai, general do 3º Grupo do Exército na Longa Marcha. O Grande Salto para a Frente de Mao fora lançado no ano anterior. Tratava-se de um esforço quixotesco para aplicar mobilização política de massa ao desenvolvimento econômico. Mao decretou que o campo deveria ser industrializado rapidamente até o ponto em que a produção industrial se equiparasse à agrícola. Ele declarou que era tarefa de todo o partido "abrir a tampa, romper com a superstição [quanto às possibilidades de superação das adversidades] e permitir que a iniciativa e a criatividade do povo trabalhador possam explodir".[2] Os principais efeitos dessa campanha foram o desvio de recursos para a agricultura e a geração da pior fome do século XX.[3] Num encontro do partido em 1959, Peng Dehuai entregou a Mao uma carta confidencial, na qual detalhava os resultados de uma investigação que havia conduzido em Hunan. Peng concluiu que o Grande Salto para a Frente estava dando terrivelmente errado. Mao não quis saber. Ele divergira de Peng diversas vezes desde a primeira vez em que se encontraram em Jinggangshan, em 1928, e então tratou a carta de Peng como uma traiçoeira tentativa de solapar sua autoridade. Peng foi afastado, junto com outros suspeitos de compartilhar suas opiniões. Zhang Wentian perdeu o emprego no Ministério do Exterior, mas as coisas pioraram ainda mais depois do início da Revolução Cultural, em 1966. Zhang foi acusado de espionar para a União Soviética e passou um período na prisão antes de ser exilado em Guangdong, e depois em Jiangsu, onde morreu na obscuridade em 1976.

Peng Dehuai já tinha morrido dois anos antes, em um hospital prisão. Em 1967, ele fora espancado repetidamente e interrogado mais de 130 vezes. Ele passou o resto da vida na prisão, sendo novamente interrogado e torturado durante a maior parte de 1970.[4] A reputação dos dois foi oficialmente "reabilitada" em 1978, dois anos após a morte de Mao.

— Após Zhang ter sido derrubado, seu papel na história foi encoberto e, desse modo, como os encontros na região eram fortemente associados a ele, os documentos a respeito foram censurados, "perdidos" ou ignorados — diz Luo Hongfen. — O Encontro de Zunyi ficou com todas as atenções, apesar de ainda deixar questões importantes não-resolvidas. Foi o Encontro de Zhaxi que amarrou essas pontas soltas.

Como resultado da queda e perseguição a Zhang, entretanto, os encontros nesta área foram efetivamente apagados da história chinesa.

Luo nos conduz por um museu cheio de detalhes e artefatos originais. Ela sabe de cor as histórias locais e as narra com grande verve. Há uma sala inteira dedicada aos slogans escritos pelos marchadores, todos em placas de madeira originais que foram tiradas das casas em que os soldados ficaram. Luo diz que Mao ordenou que tudo o que não fosse absolutamente necessário fosse descartado em Zhaxi. Um dos objetos expostos é uma máquina de raio X que foi enterrada na casa de um camponês. No salão de encontros, o espaldar da cadeira do Camarada Mao foi alisado pelas mãos dos visitantes que o tocavam para ter sorte, do mesmo jeito que os peregrinos esfregam os dedos nos animais de mármore do templo taoísta Baiyunguan, em Pequim.

Mas há uma coisa conspicuamente ausente, algo que ocupa lugar de destaque em todos os outros grandes centros memoriais que vimos. É a foto de um líder do governo central visitando o local. Assim que ganha semelhante visita, a porta se abre para o recebimento de verbas e de atenção e publicidade por todo o país. Zhaxi jamais teve tal visita.

Saboreando batatas assadas em seu escritório, a chefe do museu, Guo Zhangxiong, medita sobre como e por que sua cidade não foi incluída nas glórias da Longa Marcha.

— Mao era o tipo de homem que gostava que os outros ficassem abaixo dele, que fossem menos importantes que ele. Foi por isso que derrubou Zhang Wentian, porque via Zhang tendo a mesma estatura que ele e não podia aceitar isso. Para nós, Zhang é um modelo, mas é por causa de sua associação com Zhaxi que se passaram anos antes de os historiadores começarem a pesquisar os eventos aqui.

Agora, porém, Guo e seus colegas acreditam ter deparado com uma história que poderia colocar Zhaxi de volta no mapa — uma história tão improvável que inicialmente Andy e eu a descartamos como piada.

A mulher de Mao Tsé-tung, He Zizhen, estava com uma gravidez de mais ou menos cinco meses ao iniciar a Longa Marcha. Ela deu à luz uma menina após a primeira travessia do Chishui e a criança foi imediatamente entregue a uma família camponesa. Era impossível cuidar de um bebê nas condições da Longa Marcha.

Zhong Yuelin, a mulher mais jovem no 1º Front do Exército, estava com He Zizhen quando ela deu à luz. Sessenta anos depois, ela contou à acadêmica americana Helen Praeger Young:

"Eu não entendi o que estava acontecendo. Eu nunca tinha tido um filho! Eu só a ajudei um pouquinho. De vez em quando, eu dava a ela um pouco de água. O parto foi bem fácil. Ela já tinha tido vários filhos e foi bastante rápido. Ela teve uma menina. Qian Xijun levou [o bebê] naquela noite e encontrou uma família."[5]

Qian Xijun prosseguiu em sua narrativa a Praeger Young:

"[Nós encontramos] uma senhora cega idosa, com cinquenta ou sessenta anos... Lá, nas regiões das minorias, eles precisavam de trabalhadores. Eu disse: 'Nós vamos dar [este bebê] para você. Você pode criá-la como sua filha.'"

"Ela disse: 'Eu sou muito velha [para amamentar].'"

"Não há problema. Você pode conseguir mingau de arroz para ela comer. Ela será sua filha e a ajudará no trabalho."

"Ela concordou, porque não havia alternativa: 'Não tem mais ninguém por aqui e vocês estão indo embora para lutar. Deixe-a aqui.'"

"Como ela era muito pobre, nós lhe demos dez dólares de prata."[6]

Todos os rastros da criança perderam-se. Quando Harrison Salisbury entrevistou sobreviventes da Longa Marcha em 1984, ele não conseguiu nem ao menos determinar o local de nascimento. Wu Jiqing, segurança de Mao, disse não ter certeza sobre a localização. Wu contou a Salisbury que podia ser Baisha, em Sichuan, Fengxiangba, em Guizhou, ou Zhaxi, em Yunnan.[7] Qian Xijun achava que era em Guizhou. O mistério jamais foi elucidado.

Nossa guia Luo Hongfen nos traz a uma pequena seção do museu devotada às mulheres da Longa Marcha. Entre as fotos em preto-e-branco granuladas, há uma imagem extraordinária, um retrato de corpo inteiro de He Zizhen, tirado em Yan'an talvez dois anos após o término da marcha. Nós dois paramos para estudar a fotografia: ela aparece sorridente e relaxada, o cabelo com um corte curto de menino e coberto por um boné do Exército Vermelho. Luo reconta a conhecida história da filha desparecida de He na Longa Marcha, apresentando uma descrição gráfica e provavelmente fantasiosa da mulher em lágrimas recebendo ordens de Mao para deixar a criança para trás. E então Luo acrescenta duas informações que eu jamais tinha ouvido.

A primeira é que a equipe do museu tem certeza de que o bebê nasceu na sua região, em Huafangzi, a mesma vila em que Zhang Wentian foi escolhido para assumir os encargos de Bo Gu como "Pessoa com Responsabilidade Geral pelo Partido". Guo Zhangxiong entrevistou aldeões idosos na área de Huafangzi que dizem que o Exército Vermelho deixou uma recém-nascida ao partir. Os moradores nunca ligaram muito para isso, porque desconheciam o que Guo sabia: a mulher de Mao foi a *única* soldado do Exército Vermelho a dar à luz por volta dessa época.

A segunda é que seis meses atrás, numa vila montanhesa a cerca de trinta quilômetros daqui, foi identificada uma idosa que poderia ser essa criança.

Pouco depois das sete da noite, Andy e eu estamos sentados na cozinha de um moderno apartamento no centro da cidade-condado de Weixin, como Zhaxi agora é conhecida. No outro lado do fogão estão — possivelmente — as netas de Mao Tsé-tung e He Zizhen, Yang Tingyan, 38 anos, e Yang Tingyu, 32, mais o marido de Tingyan, Xiong Minghu.

Neste exato momento, continuo bastante cético em relação à história da "criança desaparecida de Mao". Ao todo, Mao e He perderam três filhos — além do bebê da Longa Marcha, dois foram deixados para trás em Jiangxi — e já houve inúmeros rumores e falsas reivindicações. "Tá bom, tá bom", pensei quando Luo Hongfen começou a nos contar a história, até que percebi que ela não falava de uma coisa antiga, mas de algo que ninguém fora deste condado sequer tem conhecimento.

Yang Tingyan começa a narrativa.

"Eu ouvi isso pela primeira vez no ano passado, de uma autoridade local chamada Tao Yunxian. Ele vinha pesquisando a Longa Marcha nesta região e estava particularmente interessado em descobrir a criança de Mao e He. Ele acreditava que o bebê tivesse sido dado a uma família da minoria miao. No começo do ano passado, ele entrevistou um velho em Shuitian [uma cidadezinha em torno de oitocentos metros acima de Huafangzi] chamado Zheng Mingquan. Zheng vivia em Huafangzi em fevereiro de 1935. Cerca de quatrocentos metros colina acima, havia uma família miao chefiada por um homem chamado Xiong Zhikui."

"Em 1936, Xiong Zhikui veio ver Zheng. Xiong estava perturbado e discretamente contou a Zheng que havia recebido uma menina de dois anos. Ele perguntou se devia adotá-la ou não. Zheng disse-lhe: 'Você está com a menina. Você cria a menina.' Numa vila miao, as pessoas não dão as crianças. Ninguém dá crianças para serem criadas por outros."

"A família Xiong criou uma menina chamada de 'Maomei'. Zheng disse que ela ainda vivia por perto e o havia visitado uma vez no começo dos anos 1990. Foi a primeira vez em que a viu desde que ela se mudou na década de 1940."

Yang Tingyan nos mostra uma foto azulada de uma jovem mulher com um vestido da minoria miao.

— Esta é minha mãe — diz ela. — "Maomei".

"Maomei" pode ser interpretado como "irmãzinha de Mao". Procuro semelhanças — verrugas grandes no rosto, por exemplo — na foto e no rosto das duas filhas, mas lamento não encontrar nenhuma.

— Deve haver mais alguma pista — digo. — Como vocês podem ter certeza de que Maomei é a criança dada a Xiong?

O genro Xiong Minghu (confusamente, parece que metade das pessoas em Weixin chama-se Xiong) assume a narrativa.

— Um dia, quando não tinham sal em casa, Maomei foi buscar um pouco com a tia. Após dar o sal, a tia contou a Maomei que ela era adotada. Seu irmão mais velho a importunava por causa disso. E também tem essa história a respeito do seu aniversário. Seu pai lhe pediu para guardar na memória que o seu nascimento tinha sido em 1936. Ele não pediu aos outros filhos para que memorizassem seus nascimentos. O pai morreu em 1944, e pouco depois a mãe disse a Maomei que lhe tinham dito o ano errado. Na verdade, disse ela, a data real de nascimento era fevereiro de 1935.

Em 5 de fevereiro de 1935, os vermelhos estavam em Huafangzi. É a mesma vila que Guo Zhangxiong e a equipe do museu acreditam ser o lugar em que He Zizhen deu à luz e o local em que Maomei passou os primeiros dez anos de sua vida, como uma criança adotada. Portanto, a época certa, o lugar certo, e adotada.

— Você acha que poderíamos ir ver sua mãe? — pergunto a Yang Tingyan.

Ela está entusiasmada.

— É claro. Nós podemos ir amanhã. Minha mãe jamais encontrou um estrangeiro antes.

— *Eu* jamais tinha encontrado um estrangeiro antes — diz Yang Tingyu.

— Deixe-me perguntar uma coisa — fala Andy. — O que vocês acham? Vocês acreditam que a sua mãe é filha do Camarada Mao?

As mulheres levantam os ombros.

— Não sei dizer — responde Yang Tingyan.

A filha de 12 anos de Yang, Qisu, está atrás de nós. Ela acompanhou a conversa toda.

— Sim — sussurra ela.

Até pelos padrões da Longa Marcha, a vila miao de Tianchi parece remota. Estamos tão no alto das montanhas, e é tão íngreme, que a vista para o vale se assemelha à da janela de um avião. Nos anos 1950, uma equipe de Pequim veio até Zhaxi procurar pela filha de Mao. Em suas pesquisas, Tao Yunxian viu o relatório produzido, razão pela qual passou a acreditar que a menina foi dada a uma família miao. Mas, nos anos 1950, os pesquisadores não poderiam ter encontrado Maomei na região, porque ela e sua família não estavam mais ali. Eles tinham se mudado após a morte do pai, Xiong Zhikui, em 1944. Em 1947, dois anos antes de os comunistas vencerem a guerra civil, Maomei foi dada à família Yang em Tianchi, para ser a segunda esposa de seu filho, Yang Hongming. Ela tinha 12 anos e recebeu a tarefa de cuidar das cabras. Até hoje, não sabe escrever seu nome.

O nome próprio de Maomei é Xiong Huazhi (as mulheres chinesas mantêm o nome de solteira após o casamento). Ela nos recebe no portão de casa, uma típica residência miao de madeira escura, com somente um andar e duas alas saindo da varanda central. Sua pele é pálida e rigidamente agarrada aos ossos do rosto, que parece mais velho que os seus 68 anos. Embora tenha acabado de sair do hospital, ela caminha sem auxílio. Ela nos conduz até uma sala na frente da casa, na ala direita, e senta-se em uma poltrona com estofamento roxo, perto do fogão preto. Na parede atrás dela, há um pôster dos "Dez Marechais da República Popular da China" montados a cavalo, um relevo metálico do Camarada Mao da época da Revolução Cultural e uma foto da estrela de TV Zhao Wei, como a princesa Huanzhu em um dos programas de maior sucesso na China nos últimos anos. Xiong sorri e acena para sentarmos nos bancos ao redor do fogão. Perguntamos sobre sua saúde e ela diz "nada boa".

Yang Tingyu senta-se à direita da mãe.

— Depois que ouviu [a teoria sobre o parentesco], minha mãe foi direto para o hospital — diz.

Não pela primeira vez, eu me pergunto por que as filhas pensaram que seria uma boa idéia contar à mãe que suspeitavam que ela poderia ser a filha do mais importante e poderoso chinês do século XX, talvez de todos os tempos. Mas imagino que este não seja o lugar nem a hora certa para fazer a pergunta.

Há bolinhos de arroz grudento esquentando sobre o fogão. A segunda filha de Xiong, Yang Tinghua, 34 anos, serve chá a todos, e Xiong nos encoraja a comer os petiscos quentes. Nós mal podemos compreender sua fala, então Yang Tingyan, sentada diante da mãe, traduz para o mandarim.

— Eles são uma tradição miao do Festival da Primavera — diz ela.
— O festival termina quando todos eles forem comidos.

Xiong conta o pouco que sabe do *background* de sua família: como sua mãe a levou para Sichuan depois que o pai morreu, retornando a Tianchi em 1947, e como ficou sabendo da real época de seu nascimento.

— Sua mãe alguma vez explicou por que disseram a data errada a você? — pergunto.

— Não.

— Você nunca perguntou?

— Não.

— Você acha que você é a filha de Mao?

Xiong responde sem hesitação, como se tivesse pensado sobre isso muitas vezes:

— Não quero fingir algo que não sou. Eu só quero os fatos. — Ela aponta para seu pulso. — Deveria ser simples fazer um teste de sangue, não?

Xiong Minghu (o marido de Yang Tingyan) já nos contou como tentou levar o caso da sogra até o governo local. Ele pediu para que encontrassem um modo de fazer um teste de DNA que estabelecesse a verdade e deixasse a sogra com a mente em paz. Para tanto, seria necessária a concordância da única filha conhecida de Mao Tsé-tung e He Zizhen que ainda está viva — Li Min, nascida em Bao'an em 1936. Li vive em Pequim, é deputada no Congresso Popular Nacional e pode ser a irmã mais moça de Maomei. A única resposta que a família recebeu é que a questão foi "repassada a um nível mais alto" para consideração.

— Eu pergunto todos os dias se há uma resposta — diz Xiong Minghu.

— E todos os dias minha sogra me pergunta se há alguma novidade.

Sua voz se eleva:

— Eles dizem que estamos falando bobagem e que não temos nenhuma evidência. Mas ninguém vem até a nossa casa para investigar. Eu perguntei ao governo se poderia convidar estrangeiros para virem aqui. O governo disse: "Não ouse fazer isso." Não estamos fazendo isso por nós ou por outros. É para a geração mais velha. Se não tivesse havido a revolução, nenhuma criança jamais teria sido perdida desse jeito.

Instigado por Andy, pergunto:

— Você acha que o problema é porque vocês são camponeses pobres, ao passo que a família de Mao é rica e poderosa?

Yang Tingyu diz — baixinho — "obrigada" e então gradualmente perde o controle de suas emoções enquanto descreve os esforços diários de Xiong Minghu em prol de sua mãe, como todos eles tentaram encontrar uma resposta, mas que ninguém os ajuda. A mãe a conforta com um lenço de papel. Jamais havia visto a humilhação dos que não têm poder exposta tão cruamente.

Quando partimos, Xiong Huazhi nos presenteia com uma jaqueta bordada, uma das que fez para ocasiões especiais quando era jovem. É uma obra maravilhosa e tentamos recusar a oferenda.

— Aceitem — insiste ela.

Por fim, pego, mas com uma condição:

— Vamos trazê-la de volta quando você descobrir quem você é.

Xiong sorri e aceita a promessa.

Não temos ilusões quanto ao motivo de terem nos contado essa história. A família de Xiong Huazhi não tem nenhuma *guanxi*, como os chineses chamam a rede de conexões pessoais tão crucial num país tão burocratizado. Ninguém lhes dará ouvidos fora do Condado de Weixin. Eles obviamente esperam que divulguemos as dificuldades enfrentadas por Xiong e que alguém nos dê ouvidos — alguém importante o suficiente para poder ajudá-los. Estamos sendo usados, mas agora que ouvi a história inteira, não acredito mais que seja apenas uma piada. O pessoal do museu tinha a corroboração imparcial de testemunhas locais de que o Exército Vermelho deixou uma criança em Huafangzi em fevereiro de 1935. He Zizhen foi a única mulher do Exército Vermelho a ter um filho por volta dessa época. Zheng Mingquan, que vivia a poucas centenas de metros da casa de Xiong Huazhi, testemunhou que Xiong era uma criança adotada e vivia em Huafangzi a partir de pelo menos 1936. Uma tia idosa de Xiong Huazhi confirmou que Xiong era adotada. Se Xiong está inventando a história da data de seu nascimento, então é uma atriz magnífica.

Se a equipe de pesquisadores de Pequim tivesse encontrado Xiong Huazhi nos anos 1950, eles certamente a teriam estudado com atenção. Por mais improvável que pareça, após todos esses anos, acredito que ela possa ser a filha desaparecida de Mao. Seria bastante fácil comprovar isso, é claro, mas como uma família de camponeses da minoria miao pode convencer Li Min, deputada do Congresso Popular Nacional e a filha mais velha do Camarada Mao de que se tem conhecimento, a concordar com um exame de sangue que pode fazê-la ter de chamar uma camponesa analfabeta de "irmã mais velha"?

Acredito em Xiong Huazhi quando ela diz que tudo o que deseja é saber a verdade — se é ou não a filha de Mao. Ela está velha e doente e sente que não tem mais muito tempo pela frente. Suas filhas são uma outra questão. Apesar de todas as afirmações de que só querem ajudar a mãe, elas não podem ignorar as implicações decorrentes caso se provasse que são descendentes de Mao. O prestígio do nome Mao pode valer muito — no mínimo, como atração turística. Os funcionários do museu certamente vêem dessa maneira. Caso se comprove que Maomei realmente é filha de Mao, diz nossa guia Luo Hongfen: "Esperamos que jornalistas de todo o mundo venham para Zhaxi. Zhaxi será famosa."

Mas cinismo e interesses não alteram os fatos. Sejam quais forem os acertos e os erros da situação, sejam quais forem os motivos que as autoridades e a família Mao possam ter para ignorar os pedidos de Xiong Minghu, Andy e eu saímos de Weixin obcecados com uma pergunta: o que poderíamos fazer para persuadir Li Min a fazer o exame de sangue?

Dois dias após o nascimento de seu sétimo filho, em 7 de fevereiro de 1935, Mao e a liderança do Exército Vermelho continuaram os encontros de Zhaxi na vila de Dahetan. Eles discutiram a derrota perto de Tucheng, a retirada através do rio Chishui e a necessidade de um novo plano de ação. O plano de Mao de ir para o norte, cruzando o Yangtze, tinha falhado. Como resultado, o Exército Vermelho foi perseguido até um canto remoto e miserável habitado pelas minorias miao e yi e pelos hans. Era difícil para os soldados conseguir comida. Chiang Kai-shek estava mobilizando forças para cercá-los. As perspectivas continuavam tão sombrias quanto quase quatro meses antes, quando deixaram a República Soviética.

A reunião em Dahetan definiu uma mudança de curso radical. O plano de atravessar o Yangtze foi cancelado. Decidiu-se estabelecer uma base na região da fronteira Yunnan-Sichuan-Guizhou e tentar expandir essa área para o leste através do norte de Guizhou. Portanto, o Exército Vermelho iria dar meia-volta e abrir caminho à força novamente até Zunyi.

O mesmo encontro também aprovou o resumo de Zhang Wentian dos debates no Encontro de Zunyi, que na verdade era um resumo do discurso de Mao em Zunyi. Esse documento entraria para a história como a Resolução de Zunyi, a Peça de Exibição nº 1 na história maoísta da Longa Marcha. Segundo essa versão oficial, a Resolução de Zunyi recoloca Mao no comando, corrige os erros estratégicos de Bo Gu e Otto Braun e permite que o gênio de Mao conduza o Exército Vermelho à glória. Isso explica a crença da guia do museu de que as reuniões no seu condado merecem maior atenção: a Resolução de Zunyi na realidade foi aprovada não em Zunyi, mas em Dahetan, e foi escrita por Zhang Wentian, que substituiu Bo Gu como chefe do partido não em Zunyi, mas em Huafangzi, onde a filha de Mao nasceu no mesmo dia.

Otto Braun viu esse período como "perambulação exaustiva e infrutífera".[8] Ele achava que o retorno a leste, a partir de Zhaxi, fora ditado pelas circunstâncias e, basicamente, não planejado. Mas depois que as críticas caíram sobre si durante o Encontro de Zunyi, Braun ou foi marginalizado ou decidiu boicotar as discussões da liderança. Os registros das reuniões de Zhaxi mostram que a estratégia não foi totalmente definida de forma improvisada. No próprio encontro final em Zhaxi, em 10 de fevereiro, ficou confirmado que todas as unidades se moveriam para o leste, cruzando o rio Chishui pela segunda vez e retomando Zunyi.[9] Previu-se uma grande batalha.[10] Pouco depois de duas semanas mais tarde, esse plano se concretizaria integralmente.

Em 20 de fevereiro, Andy e eu saímos de Weinxi, passando por um *outdoor* que afirma, em inglês: "Bem-vindo à nossa cidade geralmente." Andy mal consegue sorrir. Ele pegou uma tosse logo após chegarmos a Weixin, quatro dias atrás, e, apesar de inicialmente minimizá-la como um incômodo temporário, sua saúde continuou a piorar. Agora, à noite, ele tosse tanto que nenhum de nós consegue dormir. Ligo para um médico em Pequim, que dá um palpite sobre bronquite. Andy toma os remédios receitados, mas eles não produzem efeito. Seu apetite desaparece e sua força começa a definhar. Ao final de cada dia, tudo o que ele quer fazer é ir para a cama. Vejo-o enfraquecendo ainda mais por estar comendo tão pouco. Andy não tem mais energia para dividir a organização e o trabalho de lidar com as questões diárias envolvendo rotas, acomodações e suprimentos, quanto mais para dar tempo e atenção às muitas pessoas que querem conversar conosco. Eu geralmente sou uma pessoa fácil, mas meu temperamento começa a se desgastar com a pressão de ter de organizar tudo, estabelecer amizades e cuidar de Andy ao mesmo tempo.

A cada dia, repito para mim mesmo que serei mais paciente, não explodirei, mas basta um grito engraçadinho de "o-iiiiiii!" de um motoqueiro, e lá vou eu de novo, gritando com camponeses como um Otto Braun da TV, tratando mal lojistas por causa de seus preços, sendo agressivo com garçonetes por colocarem presunto no tofu frito de Andy. Comemoro o meu 35º aniversário no *zhen* de Taiping gritando com um policial humilde que imprudentemente nos acordou para checar nossos documentos. Seis dias mais tarde, Jia Ji encontra-nos de novo em Zunyi e me batiza de "Rei da Discussão". Não é um elogio.

Após deixar Zhaxi em 11 de fevereiro, o Exército Vermelho marchou em torno de 350 quilômetros de volta até Zunyi, que tomou pela segunda vez após derrotar forças provinciais ao norte da cidade em 27 de fevereiro. Os vermelhos capturaram 2 mil prisioneiros e mil fuzis, conseguindo a primeira grande vitória desde o início da marcha.[11] Mas, ao contrário da vez anterior, quando entraram em Zunyi em grande estilo um mês antes, sendo recebidos por multidões curiosas e amistosas e faixas com slogans penduradas por unidades avançadas de propaganda, agora eles encontraram uma cidade desolada. Otto Braun escreveu: "Lojas e armazéns estavam vazios; as casas dos ricos comerciantes e proprietários de terras, incluindo a residência de verão do governador, foram pilhadas e estavam com tapumes ou semidestruídas. Aqui e ali, as paredes das casas exibiam pedaços de pôsteres e slogans vandalizados dos nossos trabalhadores políticos. Esses eram os únicos sinais da sovietização que fora iniciada de forma tão ambiciosa no começo do ano."[12] Ainda assim, a confiança estava em alta após finalmente terem vencido uma batalha, e os vermelhos prepararam-se para dar início à construção da nova base.

Andy gastou todas as suas forças para chegar a Zunyi, onde espera que alguns confortos modernos o ajudem a acabar com a doença misteriosa. Infelizmente, enquanto convalesce na cama, não há nada para ver na TV além do Congresso Popular Nacional, no qual a "Terceira Geração" da liderança do Estado chinês — principalmente Jiang Zemin, Li Peng e Zhu Rongji — se afastará para dar lugar a novos rostos e fazer de Hu Jintao presidente e secretário do partido.

Matamos o tempo assistindo aos líderes da nação desfilarem em Pequim. É um evento único. Não consigo imaginar outro exemplo de um país comunista mudando sua liderança dessa maneira. Tradicionalmente, líderes comunistas ou morrem em seus postos ou são substituídos em um golpe palaciano. Mas, durante o período de Jiang Zemin como secretário-geral do partido, os principais postos do Partido Comunista tornaram-se sinônimo das posições mais elevadas do Estado. Antes, a presidência do Estado era um cargo de prestígio, mas não especialmente poderoso, dado aos mais antigos do partido como uma espécie de prêmio pelos longos serviços. Porém, depois que Jiang assumiu tanto a presidência como a chefia do partido, a presidência começou a ganhar um peso maior em termos de percepção pública. À medida que o status global da China crescia nos anos 1990, Jiang encontrava-se, por exemplo, com Bill Clinton em seu papel de presidente da China, e não de líder do partido. O governo Jiang queria que a China parecesse mais moderna, e uma parte de parecer moderno significava ter instituições do Estado e líderes que se assemelhassem a seus pares ocidentais.

Essa foi uma das inovações mais notáveis de Jiang. Ele estabeleceu para si, e para outros líderes, mandatos fixos como servidores do Estado, e ao fazer isso criou a pressão para mudança em toda a hierarquia do Partido Comunista. Divorciar a presidência da liderança do partido depois de tantos anos diminuiria a presidência numa época em que esta ficara mais globalmente importante do que nunca. Quando o mandato de Jiang como presidente se aproximou do fim, ele não teve escolha a não ser também abrir mão da liderança do partido. Pela mesma lógica, os demais camaradas líderes também tiveram que abrir caminho para o sangue novo.

Assistimos a nove homens em ternos idênticos emergirem em uma entrevista coletiva, complementada com tradutores para o inglês. Examinamos seus óculos cuidadosamente. Sim, definitivamente menores que os de Li Peng ou Jiang Zemin. O congresso é um triunfo de modernização.

Entre sessões do Congresso Popular Nacional, decidimos que, como não conhecemos ninguém especialmente importante, a melhor maneira de descobrir a verdade a respeito de Maomei é contar ao máximo possível de pessoas sobre ela. Uma abordagem de metralhadora, imaginamos, pode acertar em ao menos um alvo valioso. Assim, escrevemos a história de Maomei e a enviamos por e-mail, junto com o número de telefone de Xiong Minghu, para todos os jornalistas de mídia impressa e eletrônica da agenda de Jia Ji.

Apenas um deles se interessa. Uma pequena matéria, feita por um bom amigo nosso, Bill Smith, da Agência de Imprensa Alemã, DPA, aparece no pé de uma página sobre o Congresso Popular Nacional no diário de Hong Kong *South China Morning Post*. A imprensa chinesa continental mantém-se em completo silêncio — com a exceção de nosso amigo Hector Mackenzie, que escreve da redação do jornal em inglês *China Daily*, em Pequim:

— Eu quase cuspi o café que estava tomando quando li a história de vocês — diz Hector. — Eu a mostrei para o meu editor e disse: "Você não acha que é uma boa história?" Ele disse: "É, é uma história *bastante* interessante."

— Então vai ser publicada? — perguntei.

— Hahahaha — disse ele, e mudou o assunto.

Eu não deveria ficar surpreso. No meu último emprego, em uma revista chamada *China Internacional Business*, um de meus colegas tinha um gosto especial por escrever textos com citações do Camarada Mao. Essas referências eram invariavelmente cortadas pelo censor. Mao ainda é uma figura perigosa e polêmica. As autoridades ficam contentes em explorá-lo como um ícone, o higienizado "Grande Timoneiro" que liderou o partido à vitória e libertou a China. Elas têm um entusiasmo menor quando se trata de expor as pessoas ao radicalismo extremado de seus pensamentos e ações.

Mao não apenas advogava a violência, ele parecia desejá-la. Ele comparou-se ao primeiro imperador da China, Qin Shihuang, um exemplo perfeito de crueldade e extremismo. Qin executou centenas de acadêmicos confucianos e mandou queimar todos os livros anteriores ao seu reinado (com a exceção de textos médicos). "Vocês nos acusam de agir como Qin Shihuang", disse Mao certa vez a um grupo de intelectuais liberais. "Vocês estão errados. Nós o ultrapassamos uma centena de vezes. Quando vocês nos criticam por imitar o seu despotismo, concordamos com alegria!"[13]

Os líderes que hoje promovem o "socialismo com características chinesas" — que permitiram a filiação de ricos empresários privados ao partido e venderam estatais a companhias japonesas — não ligam que camponeses pendurem o retrato de Mao em suas salas, mas não querem os camponeses repetindo suas palavras. "Se a geração de nossos filhos promover um revisionismo", disse Mao ao Comitê Central em 1962, "de forma que embora ainda tenham nominalmente socialismo, mas que de fato seja capitalismo, então nossos netos certamente se erguerão em revolta e derrubarão seus pais."[14]

Fica evidente que a sensibilidade em relação a Mao abarca até mesmo histórias de filhas heroicamente nascidas e tragicamente abandonadas ao longo da Longa Marcha. Ninguém, exceto Hector, responde a nossos e-mails. Ninguém telefona para Xiong Minghu. No que diz respeito à imprensa, Maomei já morreu.

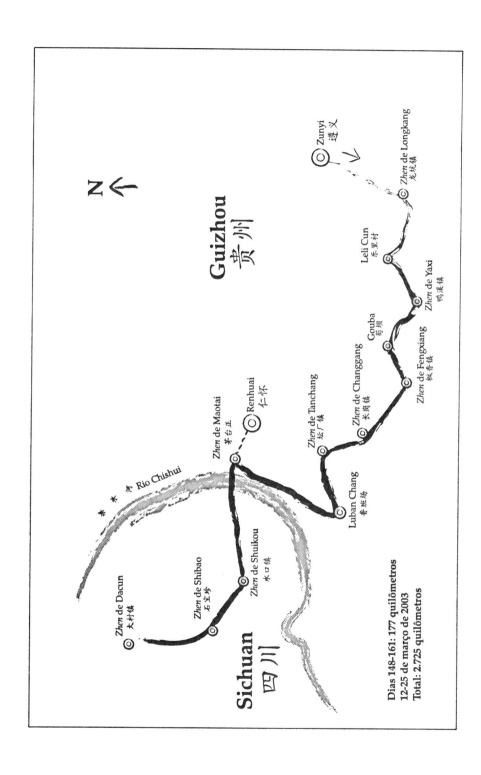

Capítulo 7

As Quatro Travessias do Chishui

Embora os campos do Condado de Zunyi estejam tomados pelas flores amarelas de colzas, o ar está frio e úmido com a garoa. A umidade parece ter invadido os pulmões de Andy. Ele tosse 24 horas por dia. Já está afetando seu estômago — na maioria dos dias, ele acorda com dores na barriga e seu apetite nunca esteve tão reduzido. Mesmo após dez dias de repouso em Zunyi, ele mal tem forças para caminhar sequer nas estradas planas que levam à terceira travessia do rio Chishui. Jia Ji junta-se a nós para ajudar durante alguns dias, mas tem uma queda feia no barro do *zhen* de Yaxi e machuca o joelho. Nossa Longa Marcha cambaleia por vilas repletas de fileiras com folhas amareladas de repolho. Quando estiverem secos, eles serão salgados, embrulhados em plástico e então fechados em potes de barro para melhor conservação. Nas margens das estradas, vemos marcos de pedras com rostos esculpidos e cobertos com panos vermelhos. Os camponeses os colocam para afastar fantasmas. Há fantasmas por todas as partes na rota da Longa Marcha.

— O Guomindang agrupou todos os doentes e feridos que conseguiu encontrar e os executou — diz Pan Keming. — Eles foram cortados vivos e seus corpos jogados numa caverna.

Pan está sentado na beira da minha cama. São oito da manhã em Gouba, uma aldeia cerca de cinqüenta quilômetros a oeste de Zunyi, onde Andy, Jia Ji e eu fomos acolhidos pela família de um professor. Pan trabalha com nosso anfitrião na escola primária na vizinha Huameng. Ele diz que gosta de ouvir os velhos contando histórias da Longa Marcha.

— Duas semanas depois, um homem do Guomindang local foi caçar. Ele ouviu ruídos abaixo do solo e encontrou a entrada da caverna. Os ruídos pareciam humanos, mas ele gritou: "Você é um fantasma?" Por fim, ele se convenceu de que se tratava de um homem e foi para casa pegar uma corda. Ele tirou dois sobreviventes, à beira da morte por causa dos ferimentos e da fome. Um deles morreu quando o estômago se rompeu após comer, mas o outro se recuperou e voltou para Jiangxi. Ninguém sabe o que aconteceu com ele.

Pan pega um cigarro. Peço a ele que não fume. Eu agüento um desjejum na cama com sangue e tripas, mas não se for empurrado para baixo com um pulmão cheio de fumaça de tabaco barato.

— Por que um homem do Guomindang iria salvá-los? — indago.

— Não é tão raro. Um dos meus colegas de trabalho, Zhang Chuan, na verdade, ele já se aposentou, é filho de um marchador chamado Zhang Jiacai. Ele era só um menino na época e perdeu-se da sua unidade cerca de vinte quilômetros a noroeste de Gouba. Ele foi levado pelo chefe do governo de Ganxi do Guomindang, Mu Zhiqing, que o escondeu numa caverna por duas semanas. Soldados do Guomindang vieram procurar por sobreviventes, mas Mu disse não saber nada a respeito de nenhum membro do Exército Vermelho deixado para trás. Depois que eles partiram, Mu levou o menino para sua casa e deu-lhe trabalho, cuidando das vacas e cabras. Após a Libertação, ele até mesmo ajudou Zhang a encontrar uma esposa em Huameng. Por ser um líder guomindang, Mu corria perigo após a Libertação, mas, como era conhecido como um "salvador do Exército Vermelho", ele escapou. A sua família ainda está em Ganxi.

É bom poder fugir dos estereótipos por um momento. Eles nos perseguiram por todo o caminho. Histórias e museus da Longa Marcha exibem heróis vermelhos estereotipados combatendo vilões guomindang estereotipados em uma batalha na qual um lado sempre está certo e o outro, sempre errado. As pessoas nos vêem como estrangeiros estereotipados e manifestam surpresa ao ver que sabemos falar chinês, usar hashi e comer alimentos apimentados. Meu temperamento explosivo também choca, já que os ingleses supostamente têm boas maneiras. Mas, numa noite no *zhen* de Changgang, descobrimos uma nova e desagradável manifestação em relação ao estrangeiro típico.

Uma dupla de autoridades turísticas da cidade vizinha de Renhuai nos recebe na estrada, acompanhada por uma equipe da TV Renhuai. Eles nos conduzem até o local da Longa Marcha, que consiste em um pequeno quarto onde Mao escapou por pouco de uma bomba do Guomindang (o buraco aberto na parede ainda está lá). Um homem de meia-idade e uma idosa vivem nesse quarto agora. Eles se comprimem num canto, para abrir espaço para nós e a equipe de TV, que começa o interrogatório com as habituais perguntas sobre o "espírito da Longa Marcha", mas acrescenta uma totalmente nova:

— O que vocês acham do fato de o seu país e os EUA estarem prestes a atacar o Iraque?

Realmente estávamos pensando bastante nisso nos últimos dias, mas certamente não esperávamos ser questionados na televisão chinesa. Não consigo imaginar por que alguém ligaria para o que temos a dizer sobre questões internacionais, mas certamente não há nenhum outro representante dos "Aliados" na TV Renhui nesta semana.

Andy improvisa:

— Vamos deixar uma coisa clara. Neste assunto, nós não representamos nosso país e nosso país não nos representa. Não queremos que ninguém na China pense que, só porque uma pessoa é inglesa, ou americana, ela naturalmente apóia a guerra no Iraque.

Não sei se esse apelo chegou a ser transmitido. Não importa, não faz diferença. Por onde quer que andemos agora, ouço murmúrios enquanto passamos: "*Laowai... da yi la ke*" ("Estrangeiros... atacando o Iraque".) Lembro-me de um alemão que uma vez encontrei em um bar de Pequim. Ele me contou como era desanimador que, não importava aonde fosse, não conseguisse escapar da história de seu país. Ele havia pensado que, em um lugar distante como a China, poderia ter um descanso. Pouco após sua chegada, contudo, ele entrou em um táxi e o motorista lhe perguntou de onde era.

— Alemanha — ele respondeu.

— Ah — disse o taxista. — Heil, Hitler!

Os camponeses são unânimes. Não à guerra, eles dizem. Nós queremos paz e desenvolvimento. A China é um país pacífico.

Este canto particular da China é também o território das bebidas alcoólicas. A economia é movida pelas destilarias que margeiam o rio Chishui, produzindo numerosas versões da bebida chinesa conhecida como *bai jiu*, literalmente, "álcool branco". Andy e eu vamos na direção da mais famosa delas, Moutai, servida em banquetes de Estado e vendida por todo o mundo. Uma garrafa vermelha e branca gigante de Moutai repousa orgulhosamente no topo de uma colina acima da rodovia que leva à cidade em que é fabricada (embora a bebida preserve a antiga grafia, o nome da cidade agora é escrito em inglês como Maotai). Perto dali, encontramos uma mulher de meia-idade que trabalha na escola de elite que tem como alunos os filhos dos dirigentes da companhia Moutai. Ela diz que estudar ali custa 4 mil iuanes anuais e que a escola tem a sua própria frota de três ônibus. Neste momento, estamos olhando para um camponês lavrando o campo com uma vaca marrom e um arado de madeira.

— Quanto ele consegue fazer por ano? — pergunta Andy.

— Provavelmente cerca de mil iuanes (US$ 120,00) — diz a funcionária da escola. — Os camponeses nesta região são muito pobres. Mas o custo de vida em Maotai é muito alto, bem maior que em Zunyi ou Guiyang.

Sempre que estamos numa estrada, calculamos o nível de desenvolvimento pelo volume do tráfego, especialmente pela freqüência dos ônibus e táxis. Por esse parâmetro, Maotai e a cidade vizinha de Renhuai não se encaixam em qualquer escala prévia. Este deve ser o lugar mais rico de toda a rota da Longa Marcha, e ainda assim os camponeses têm arados de madeira e devem pagar 120 iuanes, mais de dez por cento de sua renda anual, para mandar um filho para a escola primária comum.

Viramos à esquerda na Grande Garrafa, ao longo de um empoeirado atalho através da montanha. Enquanto descansamos no topo, depois de uma escalada de meia hora, uma mulher de meia-idade chamada Jiang Ming pára ao nosso lado.

— Vocês estão fazendo a Longa Marcha, não estão? — pergunta ela.

— Como você sabe? — rebato.

— Eu vi vocês no noticiário local ontem à noite. Vocês estão caminhando até Maotai? Eu também estou indo para lá. Posso ir com vocês?

Jiang adora conversar e fala em um tom animado tanto sobre as dificuldades como sobre os tempos felizes. Ela descreve as flores locais, os vegetais, o custo de vida e a sua vida difícil como divorciada e mãe de dois meninos. Nos últimos dois anos e meio, ela trabalhou na região como doméstica, ganhando 500 iuanes por mês.

— Não tenho muitas opções de trabalho na minha idade — diz Jiang.

— Se você só está trabalhando aqui há dois anos e meio, o que você fazia antes? — pergunto.

— Eu era uma funcionária de planejamento de natalidade — conta ela.

Nossas conversas no campo variam pouco. Elas giram ao redor de temas-chave, todos eles diretamente relacionados à vida diária dos camponeses. Nada invade mais a vida pessoal deles do que a *jihua shengyu*, a "natalidade planejada". Mesmo assim, cada camponês tem uma versão diferente de como ela funciona. Acho isso bastante intrigante.

— Diga-me, então — pergunto a Jiang. — Quais eram realmente as regras na sua região? Quantos filhos as pessoas podiam ter?

— Funcionários públicos podiam ter um filho. Era mais flexível para camponeses, mas a meta ainda era um filho. Mas eles podiam ter dois sem serem punidos.

— Como as pessoas eram punidas se quebravam as regras?

— Os funcionários públicos perdiam o emprego. Mas era mais difícil com os camponeses. Nós os multávamos em 3 mil iuanes por filho extra.

— É bastante dinheiro. O que vocês faziam se eles não podiam pagar?

— Nós demolíamos um quarto da casa deles para cada filho extra. Mas nem sempre era fácil pegar as mulheres que quebravam as regras. Muitas que ficavam ilegalmente grávidas iam para outras vilas para dar à luz.

— O que vocês faziam se as pegavam?

— Nós as levávamos para o hospital e as obrigávamos a fazer um aborto.

— Você não acha que isso é ir um pouco longe demais?

A atitude de Jiang é cem por cento à prova de autoquestionamento:

— O que se pode fazer? — sorri ela.

Nunca permita que se diga que propaganda não funciona. Durante os primeiros trinta anos do regime comunista, a política populacional foi inconsistente. Uma campanha de controle de natalidade foi instituída no início dos anos 1960, mas foi abandonada após a deflagração da Revolução Cultural; em 1971, foi lançada uma nova campanha, que recomendava um máximo de duas crianças para cidadãos urbanos e três para camponeses, mas ela não foi acompanhada por medidas coercivas. Desde o advento da política de "natalidade planejada", em 1979, todavia, a incessante mensagem do governo de que a "China tem muita gente" promoveu uma lavagem cerebral que fez com que até as pessoas que receberam educação fechassem a mente para políticas populacionais alternativas — isto é, a menos que elas estivessem pensando em si mesmas.

— Você tem dois meninos — digo. — Como isso aconteceu?

— Eu era uma autoridade — afirma Jiang. — Foi uma decisão minha.

Jiang e seus colegas não eram obrigados a aplicar a política do modo como fizeram. Em muitos outros lugares na rota da Longa Marcha, camponeses descreveram um regime relativamente tolerante de natalidade controlada e raramente expressaram ressentimentos. Mas o sistema chinês faz com que as autoridades sejam responsáveis somente com aquele acima delas. Os que estão embaixo apenas podem esperar que seus líderes sejam pessoas decentes.

Quatro dedos vermelhos nos saúdam da margem do outro lado do rio, bem acima da moderna ponte que leva o tráfego para oeste, a poucos metros do ponto em que os vermelhos fizeram a travessia em barcos. Numa queda íngreme a partir da margem leste do rio, fica o *zhen* de Maotai. A rodovia serpenteia para baixo até o rio em múltiplas curvas fechadas, passando pela própria destilaria e por várias concorrentes menores. O *zhen* é enorme, do tamanho de uma pequena cidade-condado, e não conseguimos encontrar uma única trilha para cortar caminho na estrada.

AS QUATRO TRAVESSIAS DO CHISHUI

Parece que Andy e eu não estamos indo a parte alguma há mais de dois meses, desde que chegamos pela primeira vez a Zunyi, em 10 de janeiro. Caminhamos num círculo de 740 quilômetros que nos levou de volta a Zunyi em 1º de março. Hoje, estamos exatamente dentro do cronograma, tendo chegado a Maotai em 16 de março, a mesma data da vanguarda vermelha, mas continuamos apenas cerca de cem quilômetros a oeste de Zunyi e nos vemos olhando para o rio Chishui pela terceira vez.

A primeira fase dos planos estabelecidos em Zhaxi teve êxito quando o Exército Vermelho recapturou Zunyi. A fase dois, o projeto para uma nova base no norte de Guizhou, deu errado quase que imediatamente.

Uma edição do jornal dos comunistas *Estrela Vermelha* em Zunyi anunciou que a última vitória forneceu uma base na qual eles poderiam criar o "Distrito Soviético do Norte de Guizhou" e, então, em cooperação com o 4º, o 2º e o 6º Exércitos, deixar toda Guizhou vermelha.[1] Encorajados pelo sucesso em Zunyi, os vermelhos decidiram que tentariam consolidar o controle do noroeste de Guizhou atacando o inimigo. Eles resolveram travar um combate em Luban Chang, oitenta quilômetros a oeste de Zunyi, em 15 de março.

Assim como em Tucheng, no final de janeiro, os vermelhos escolheram a luta errada. Eles sofreram uma pesada derrota — o cemitério memorial em Luban Chang registra 489 mortos — e recuaram para Maotai, no norte, onde imediatamente cruzaram o Chishui pela terceira vez. Eles encontraram uma situação igualmente desfavorável no outro lado, onde forças de Sichuan mais uma vez bloqueavam a rota para o norte. Cinco dias mais tarde, o Exército Vermelho deu meia-volta e realizou a quarta e última travessia do Chishui — os quatro dedos ao lado do rio em Maotai pertencem ao memorial da Longa Marcha, simbolizando as quatro travessias.

As "Quatro Travessias do Chishui" são uma lenda agora. A frase é rotineiramente evocada para lustrar a reputação de Mao como um grande estrategista e mestre em táticas militares. O poeta militar Xiao Hua, que fez a marcha como um soldado de vinte anos, escreveu um épico no qual se refere a Mao "fazendo mágica com decisões militares" durante esta parte da Longa Marcha. O próprio Mao, tempos depois, referiu-se com orgulho à sua liderança na época de Chishui. Mas mesmo que aceitemos que Mao foi o único responsável pela estratégia no período, as Quatro Travessias só parecem mágicas de uma perspectiva considerável.

Quando os vermelhos deixaram Zunyi pela primeira vez, a meta era cruzar o Chishui, depois o Yangtze, e finalmente se unir com o 4º Front do Exército. Quatro travessias do Chishui depois, os vermelhos por fim encontraram um caminho através do Yangtze e juntaram-se aos camaradas do norte. Vista de uma perspectiva ampla, portanto, pode-se dizer que esta foi uma campanha com cem por cento de sucesso.

De perto, é uma outra história. As "Quatro Travessias do Chishui" de forma alguma constituem uma peça coerente de estratégia. A primeira travessia foi ditada pela derrota em uma batalha iniciada pelos próprios vermelhos. Em vez de ir para o norte, eles fogem para o oeste, cancelam o plano de atravessar o Yangtze e inventam um novo esquema de desenvolvimento de uma base em Guizhou. A segunda travessia do Chishui faz parte desse segundo plano — que também fracassa. A terceira travessia é determinada por mais uma derrota, novamente em uma batalha que os próprios vermelhos decidiram iniciar. Após a quarta travessia, eles fazem um movimento de surpresa para o sul que é tão bem-sucedido que Chiang Kai-shek acaba encurralado em Guiyang, tendo que se preocupar com a sua própria fuga enquanto os vermelhos cercam a cidade. Mas as evidências sugerem que a iniciativa para essa manobra não veio de Mao, mas de Peng Dehuai e Yang Shangkun, comandantes do 3º Grupo do Exército.[2] As "Quatro Travessias do Chishui" são um belo truque: os fracassos embalados juntos com os êxitos e apresentados como um pacote perfeito de propaganda.

No livro *Mao: A história desconhecida*, Jung Chang e Jon Halliday argumentam que as Quatro Travessias foram parte de um esforço deliberado por parte de Mao para evitar ir para o norte, já que estava receoso de se unir com o mais poderoso 4º Front do Exército e ficar à sombra de seu líder, Zhang Guotao. Os autores dizem que Chiang Kai-shek deixou a rota através do Yangtze aberta e basicamente fez um convite para que os vermelhos o atravessassem. Acredito que isso é uma fantasia. Não apenas não há evidências concretas de que Chiang fez isso — sendo que há abundantes provas do contrário — como a teoria, dentro da melhor tradição maoísta, também assume que Mao tinha controle total sobre o processo de tomada de decisões e estava inteiramente informado sobre a força, os movimentos e as intenções das tropas inimigas. Não tenho conhecimento de nenhuma evidência de que Mao, ou qualquer outro comandante vermelho, acreditasse que o caminho para o norte estava aberto ou de que a inteligência vermelha tivesse sugerido isso.

A primeira coisa que se nota sobre Maotai é o cheiro. O fedor de polpa fermentada é sufocante; um enjoativo odor doce que gruda na pele e nas roupas. Sessenta e oito anos atrás, os soldados eram proibidos de entrar nas lojas de bebidas alcoólicas, mas a tentação era mais forte que a disciplina do Exército Vermelho.[3] "Nós éramos apenas crianças, e bebemos a Moutai semifermentada porque era doce. Ficamos bêbados", relembrou o general Zeng na entrevista em Pequim.

De dia, a cidade não é tão excitante quanto parece à primeira vista. É como um *zhen* comum e pequeno enormemente inflado, mas desprovido dos requintes em termos de lojas, restaurantes e serviços que se podem encontrar em uma cidade-condado. Mas, à noite, a extremidade sul do bulevar na margem do rio fica cheia de vida com excitantes barracas de comida que permanecem abertas até depois da meia-noite, algo que eu ainda não tinha visto fora das cidades-condados. As energias de Andy mais uma vez desapareceram, de modo que decidimos ficar mais um dia na civilização antes de tomar o rumo oeste e voltar para Sichuan.

Não é uma decisão fácil. Estou ansioso para cruzar a fronteira. Andy definitivamente precisa de descanso e cuidados, mas estou com medo de que as autoridades daqui possam matá-lo com tanta bondade. De todos os choques culturais que Andy e eu experimentamos durante a marcha, nossos sentimentos sobre recebermos "boas-vindas" e sermos "ajudados" talvez sejam os mais difíceis de explicar aos anfitriões.

Os líderes de Renhuai e Maotai fazem tudo o que podem para nós. A partir do *zhen* de Changgang, somos recebidos e ajudados a cada passo do caminho. Na estrada para Luban Chang, somos recebidos pelos prefeitos de Renhuai e de Luban Chang e depois, já dentro da cidade, encontramos cerca de vinte autoridades e repórteres de jornais e TVs esperando-nos no memorial da Longa Marcha.

Ser convidado de honra é um trabalho bastante duro. Somos encaminhados a um restaurante onde o dono nos inunda com bolos, frutas e os melhores itens da cozinha. Não importa o número de vezes que expliquemos, por favor, estamos cansados e com fome, não é necessário se preocuparem tanto, só queremos algo simples e rápido para podermos ir para a cama cedo. Isso é interpretado como a recusa padrão, já que a etiqueta chinesa manda que a pessoa sempre faça uma demonstração de recusa das ofertas de generosidade. Como podemos explicar que, não, não estamos sendo polidos, *realmente* não queremos todas essas maravilhosas coisas? Não podemos.

Não importa quantas vezes nós fechemos a porta, na esperança de dois minutos de paz e silêncio, no espaço de sessenta segundos ela é mais uma vez aberta para novamente sermos servidos. Por favor, parem de nos servir tanto, imploramos, nós mesmos serviremos nossas bebidas. Sim, sim, eles dizem. Mas em um minuto estão de volta, mandados pelo dono para se assegurarem de que estão cuidando adequadamente de nós. Nossa mesa é coberta com firulas que nenhum de nós quer. Pedimos pratos simples de vegetais, mas depois de uma hora não há sinal deles. Andy desaba sobre a mesa e faz piadas desconsoladas.

— Acho que eles estão lá dentro esculpindo aviõezinhos com as batatas — diz ele.

Na verdade, as cenouras chegam primeiro — e se parecem mais com helicópteros.

Por que nós dois nos sentimos tão desconfortáveis com toda essa atenção e generosidade (o prefeito de Luban Chang também paga a conta do jantar)? Uma razão é puro cansaço. Qualquer um pode se sentir mal-humorado e insociável após um dia inteiro de caminhada. Outro motivo pode ser uma inibição natural. O que me deixa mais desconfortável é a sensação de que não posso fazer *nada* sem a intermediação de alguém. Ser tão paparicado assim é como virar criança de novo.

Nossa amiga Kath Naday vive e trabalha na China há muitos anos. Quando reclamo para ela de tanta paparicagem, ela relembra quando chegou à China pela primeira vez, para trabalhar como guia turística.

— Alguns dos meus colegas chineses eram inacreditavelmente bacanas comigo — diz ela. — Eles se desdobravam para ajudar e não me deixavam pagar nada, nem ao menos uma lata de Sprite. Isso continuou e continuou. Eles nunca deixaram de cuidar de mim, nunca deixaram de ser anfitriões. Nunca permitiram que eu simplesmente fosse um deles. Depois de meses disso, eu fiquei bem deprimida. E quando meus amigos chineses notaram que eu estava por baixo e me perguntaram o motivo, tentei explicar a eles, mas acabou soando como se eu não passasse de uma chata mal-agradecida.

Alguns problemas, todavia, têm mais a ver com características pessoais. Andy odeia, simplesmente odeia, pessoas fazendo muitos rapapés para ele. Ficar doente na China é a concretização dos seus piores pesadelos. É uma tortura também para mim. Eu não quero ser responsabilizado por um grupo de funcionários governamentais que invade o quarto de Andy, acorda-o para perguntar como está se sentindo e então o leva para um hospital contra a sua vontade. Assim, em Maotai, enquanto Andy está seguro debaixo dos cobertores, eu fico no quarto ao lado, lutando contra um bando de pessoas generosas desesperadas para levá-lo a um hospital, ou trazer médicos para vê-lo ou pelo menos fazer com que tome um gole de Moutai, que todos os habitantes da cidade dizem ser uma espécie de cura-tudo radical. Começo a explicar que não imagino como uma dose de bebida forte seja capaz de ajudar a náusea de Andy, mas então percebo que é uma perda de tempo. O que o Camarada Mao faria nessa situação?, pergunto a mim mesmo.

— Obrigado, é uma ótima idéia — digo, prometendo seguir o conselho de cada um tão logo Andy tenha um bom e longo descanso. Quando o inimigo avança, eu recuo, como diria Mao.

A primavera está retornando quando entramos na Província de Sichuan pela segunda vez. Caminhamos debaixo de céu azul e ao som do canto de pássaros. A saúde de Andy reage à mudança e estamos com bom humor quando avistamos Dacun, que fica em um canto de um vale amplo e verde, talvez a maior extensão plana que vemos desde Hunan. Paramos para fotografar o cenário e em cinco minutos forma-se uma multidão de duas ou três dúzias de crianças, vindas da escola diretamente abaixo da estrada.

Quase sempre são as meninas que se adiantam quando as crianças se juntam em grupos. Em comparação, os meninos chineses parecem perder a confiança diante de estrangeiros. Essa multidão não é diferente. Uma menina baixinha, com uma blusa amarela, diz em chinês: "Oi. A Grã-Bretanha e a América estão atacando o Iraque. O que vocês pensam disso?"

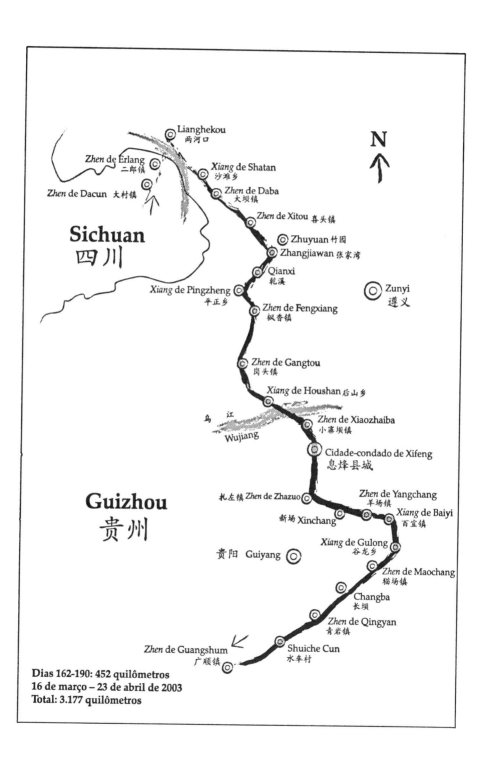

Capítulo 8

Campo Sombrio

Estamos fracos. Precisamos de confortos e metas que não estejam muito distantes. Durante todo o caminho, temos o luxo de saber para onde estamos indo. Não importa se nos perdemos por um ou dois dias, porque o destino final está claro.

Mas os vermelhos não tinham como saber onde ou quando sua jornada terminaria. E, para eles, perder-se podia ser uma questão de vida ou morte. Quando visitamos o veterano do 1º Grupo do Exército Wang Daojin, em seu aconchegante apartamento em Zunyi, ele relembrou suas memórias de 68 anos antes:

— Às vezes, nossos guias se enganavam. Após caminhar uma noite inteira, descobríamos que ainda estávamos andando em volta da mesma montanha. Marchar à noite era muito difícil. Não ousávamos usar luz elétrica porque tínhamos medo de sermos descobertos e bombardeados por aviões [do Guomindang]. Usávamos cordas para não desfazer a unidade enquanto marchávamos.[1]

Wang e seus companheiros não podiam contar com uma boa cama, uma boa refeição e notícias de casa cada vez que chegavam a uma cidade maior. Seu futuro indicava luta, confusão, incerteza e morte. Mas de algum modo eles encontraram a coragem e o otimismo para prosseguir.

Não há registros de quando a liderança do Exército Vermelho decidiu abandonar o plano de estabelecer uma nova base no norte de Guizhou, nem de quando ressuscitou a meta de cruzar o Yangtze e unir-se ao 4º Front do Exército em alguma parte de Sichuan — não estava mais claro onde exatamente essa reunião poderia acontecer, porque as comunicações entre os exércitos tinham sido cortadas. Provavelmente, os líderes chegaram a um consenso informal de que não tinham alternativa. As forças de Chiang Kai-shek avançavam do norte, oeste e leste, e os vermelhos iam para cá e para lá em reação às circunstâncias imediatas, em vez de como parte de algum plano geral.

A decisão de cruzar o Yangtze e procurar pelo 4º Front do Exército deve ter sido tomada quase que imediatamente após a derrota em Luban Chang e a terceira travessia do Chishui. Mas em vez de subir direto para o norte até o Yangtze, como Chiang Kai-shek calculava, eles frustraram as expectativas do inimigo, avançando na direção oposta, onde as forças de Chiang eram mais fracas. Eles moveram-se com velocidade para o sul, fizeram um desvio simulado rumo à capital de Guizhou, Guiyang, onde o próprio Chiang Kai-shek estava, e então bruscamente mudaram a direção para a Província de Yunnan e seu novo objetivo — uma travessia no alto do rio, onde o Yangtze é conhecido como Jinsha Jiang, o rio das Areias Douradas (ele passa a se chamar Yangtze em Yibin, onde o Jinsha encontra-se com o rio Min). Essa imensa volta acrescentou centenas de quilômetros à Longa Marcha, mas ao seu término o Exército Vermelho finalmente encontrou uma rota segura para o norte.

Passamos o último dia na companhia do rio Chishui seguindo a rodovia ao longo da margem leste. O acostamento da estrada é decorado com bonitinhas abitas de concreto com a forma de garrafas vermelhas e brancas e, a certa altura, o penhasco do outro lado revela três enormes caracteres chineses, que os moradores afirmam ser os maiores do mundo. Eles dizem: *"Mei Jiu He"*, "Maravilhoso Rio de Álcool", ou, como prefere Andy, "Maravilhoso Rio do Pau-d'Água". Em Lianghekou, há uma ponte alta com um grande vão na mureta do lado leste. Um adolescente chamado Chen Jiamei nos conta que dois dias antes, um caminhão atravessou ali e caiu no rio. O motorista e o acompanhante morreram.

Um amigo de Pequim uma vez narrou uma de suas aulas de direção. Quando ele ligou o pisca-pisca para sinalizar sua intenção de mudar de faixa, o instrutor gritou: "O que você pensa que está fazendo? Jamais faça isso! Se o carro atrás de você souber o que você quer fazer, ele não vai dar permissão. Ele vai acelerar!" Acidentes de trânsito são a principal causa de morte de chineses entre 15 e 45 anos. A Organização Mundial de Saúde estima um número de 219 mil mortes em acidentes de trânsito por ano,[2] quase o equivalente a toda a população de Plymouth, a cidade natal de Andy. Com freqüência nos dizem que a nossa marcha deve ser bem mais fácil com todas as novas estradas, mas é com grande alívio que viramos para o leste e voltamos para as trilhas montanhesas.

A riqueza do "Maravilhoso Rio do Pau-d'Água" não escorreu até essas áreas rurais. Os caminhos são tão precários que levamos o dia inteiro para fazer 16 quilômetros, uma distância que, em circunstâncias normais, percorreríamos em uma manhã. Nunca vi tantas crianças fora da escola. Está na época do plantio da próxima safra de arroz, e famílias inteiras estão agachadas sobre mudas verdes em campos de lama. Com um trabalho tão intenso, não é de surpreender que os camponeses queiram mais filhos do que o permitido pelo Estado. Todas as mãos disponíveis são empregadas. Eu pensava que sandálias de palha pertencessem à história da Longa Marcha, mas aqui os camponeses ainda as usam nos campos.

Nossos mapas e registros da Longa Marcha estão em branco neste estágio. Reconstruímos a rota a partir do conhecimento local, indo de camponês em camponês, em vez de ponto a ponto. Nossas indagações nos levam através da divisa do condado de Zhuyuan e então, ao anoitecer, a uma vila chamada Zhangjiawan, onde Wang Xiang nos convida a entrar em sua casa.

Se Wang tivesse me dito que tinha 16 anos, eu teria acreditado na hora. Na verdade, ele tem 22 anos e é casado, com dois filhos. Um menino da vizinhança passa a noite inteira rondando por ali, perguntando-nos sobre nossas casas e a jornada e repelindo repetidas tentativas da mãe de fazê-lo ir para a cama. Seu nome é Wang Guhua. Ele parece ter dez anos.

— Quantos anos você tem? — pergunta Andy.
— Quinze — diz Wang.
— Você ainda está na escola? — pergunto.
— Não, já saí.
— Então o que você faz?

— Eu cuido das vacas. Quando for velho o suficiente, vou *da gong*, como meus irmãos e irmãs mais velhos.

— Quantos anos é preciso ter para ir *da gong*?

— Acho que 16 é o suficiente.

Os Wang nos constrangem com sua bondade. Wang Xiang desaparece na noite por quase uma hora para encontrar óleo vegetal para Andy. Enquanto isso, dividimos doces com as várias crianças visitantes e mostramos nossos mapas aos adultos. Nunca pensei em mapas como algo especial antes da marcha, mas a maioria dos aldeões que encontramos jamais viu um antes. "O que são essas linhas azuis?", pergunta um, apontando para o Maravilhoso Rio do Pau-d'Água. Eles ficam particularmente fascinados pelos mapas de suas próprias regiões. O pai de Wang Xiang pega um par de óculos e passa 15 minutos debruçado sobre a representação do Condado de Zunyi, tentando fazer a imagem em sua cabeça encaixar com as linhas e nomes no papel.

Nosso brinquedo mais mágico, porém, é a câmera de vídeo. Andy reclama por ter de carregá-la, mas quando vê o prazer que proporciona a jovens e velhos, desiste de se livrar dela. Ele grava a família por alguns instantes e depois deixa que assistam a si mesmos. É a maneira mais rápida de quebrar as barreiras. Assim que as pessoas se olham no vídeo, nós dois não somos mais seres estranhos da tevelândia. Agora, todos estamos na TV. Somos todos iguais.

Pelos padrões locais, Zhangjiawan ganhou a eletricidade bem cedo — três anos atrás. Não há estrada para o mundo exterior. Mas Wang Xiang está atualizado sobre os acontecimentos.

— Por que vocês estão atacando o Iraque? — pergunta ele.

Tropeçamos em mais uma explicação sobre como nós, pessoalmente, não estamos atacando o Iraque e que ele não deveria pensar que só porque somos ingleses necessariamente apoiamos tudo o que o governo inglês faz.

— Eu não gosto da sua guerra — diz Wang. — Os americanos e os britânicos dizem que estão libertando o Iraque, mas não entendo isso. Vocês não deveriam usar a força para resolver esses problemas. A China não é assim. A China é um país pacífico.

— Mas e quanto ao Tibete? — pergunta Andy. — E quanto a Taiwan?

E se a China invadisse Taiwan para "libertar" o povo taiwanês? Isso seria errado?

— É diferente. Eles são chineses, como nós. Os iraquianos não são o seu povo.

Eu nunca tinha ouvido falar na cantora japonesa Ayumi Hamasaki antes da Longa Marcha, mas agora eu levo sua foto onde quer que eu vá. Ela é a modelo da linha de sucos de frutas "A Quinta Estação", e quando se está marchando o dia inteiro num calor escaldante, não se pode superestimar a importância de um suco de frutas açucarado — especialmente um que apresenta uma graciosa estrela pop com cabelos descoloridos e calças de cintura baixa que mudam de cor de acordo com o sabor: marrom para laranja, azul para limão. Ayumi aparece nos lugares mais inesperados. Podemos estar na lojinha de uma vila remota, que jamais vendeu produtos de marca internacional, mas mesmo assim Ayumi sorri para nós das prateleiras.

A loira morango na garrafa de laranja ergue nosso moral sempre que a vemos, e agora nosso moral precisa de toda ajuda disponível. Andy está desmoronando. Como se já não bastassem suas dores no peito e no estômago, o pedaço de um dente cai da boca. Nos separamos por um dia, enquanto Andy invoca as regras emergenciais da Longa Marcha e pega o ônibus para Guiyang para ir ao dentista. Eu começo a vida na cidade-condado de Xifeng com uma visita à lavanderia.

— Eu não vou lavar essas — diz a lavadeira. — Estão sujas demais.

— Você gostaria que eu trouxesse as minhas roupas limpas na próxima vez? — pergunto. Ela não me acha engraçado.

De volta às minhas acomodações no "Centro de Serviços do Distrito de Minzheng", sou recebido por uma mulher agressiva e dois homens, um dos quais em uniforme. Após os habituais interrogatório e preenchimento de formulário, me deixam sozinho, com um "cuidado com a segurança" ecoando nos ouvidos.

Qual é a coisa mais perigosa que posso fazer aqui?, pergunto a mim mesmo. A resposta está à espera no fim da rua — uma mototáxi com um banco de pele de leopardo, pilotada por um cavalheiro de 26 anos chamado Yang Guining.

Andy e eu passamos por várias cidades em que carros são caros ou inconvenientes e, assim, frotas de motos servem como táxis. Não há capacetes para os passageiros e, aparentemente, tampouco regras de trânsito. É uma volta de montanha-russa ao preço de um iuane, divertida e arriscada.

— Qual é o prato típico daqui? — pergunto.

— As pessoas de Xifeng gostam de *laziji* [um prato de galinha bastante picante] — diz Yang.

— Então leve-me ao melhor *laziji* da cidade.

Yang me conduz para fora da cidade, até uma faixa de restaurantes na entrada da rodovia de Guiyang. Andy está ausente há menos de 12 horas e minha inclinação vegetariana já desapareceu. Peço para matarem uma galinha, como seu sangue fervido e me delicio com a carne, cozida em uma panela de aço com montanhas de alho e pimenta. Yang fica por perto enquanto eu como. Entre garfadas, expresso meu mau humor quanto ao policiamento superprecavido da cidade. Yang concorda e diz que tudo é muito simples — a insistência no preenchimento de formulários vem do medo; se algo acontecer aos visitantes, isso causará muitos problemas.

— Comigo é o mesmo — diz Yang. — Eu deveria levá-lo de volta após você acabar porque como eu ficaria se algo acontecesse com você? A polícia descobriria que eu o trouxe até aqui e então eu estaria com problemas.

E eu pensava que ele só estava por perto para faturar um pouco mais de dinheiro. Mas, na verdade, ele só está se garantindo, já que uma cultura de passar a responsabilidade para a frente deixou-o temporariamente encarregado de zelar pelo meu bem-estar. Enquanto isso, as forças da lei e da ordem — tendo preenchido todos os formulários corretos — podem lavar as mãos em segurança quanto ao visitante problemático. A idéia de que eu possa ter permissão para assumir a responsabilidade por mim mesmo parece não ocorrer a ninguém. Goste ou não disso, eu sou uma visita — e a visita é a única pessoa sobre a qual não cai a responsabilidade.

Andy regressa sem uma cura milagrosa para o dente. O dentista falou em termos de cirurgias e tratamento de meses. Andy explicou que essa abordagem não era muito conveniente neste exato momento. O dentista lhe deu uma nova escova de dentes, um vidro de desinfetante bucal e desejou-lhe boa sorte.

Ao norte de Guiyang, a rota da Longa Marcha segue um caminho elevado que passa por cidades em desenvolvimento, mas tão logo viramos para o leste para circundar a cidade, entramos em uma região pobre, cuja miséria fica ainda mais enfatizada pela qualidade da estrada principal. Búfalos d'água são mais comuns que veículos. Mas esta é uma região avançada em um aspecto: tem o CCTV-5 e o jogo mais importante do ano acontece nesta noite. O Arsenal enfrenta o Manchester United num jogo que provavelmente decidirá o título, e assim paramos no *zhen* de Yangchang especificamente para termos certeza de que assistiremos à partida. O pontapé inicial está marcado para as duas e meia da madrugada, hora de Pequim (apesar do fato de que, na teoria, o país se estende por cinco fusos horários, toda a China está na hora de Pequim, o que resulta em pores-do-sol bastante tardios no extremo oeste).

Yangchang tem apenas uma hospedaria, uma coisa decrépita de madeira com camas por 5 iuanes. A senhoria quer 20 iuanes de cada um de nós.

— Você pode garantir com certeza que poderemos assistir ao CCTV-5 às duas e meia da madrugada? — pergunto.

— Sim — diz a senhoria. Ela nos leva até a sala adjacente e põe o CCTV-5 no pequeno aparelho. OK, 20 iuanes, então.

— Ótimo, vamos para a cama agora — diz Andy. — Por favor, garanta que ninguém, e eu quero dizer "ninguém" mesmo, nos perturbe.

Andy desenvolveu uma nova estratégia para garantir o descanso. Ele empurra a cama extra no quarto e a coloca contra a porta. São oito da noite quando dormimos.

Duas horas depois, as luzes se acendem.

— Sou da polícia — dizem os olhos espreitando. — Deixe-me entrar.

Não agora.

— Vá embora e volte de manhã. Que horas você pensa que são?

— *Mei shi* — dizem os olhos.

Bem, agora que ele disse as palavras mágicas, nós definitivamente não vamos levantar. Após bater na porta por mais alguns minutos, o representante da segurança pública admite a derrota e vai embora. Andy se regozija e reivindica o prêmio "Marchador do Dia". Eu protesto:

— Por que você também não tirou a lâmpada do bocal?

No andar de baixo, às duas e vinte, está tudo escuro. Quando acordamos a senhoria, ela diz que devemos ter entendido mal. Não tem TV. Ela não sabe do que estamos falando.

Já ouvimos essa de "mal-entendido" dezenas de vezes. Às vezes, é verdade, mas geralmente é uma maneira de as pessoas evitarem ter de admitir erros ou fazer coisas que não querem. É o equivalente rural de fingir que você escreveu um e-mail e culpar uma falha no sistema por ele não ter chegado. Com frieza, Andy avalia a situação e põe em prática uma abordagem digna. Ele começa a bater nas portas e gritar a plenos pulmões:

— Você nos enganou! Você nos enganou!

As luzes se acendem na rua, em frente à hospedaria. Andy bate nas paredes enquanto eu repreendo a senhoria.

— Eu vou chamar a polícia — diz um homem que sai de um quarto acima de nós.

— ÓTIMO! — grita Andy.

Mais luzes são acesas. E então, subitamente, tenho um momento de clareza. De alguma forma, a minha mente estressada e com falta de sono se relembra de todos os detalhes da conversa prévia com a senhoria.

— O que você quer dizer com "mal-entendido"? — pergunto. — Você disse... — e repito, palavra por palavra, exatamente o acordo fechado sete horas antes.

Cinco minutos depois, estamos sentados na frente de uma televisão na sala de estar do filho da senhoria. O outro hóspede também honrou sua promessa. Um policial junta-se a nós para o pontapé inicial. Ele parece familiar...

— Posso ver os seus documentos? — pergunta ele.

É impressionante como os chineses podem ser tolerantes. Na Inglaterra, os policiais certamente nos teriam jogado em uma cela por agir como uma dupla de *hooligans*. Aqui, o policial Cao anota nossos detalhes, discute os méritos de David Bei-ke-ha-mu ("bonito") e Michael Ouwen ("bom"), deseja-nos boa sorte e dá boa-noite. Incrível.

— Você gosta de futebol? — pergunto à senhoria.

Eu continuo um pouco doido ou ela realmente sorri?

A partida acaba pouco antes do amanhecer — 2 a 2 — e nós partimos sob a luz de uma lua cheia. Hoje chegamos à metade da jornada, ou chegaríamos, se as várias dores de Andy não nos tivessem atrasado uma quinzena em relação ao percurso do Exército Vermelho. Andamos 184 dias e perto de 3.200 quilômetros.

Nós nos movemos tão rápido que tenho pouco senso de localização. Minha experiência da China é uma série de impressões de superfícies. Todos os amigos querem saber: como é a Longa Marcha? Hoje, é luar sobre flores amarelas de colza em vias de morrer. É uma discussão sobre o preço de vegetais. É uma aula de culinária que resulta no primeiro omelete de cogumelo na história do *xiang* de Baiyi. É uma sesta à sombra de uma floresta de pinheiros na encosta do vale do rio Nanming. É um pôr-do-sol sobre feno dourado ao lado de um rio anônimo, onde um rapaz chamado Zhou Guiquan bóia com uma câmara de borracha e pesca com uma rede. Sim, o Exército Vermelho atravessou aqui, diz ele, enquanto esperamos o barqueiro nos levar até o outro lado do rio movendo a balsa com uma vara comprida.

— Quantos peixes você vai pescar hoje? — pergunto.

— Se for um bom dia, cinco quilos.

— Quanto isso rende?

— Seis iuanes por quilo.

A Longa Marcha é um bom dia de trabalho que vale 30 iuanes para um homem com um filho, que planeja ter outro, num lugar onde um semestre da escola intermediária custa pelo menos 400 iuanes. É biscoito insosso tipo Rich Tea e meninos se exibindo em lutas de mentira ao lado da lagoa da vila de Pingzhai. É escuridão e incerteza, um cachorro gigante e um adolescente que encontra um lugar para nós dormirmos. É um cansaço tão profundo que deixamos a porta destrancada e a lâmpada no bocal.

Nos últimos dias temos escutado vagos relatos sobre um pânico de saúde em Hong Kong. Alguma coisa chamada "Sars" matou um punhado de pessoas, e ninguém consegue saber de onde veio ou o que fazer a respeito. Os rumores também chegaram a nós vindos de Pequim. Quando a tosse de Andy estava particularmente ruim, seu médico em Pequim verificou com ele pelo telefone uma lista de sintomas de Sars. Amigos professores contam que pais estrangeiros estão pensando em tirar os filhos das escolas; médicos de hospitais dizem que estão sendo ameaçados para não conversarem com jornalistas a respeito de casos suspeitos de Sars. Nós mal paramos para pensar a respeito. Tudo parece muito distante e, além disso, a Sars soa como um superestimado vírus de gripe. Eles surgem quase todos os anos e nós não nos preocupamos. O que tem demais?, pensamos. Todo mundo sempre reage com exagero a esse tipo de coisa.

Na cidade de Qingyan, em 20 de abril, somos obrigados a reconsiderar. Geralmente não damos muita atenção à televisão — a menos que haja futebol ou extravagâncias de propaganda, é claro —, mas notamos que nesta manhã há uma mulher falando em inglês. Quando focamos no que está se passando, percebemos que algo fundamental se modificou.

Estamos assistindo à primeira entrevista coletiva sobre a Sars do Conselho de Informação do Estado. A mulher que fala em inglês está traduzindo para o vice-ministro da Saúde, Gao Qiang, que se defronta com perguntas duras a respeito da real situação da Sars em Pequim. Sua resposta evasiva a uma pergunta sobre a ausência de seu superior, Zhang Wenkang, deixa claro que o ministro da Saúde renunciou ou foi demitido. Gao está humildemente reconhecendo a falta do ministério em dar ao público informações suficientes e em organizar uma efetiva reação à Sars. Em vez de um punhado de casos, como fora informado previamente, ficamos sabendo que há centenas.

Volto aos meus dias de estudante em Minsk, que fica na área afetada pelo desastre nuclear de Chernobyl em 1985. As autoridades soviéticas inicialmente mentiram sobre o acidente. Enquanto os ventos carregavam as emissões radioativas sobre a cidade, o governo seguia em frente com uma parada oficial — que incluía escolares — para garantir às pessoas que tudo estava bem. Em poucos dias, contudo, a es-

Mao Tsé-tung em Yan'an, *circa* 1937

A mulher de Mao, He Zizhen, em Yan'an, *circa* 1937

Wang Ming, rival de Mao, presidiu o seu primeiro encontro do Politburo em Yan'an, em dezembro de 1937. Na foto estão os membros do Politburo Zhang Wentian, Kang Sheng, Zhou Enlai, Kai Feng, Wang Ming, Mao Tsé-tung, Ren Bishi e Zhang Guotao. Exceto por Wang Ming e Kang Sheng, todos eram veteranos da Longa Marcha

O Encontro de Zunyi, de Shen Yaoyi. Da esquerda para a direita: Li Fuchun, Wang Jiaxiang, Zhang Wentian, Mao Tsé-tung, Zhou Enlai, Bo Gu, Kai Feng, Zhu De, Chen Yun, Peng Dehuai, Nie Rongzhen, Liu Shaoqi, Deng Xiaoping, Li Zhuoran, Lin Biao, Yang Shangkun, Liu Bocheng, Wu Xiuquan, Otto Braun, Deng Fa

Um destacamento do Exército Vermelho na Área Soviética Central antes da Longa Marcha

Mao com Bo Gu, Zhou Enlai e Zhu De em Yan'an, *circa* 1937

O Exército Vermelho cruza as Montanhas de Neve durante a Longa Marcha, em junho de 1935

Os Pântanos, de Shen Yaoyi

Mao Tsé-tung com três soldados não identificados em Jiangxi, antes da Longa Marcha

Otto Braun em Yan'an, em 1939

A ponte de Luding

Um acampamento do Exército Vermelho nos Pântanos

Experimentando ervas no lugar de tabaco, que os fumantes vermelhos tinham dificuldade para encontrar especialmente na região tibetana

Estes desenhos foram feitos durante a Longa Marcha por Huang Zhen, um ex-professor de arte de 25 anos. Somente 24 dos desenhos de Huang da Longa Marcha sobreviveram — o único registro artístico da marcha produzido na época

O fim da Longa Marcha conforme retratado por Huang Naiyuan e Zhan Beixin

Chen Jie, 80, juntou-se aos vermelhos com 11 anos. Ele os acompanhou na Longa Marcha até o norte da Província de Sichuan, quando foi ferido e deixado para trás. (*Zhen* de Youshan, Província de Jiangxi, 28 de outubro de 2002)

Chen Yingchun, 89, alistou-se no Exército Vermelho quando os soldados passaram por sua vila no início da Longa Marcha. A unidade de Chen foi separada da força principal durante a batalha pela cidade-condado de Xinfeng, uma semana depois. Sem ter como cruzar o rio Xinfeng, Chen voltou para casa e à vida de camponês. (*Xiang* de Licun, Província de Jiangxi, 17 de outubro de 2002)

A vanguarda do Exército Vermelho fez a primeira travessia do rio Xiang neste ponto. (*Ferry* de Pingshan, Região Autônoma de Guangxi Zhuang, 2 de dezembro de 2002)

Este pontão foi construído pelo Exército Vermelho para fazer a travessia até a cidade-condado de Dao. (Província de Hunan, 11 de novembro de 2002)

Este slogan foi deixado na casa de uma família da minoria miao, cujo chefe, Long Qianchen, era um simpatizante dos comunistas. Metade está faltando; a frase original inteira dizia: "Una-se aos miaos para derrubar os bandidos e os ricos diabólicos." (*Xiang* de Shuangjing, Província de Guizhou, 31 de dezembro de 2002)

"Cuidar de laranjas é melhor do que cuidar de filhos", diz o slogan. Lü Sitao exibe a fruta preciosa. (Condado de Xinfeng, Província de Jiangxi, 27 de outubro de 2002)

Hora do recreio numa mina de carvão a céu aberto acima do *xiang* de Guandian. (Província de Guizhou, 24 de janeiro de 2003)

Xiong Huazhi, que pode ser a filha de Mao Tsé-tung e He Zizhen há muito desaparecida, com suas três filhas: Yang Tingyan, Yang Tinghua e Yang Tingyu. (Tianchi Cun, Província de Yunnan, 17 de fevereiro de 2003)

A saúde de Andy começa a se deteriorar quando nos aproximamos de Zunyi pela segunda vez. (*Xiang* de Rongguang, Província de Guizhou, 28 de fevereiro de 2003)

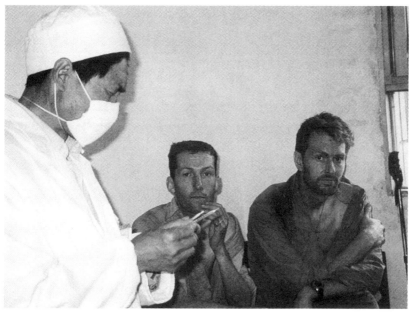

O Dr. Lei Yusu se assegura de que não temos SARS. (Qinglong Cun, Província de Yunnan, 17 de maio de 2003)

O Cara dos Equipamentos chega para o resgate. (Condado de Huili, Província de Sichuan, 8 de julho de 2003)

A professora Xiong Li vestida com trajes tradicionais da minoria lisu, atendendo a pedido de Yang Xiao. (*Xiang* de Jinsha, Província de Sichuan, 12 de julho de 2003)

Memorial à "Aliança do Yihai". (Yihai, Província de Sichuan, 23 de julho de 2003)

Em cima da ponte de Luding, Li Guoxiu descreve a batalha que testemunhou quando era uma adolescente. (Cidade-condado de Luding, Província de Sichuan, 10 de agosto de 2003)

Estas mulheres viviam e trabalhavam sem a companhia de nenhum homem perto da passagem sobre a Dagushan, a mais alta montanha da Longa Marcha. (Condado de Heishui, Província de Sichuan, 18 de setembro de 2003)

Baozuo Muchang, a primeira vila na extremidade norte dos Pântanos. (Condado de Ruo'ergai, Província de Sichuan, 26 de setembro de 2003)

cala do desastre desmontou as mentiras oficiais. Ela provocou uma abertura sem precedentes no governo e na mídia soviéticos, e alguns analistas sustentam que isso foi um marco na história soviética. De acordo com essa visão, as autoridades comunistas, desacreditadas por suas catastróficas incompetência e desonestidade, jamais conseguiram retomar o antigo controle que tinham sobre as informações.

Receio que isso seja mero pensamento positivo. Em todos os lugares, governos são flagrados mentindo o tempo inteiro — armas de destruição em massa, que tal? —, e isso nunca parece impedi-los de continuar assim. De qualquer forma, tomando uma xícara de chá num quarto de hotel em Qingyan, é tentador pensar na Sars como o "momento Chernobyl da China".

Tanto quanto sabemos, estamos no lugar mais seguro possível. Estamos preocupados com amigos em Pequim, mas nem um pouco intranqüilos quanto a nós mesmos. Mantemos um otimismo blasé de que a Sars não se espalhará até o campo e que certamente não nos atrapalhará. Amigos, parentes e incentivadores ligam para perguntar se vamos continuar com a marcha. É claro que sim, respondemos. E, depois de seis meses na rota da Longa Marcha, sabemos exatamente a melhor forma de tranqüilizá-los: "*Mei shi!*", dizemos.

Mais uma vez, o caminho fica incerto. A partir de Qingyan, o ponto mais próximo ao qual podemos nos dirigir com confiança é o *zhen* de Guangshun, dois dias a sudoeste. O primeiro dia não traz nenhuma pista nova. Acampamos, debaixo de chuva forte, num arrozal abandonado acima da aldeia de Shuiche. Andy ronca enquanto estudo o mapa com uma lanterninha. Guangshun fica no condado ao sul da nossa posição. Não há estrada, mas o rio abaixo do arrozal cruza a divisa. Esse rio então segue até a rodovia de Guangshun. Ele vai quase em linha reta, e nossa experiência na busca pela rota do Exército Vermelho diz: quando em dúvida, procure a menor distância entre dois pontos. A experiência sugere que, em quase todos os casos, os vermelhos foram em frente — passando por cima dos obstáculos, em vez de circundá-los.

Andy apóia meu plano porque, neste caso, não deve haver obstáculos. Cruzar divisas geralmente significa escalar montanhas, e ele reconhece que um rio fortalece a possibilidade de uma trilha plana e fácil.

A realidade supera até mesmo a previsão mais otimista. Cerca de três quilômetros além do nosso acampamento, encontramos uma ponte que leva a uma estrada nova e asfaltada na margem sul do rio. Paro um camponês:

— Essa estrada vai para Guangshun? — pergunto.

— Sim, vão em frente — diz o homem. Deus o abençoe.

Começamos a andar confiantes que poderemos alcançar Guangshun no início da noite. Não nos ocorre perguntar por que haveria uma estrada tão boa num lugar destes ou por que esta estrada não está no mapa.

Oitocentos metros adiante, viramos uma curva e encontramos a via bloqueada por um portão com quatro grandes caracteres vermelhos pintados na pilastra direita. Sei o significado de apenas três dos quatro caracteres. Eles dizem "Distrito Militar".

— Mas o que quer dizer o quarto caractere? — pergunta Andy.

— Não sei, mas parece aquele que tem nos sinais de "Não fume" nos táxis de Pequim. Acho que significa "proibido" ou algo assim.

— Tem certeza?

— Não.

— Poderia significar "Distrito Militar Dá as Boas-Vindas a Estrangeiros"?

A idéia é essa. Entramos, dispostos a disseminar os valores da amizade internacional. Um rapaz em uniforme militar sai correndo da portaria. Ele parece claramente incomodado enquanto fecha o cinto da calça.

— Onde vocês estão indo? — pergunta.

— Olá, amigo! — sorrio. — Estamos indo para Guangshun. Esta estrada vai para lá, não vai?

— Vocês não podem entrar aqui — diz o soldado. — Esta é uma zona militar. Vocês têm que pegar o ônibus na outra direção para Huishui e de lá para Guangshun.

— Mas, sabe, não podemos pegar o ônibus. Nós estamos refazendo a Longa Marcha e achamos que o Exército Vermelho passou por aqui. Nós só queremos atravessar por aqui. Não vamos incomodar ninguém.

— Não, vocês não podem entrar. Não é permitido.

A abordagem sorridente não funcionou. Tento um Rosto Triste. Explico a nossa Longa Marcha, apelo ao senso histórico do soldado em relação ao Exército Vermelho e observo que levaria pelo menos dois dias para caminhar ao redor desta área, ao passo que poderíamos atravessar o Distrito Militar e sair do outro lado em pouco mais de uma hora.

A determinação do rapaz vacila.

— Eu vou perguntar — diz ele.

Exatamente neste instante, um soldado mais velho sai da portaria. Ele ouve a explicação do subordinado e depois novamente a minha. Para nosso espanto, ele concorda com a cabeça.

— É só seguir a estrada — diz o jovem soldado, deixando-nos passar.

É um lugar adorável para uma caminhada matinal. A estrada corta colinas com florestas densas, o rio de um lado, lagos do outro. Uma dupla de soldados empurra um carrinho de mão com vegetais e sorri ao passar por nós. Um jipe passa e dá uma buzinada amigável. Acenamos de volta. Enquanto fazemos uma pausa de cinco minutos para um lanche, eu me entusiasmo:

— Que grande país! Você consegue imaginar isso acontecendo na Inglaterra ou na América?

Andy sacode a cabeça. É um pensamento absurdo. Imagine se dois chineses aparecessem numa base militar da Inglaterra, carregando câmeras fotográficas e de vídeo, e dissessem: "Com licença, nós estamos andando de Land's End até John O'Groats; podemos atravessar sua base militar secreta?" Com certeza a reação seria, bem, provavelmente algo parecido com o que acontece em seguida.

Um jipe pára ao nosso lado cantando os pneus. Quatro soldados saltam do veículo, enquanto um quinto, o motorista, grita:

— ENTREM NO CARRO, ENTREM NO CARRO!

Andy e eu somos colocados no jipe, o motorista dá a volta e voltamos pelo caminho que viemos, com a sirene ligada. Somos o único veículo na estrada.

— O que vocês estão fazendo aqui? — grita o motorista, com olhar transtornado.

Respiro fundo.

— Hum, bem, como nós já explicamos aos seus colegas no portão...

Explico pelo menos mais quatro vezes aos soldados no jipe e depois repasso tudo mais três vezes para um oficial inamistoso em frente ao quartel diante do qual tínhamos passado vinte minutos antes. O oficial não abotoou o uniforme, embora esteja um pouco melhor do que seu subordinado, que não fechou o zíper da calça. É difícil levá-los a sério.

— Aqui é um distrito militar! — diz o oficial, com a cara amarrada. — Estrangeiros não são permitidos aqui.

— Sim, bem, nós entendemos isso — digo. — Mas discutimos isso com seus homens no portão norte, e eles deram permissão para entrarmos. Nós não invadimos.

— Vocês não podem ficar aqui tirando fotos.

— Não estamos tirando fotos. Só estamos atravessando, como nos mandaram e como prometemos. Os homens no portão não fizeram contato com você?

— Vocês pegaram o caminho errado. O Exército Vermelho não passou por aqui.

Suspiro.

— Veja, se nos tivessem falado no portão para não entrarmos, nós não teríamos entrado. Seus homens disseram que podíamos passar. De quem é a culpa?

Todos nós repetimos as mesmas coisas várias vezes até que o oficial se cansa e sai para dar um telefonema. Estamos cercados por jovens soldados que tentam ficar com o rosto sério, mas de vez em quando os olhos se cruzam e damos um sorriso. Eles não conseguem evitar. Eles sorriem de volta, e então rapidamente se recompõem, antes que o superior note a indisciplina.

Minha preocupação principal é que possam nos jogar de volta no portão norte, mas depois de cinco minutos o oficial volta e gesticula para o sul. Ele não é um cara tão ruim, afinal de contas. Eles mandam entrarmos de novo no jipe e somos levados até o portão sul.

— Não voltem — diz o motorista.

Após uma caminhada de dez minutos, o rio chega a um esplêndido e extenso vale, abaixo da vila de Beisang. Sentamos na beirada da estrada — agora, apenas uma trilha de terra — e apreciamos a vista enquanto recapitulamos os últimos acontecimentos. Andy está preocupado com a possibilidade de termos saído da rota.

— Bobagem — digo. — Aquele oficial não sabe de nada.

— Mas como você pode ter certeza? — diz Andy. — Ele está no exército, afinal de contas.

— Vamos descobrir — digo. Um camponês de quarenta e poucos anos se aproxima, carregando baldes que serão enchidos com fertilizantes para os arrozais.

— Com licença, camarada — falo. — Aqui é Beisang?

— Sim — responde o homem. — De onde vocês são?

— Inglaterra. Qual é o seu nome?

— Meu nome é Luo.

— Olá, mestre Luo. Nós dois estamos pesquisando a Longa Marcha do Exército Vermelho. Gostaria de lhe fazer uma pergunta. Você sabe se o Exército Vermelho passou por Beisang durante a Longa Marcha?

— Sim, passou.

— Por qual caminho eles vieram?

— Lá de cima — diz Luo, virando-se para apontar para o norte, ao longo do vale do rio, bem onde está o distrito militar.

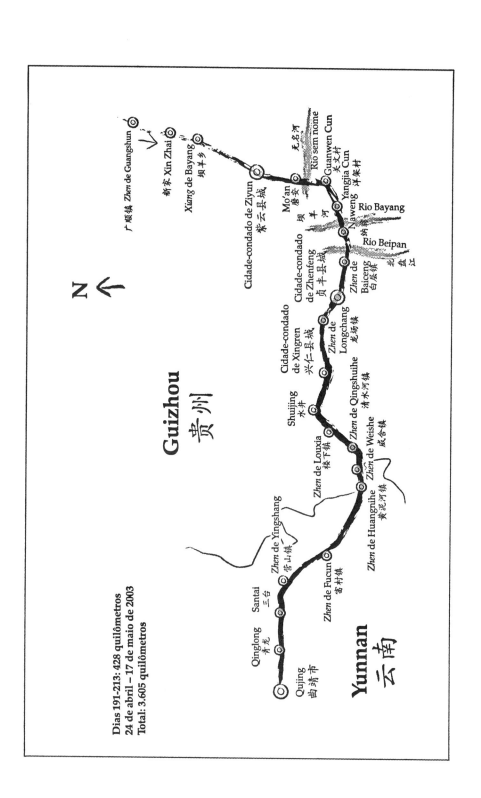

Capítulo 9

SARS

A sudoeste da cidade-condado de Ziyun, seguimos uma estrada de terra até a vila de Mo'an, onde passamos uma noite na escola. Professores são nossos aliados naturais. Freqüentemente penso na nossa Longa Marcha como um projeto educacional, mas não apenas para mim e Andy. As crianças, em especial, ficam excitadas em nos ver e conversar, e espero que nossa breve aparição possa deixar algumas lembranças úteis e duradouras. Tenho essa noção idealista de que nossa jornada possa inspirar outros a seguir, conectando esses lugares com o mundo exterior de algum modo mais tangível, ampliando os horizontes e encorajando sonhos maiores.

O professor Lu Tianrong, 33 anos, também é o dono de uma das duas lojas de Mo'an. Na sala atrás da loja, comemos arroz com feijão e abóbora, que são mergulhados numa tigela de molho apimentado. Como quase todo mundo em Mo'an, Lu é um membro da minoria bouyei, o 11º maior grupo étnico da China, com quase três milhões de pessoas. Sua mulher se encarrega da comida. Ela não diz uma palavra durante toda a noite. Nesta região, até mesmo as pessoas educadas raramente apresentam a esposa aos convidados.

— Este é o condado mais pobre de Guizhou — conta Lu, que poderia ter acrescentado que Guizhou é a província mais pobre da China.

— Quanto ganham os camponeses aqui? — indaga Andy.

— Uma família de quatro pode ganhar 2 mil iuanes por ano, mas muitas ganham em média 300 iuanes por pessoa.

— Eles têm que pagar para mandar os filhos à escola? — pergunto.

— A escola primária em que eu trabalho cobra 60 iuanes por semestre. Só dez por cento das meninas vão à escola. Procuramos os pais para encorajá-los a mandar as meninas à escola, mas eles simplesmente são pobres demais. Se mandam um filho à escola, é o menino.

Não muito antes de chegarmos a Mo'an, passamos por um curioso grupo de novas casas de tijolos, aparentemente bem-construídas e com design idêntico. Parecia um conjunto habitacional de Milton Keynes.

— Como aquelas casas surgiram ali? — pergunto a Lu.

— Elas foram construídas com dinheiro do governo central para realocar pessoas de áreas muito pobres.

— Você quer dizer que as pessoas são realocadas para *cá* de lugares *mais pobres*? — espanta-se Andy.

— Existem outros lugares em Ziyun em que as pessoas ganham apenas 100 iuanes por ano. Eles mal têm o suficiente para comer e vestem farrapos. Mo'an está bem melhor.

Quando jornalistas ocidentais telefonam para nosso celular por satélite para se atualizarem sobre a Longa Marcha, eles com freqüência fazem perguntas a respeito da pobreza. Até agora, contei-lhes que não vi nada muito chocante. Na verdade, já vi realidade pior no mundo desenvolvido, especialmente em regiões aborígines da Austrália rural. Alguns dos conjuntos habitacionais ao redor de Bradford, onde fiz a universidade nos anos 1990, eram mais deprimentes que a maioria das vilas chinesas. Por onde estivemos, as necessidades básicas de comida, roupas e abrigo parecem atendidas. Todos os lugares têm ao menos acesso limitado à energia elétrica. As pessoas mais jovens são significativamente mais altas e nutridas que os pais e, principalmente, os avós. As escolas em geral são novas e raramente não se completa a escola intermediária, apesar do custo dos estudos. As crianças regularmente servem como nossas intérpretes, já que sabem o mandarim padrão, ao passo que os pais se comunicam, de modo geral, no dialeto local. Encontramos crianças de oito anos que tomam conta do negócio dos pais, por exemplo, calculando os preços e cuidando das transações monetárias em lojas e restaurantes.

Mas as regiões bouyeis dos condados de Ziyun, Wangmo e Zhenfeng desafiam essas percepções. Depois de Mo'an, não há mais comércio sob os cuidados dos filhos, porque não há estradas para permitir o transporte de mercadorias e pessoas. A arquitetura bouyei não tem nenhum estilo distinto, porque as casas são remendos com tudo o que estiver disponível. Uma parede pode ser feita de tijolos, outra de pedras, uma terceira de madeira e uma quarta de treliça de bambu. Logo depois da divisa com Wangmo, a vila de Biedang é a primeira que vemos em que não há eletricidade. Nenhuma das mulheres aqui conhece mais do que algumas poucas palavras em chinês, que elas chamam de *"han hua"*, a língua dos hans.

Passamos por vilas que são como recriações de museus dos acampamentos do homem de Neandertal; não há eletricidade, e barro e mato seco são os principais materiais de construção. Tenho certeza de que muitas vilas na Inglaterra medieval tinham mais movimento e conforto do que essas. Temos de cruzar a pé rios e rios, porque não há pontes, e o nível da água está alto após uma série de chuvas torrenciais nas últimas noites.

As travessias dos rios, particularmente, provocam desgaste psicológico. Caminhar por uma trilha desobstruída é um desafio apenas físico. A mente está livre para vagar. Na água, temos de nos concentrar o tempo inteiro. As pedras debaixo de nossos pés movem-se e escorregam, e um passo em falso pode significar uma perna quebrada. O avanço é muito lento. Sob um céu límpido, o termômetro marca entre 30º C e 35º C. A marcha de um dia inteiro nos leva à frente apenas cerca de 16 quilômetros. Ao cair da noite, na vila de Guanwen, desabamos num campo de onde se avista uma fileira de casas e rezamos pelo melhor.

Demora menos de cinco minutos. Primeiro, uma família nos convida para tomar chá, depois um rapaz um tanto insistente também nos convida para segui-lo. Ele nos conduz para a casa mais estranha que já vi.

Pelos padrões de Guanwen, ela é grande e moderna, porque uma parede é feita de tijolos — sem cimento. A casa tem apenas um salão, dividido em três seções. Mas o que torna este lugar especial é a fileira de bancos que ocupa a ala esquerda. Diante dos bancos há uma televisão e um tocador de VCD. A China nunca chegou realmente a ter fitas VHS e aparelhos de videocassete. Em vez disso, eles saltaram direto para os CDs de vídeo. Os DVDs já invadiram as cidades, mas o VCD ainda resiste no campo. Wei Bin construiu um cinema caseiro, e um pouco mais tarde naquela noite pelo menos trinta pessoas aparecem para ver filmes de Hong Kong.

— Meu irmão mais velho está *da gong* em Guangzhou — diz Wei, que tem 24 anos. — Ele trouxe a TV e o VCD e manda os filmes.

— As pessoas vêm aqui todas as noites para assistir? — pergunto.

— Sim.

— Você nunca se aborrece de ter sua casa cheia de gente todas as noites?

— Não.

Inicialmente, Wei me pareceu um tanto exibido, procurando mostrar-se importante diante dos vizinhos. À medida que a noite avança, percebo que a impressão é totalmente falsa. Ele é um rapaz modesto e generoso, e nada o deixa mais feliz do que ter visitas e cuidar delas. Wei não pára de se desculpar pela pobreza da acolhida que nos oferece. Para começar, tudo o que ele tem para comermos são algumas almôndegas de arroz doces e grudentas e amendoins fritos, mais uma tigela de macarrão cozido. Ele fica perplexo com a recusa de Andy em comer carne, mas tem uma inspiração: desaparece por um minuto e volta com a sua *pièce de résistence* — um solitário ovo. Ele quebra o ovo e joga dentro da água fervendo junto com pimenta, depois coloca a mistura sobre o macarrão para completar a refeição.

Fico comovido com a generosidade de Wei — conosco e com todas as pessoas que compartilham a noite em sua casa. Está claro que estamos sendo tratados com as maiores honras, mas um ovo é todo o luxo que Wei consegue oferecer. A sessão de vídeo vai até as onze e meia, mas deitamos bem antes em nossos sacos de dormir num espaço entre os sacos de arroz no andar de cima.

Naturalmente, Wei rejeita todas as nossas tentativas de lhe dar algum dinheiro na manhã seguinte. Mas há uma coisa que ele quer que podemos oferecer. Ele quer telefonar para o irmão com o nosso celular por satélite. E, assim, no dia 1º de maio de 2003, a vila de Guanwen registra a primeira chamada telefônica de sua história. O irmão de Wei não parece nem um pouco surpreso.

Eu nunca havia experimentado uma sensação dessas antes. Talvez porque eu entre e saia das áreas pobres muito rapidamente, a minha pele egoísta é suficientemente grossa para manter a empatia à distância. Mas a cruel miséria do território bouyei é implacável. Esta miséria é como uma sensação física, como o frio e a umidade do inverno de Guizhou que penetravam nos meus músculos e ossos e me acordavam todas as manhãs com o corpo dolorido. Minhas emoções são bem fortes em relação a todas as pessoas que encontro, mas também quero ir embora daqui o mais depressa possível.

Foi a pobreza que levou os camponeses a se alistarem no Exército Vermelho. Para os marchadores, privações e sofrimento não eram novidade. Embora os veteranos possam começar suas reminiscências mencionando a "revolução" e a derrubada dos exploradores, quando falam da vida antes de entrar para o exército, quase sempre dizem que tinham fome. Rudolf Bosshardt, o padre suíço capturado e mantido em cativeiro pelo 6º Grupo do Exército, testemunhou muitas entrevistas de recrutamento. Ele escreveu que diante da pergunta "Por que você quer entrar para o Exército Vermelho?", os camponeses inevitavelmente respondiam: "Eu não tenho o que comer."

Algo bastante insólito acontece em Luoyan, a última vila do território bouyei. Ela se parece com qualquer outra vila em qualquer outra tarde escaldante, onde estamos prestes a ficar novamente sem água. Isso não deve ser um grande problema. Deixo minha mochila a sombra com Andy, enquanto procuro ajuda com algum morador.

Um grupo de mulheres está cavando em uma encosta acima da estrada. Aceno para elas. Elas sobem um pouco mais a colina e então uma grita:

— Não tem água.

— Deve haver água em algum lugar — grito de volta. — Onde posso conseguir um pouco?

— Não tem água.

Eu continuo, entro na vila e escuto o som de crianças e de um adulto vindo de um galpão de tijolos — a escola local, como descubro. Quando me aproximo, um grupo de crianças sai, me vê e corre de volta para dentro. Quando entro, ouço o que soa como outra porta sendo trancada. Ninguém responde aos meus chamados. Vou para o quintal de uma casa ao lado do galpão, onde encontro um homem com cerca de cinqüenta anos e um grupo de mulheres. Relaxo, chego perto erguendo duas garrafas de água e estou apenas começando a dizer "Oi, eu gostaria de saber se...", quando sou interrompido pela visão do homem pegando um pau. Ele imediatamente o sacode na minha direção, gritando ao mesmo tempo. Eu não falo bouyei, mas entendo a mensagem.

Corro de volta até onde Andy está cochilando. Andy tem um raro talento para descansar em lugares desconfortáveis. Ele se mexe com a minha chegada.

— E onde está a água?

— Eu não sei. Não consigo entender. Todos aqui têm medo da gente.

— Então o que devemos fazer?

Não tenho idéia. Sem o apoio dos camponeses, a Longa Marcha não avança. Faz mais de 30º C, de forma que não podemos ir a parte alguma sem água. Decidimos aguardar o dia esfriar e esperar que alguma coisa aconteça enquanto isso. Andy abre uma esteira e tentamos dormir debaixo de um cobertor de moscas.

É o homem-com-o-pau que finalmente se aproxima — felizmente, sem o pau. Ele não tem pressa; caminha devagarinho até reunir a coragem para chegar diante de nós e falar, desta vez em mandarim.

— Vocês querem um pouco de água, não? — pergunta.

— Sim, por favor — respondo.

— Dêem-me suas garrafas. Eu vou pegar um pouco. Desculpe por antes, mas as crianças ficaram assustadas.

— Muito obrigado — agradeço, entregando as garrafas. O homem as pega, faz uma pausa e então olha para nós dois.

— Vocês não são de Guizhou, não é? — diz ele.

Ao pôr-do-sol, um homem com um avental branco nos segue na ponte sobre o rio Beipan. Estamos cansados demais para prestar atenção. Segundo nossos registros, devíamos ter alcançado este ponto três dias depois de deixar Ziyun. Levamos seis dias. Antes, eu nunca achava que as façanhas de velocidade e resistência do Exército Vermelho fossem inexplicáveis, porque Andy e eu conseguíamos reproduzi-los. Mas não agora. Não faço idéia de como o Exército Vermelho pôde ter atravessado tão rápido os condados de Ziyun e Wangmo, mesmo contando com a ajuda de guias.

As histórias da Longa Marcha trazem poucas menções a esta fase da jornada. O Guomindang não tinha como fazer uma perseguição em território tão remoto, então o perigo principal vinha de cima. Enquanto os vermelhos se aproximavam da divisa da Província de Yunnan, a unidade convalescente na qual a mulher de Mao fora colocada após dar à luz foi pega em terreno aberto. Na primeira passagem, o avião do Guomindang abateu vários carregadores; enquanto dava a volta para uma segunda passagem, He Zizhen atirou-se sobre um comissário político ferido chamado Zhong Chibing. Ela foi atingida por 17 estilhaços da bomba que caiu ao lado deles. He Zizhen prosseguiria a Longa Marcha em uma maca.

O homem com o avental branco continua acenando e falando. Imagino que seja apenas mais um rapaz querendo uma aula grátis de inglês até que ele chama um homem num uniforme para nos obrigar a segui-lo até um escritório no lado leste da ponte. Eles apontam para um cartaz escrito à mão no acostamento da estrada e nos ensinam dois novos caracteres: 非 (fei) e 典 (dian), chinês para Síndrome Aguda Respiratória Severa, mais conhecida como Sars.

O governo central finalmente começou a se mexer e, como o sintoma inicial da Sars é febre, todos os viajantes estão tendo a temperatura medida em busca de sinais de anormalidade. O Dr. Wang franze o cenho quando tira o termômetro de mim.

— A sua está um pouco alta — diz ele.

Não tenho forças para falar, quanto mais para discutir. Felizmente, o Dr. Wang é capaz de ler rostos. O meu diz: "Eu acabei de andar 24 quilômetros sob um sol escaldante carregando vinte quilos montanha acima e abaixo. É claro que a minha temperatura está alta, seu idiota."

— Sim, bem, OK — diz o Dr. Wang. — Podem ir.

Penso de novo no homem com o pedaço de pau. Foi apenas uma coincidência? Na próxima vez em que tenho chance de ver televisão, 24 horas depois, na cidade-condado de Zhenfeng, calculo que muito provavelmente não foi. O noticiário da guerra em desenvolvimento no

Iraque foi substituído por uma cobertura de 24 horas sobre a Sars. As imagens de Pequim são apocalípticas — ruas vazias e homens com roupas brancas de combate ao bioterror examinando prédios e transportes públicos. Em todos os canais, há números sobre mortos e infectados.

Em 5 de maio, recebemos um e-mail de nossa amiga Nicole, em Pequim. Ela diz que pessoas da cidade foram atacadas por camponeses com porretes nas mãos no condado de Huairou, ao norte da capital. Outros amigos contam de camponeses nos subúrbios de Pequim fazendo buracos nas estradas para manter a praga longe.

"Está uma loucura aqui", diz Tom Spearman, que geralmente nos atualiza sobre os resultados das partidas importantes de futebol, e não sobre as estatísticas da doença. O casamento de Tom foi cancelado — sua noiva, Liu Jianya, é chinesa, e a Sars causou o fechamento da repartição em que estrangeiros e chineses devem se registrar para casar.

Supostamente estamos em uma área livre da Sars, mas enquanto passamos por uma multidão perto de Zhenfeng, em vez de entreouvir "ataque no Iraque", ouvimos "estrangeiros... *fei dian*". Parece que qualquer forasteiro é suspeito, e ninguém se destaca tanto como gente de fora quanto nós. Quando nos aproximamos do ponto de travessia de um rio abaixo da vila de Tudipo, em Yunnan, um grupo de operários trabalhando já atingiu a metade da construção de uma ponte. Um supervisor grita e acena para recuarmos. Isso não é incomum. Às vezes, somos detidos nas estradas quando os trabalhadores estão prestes a fazer uma explosão. Paramos e esperamos pela detonação — mas ninguém mais se afasta.

Gritamos:

— Por que vocês estão gritando conosco? O que está acontecendo?

Mais sinais com as mãos. Repetimos as perguntas três vezes. Finalmente, o homem se aproxima, junto com um grupo de operários fortes.

— É por causa da Sars — diz ele.

— Ah, vocês estão com Sars, não é? — diz Andy.

Humor negro não produz nenhum efeito neles.

— Não estamos permitindo estranhos na vila — diz o homem.

— Não queremos entrar na sua vila — digo. — Só queremos passar pela estrada.

Os homens discutem e permitem que passemos. Meia hora depois, outro grupo nos intercepta.

— Nenhum forasteiro pode entrar na nossa área — diz o líder.

— Quem disse isso? — exijo saber.

Silêncio. Resisto a uma vontade de tossir em cima deles.

— Vamos lá, quem disse que não devíamos estar aqui? Nós já fomos testados muitas vezes. E quanto a vocês?

— Houve um anúncio — é o máximo de explicação que recebemos.

Não há muito o que possamos fazer a respeito dessa situação. Não podemos dizer: "OK, vamos colocar as mochilas no chão e acampar até a Sars acabar." Tampouco faz sentido dar meia-volta — as pessoas que ficaram para trás não estavam com menos medo nem eram mais receptivas, assim talvez fiquemos presos nesse pedaço de estrada de terra tentando encontrar uma maneira de passar as barricadas de camponeses nas duas direções. Nossa única alternativa é enfrentar os oponentes. Tentamos parecer altos e intimidadores o máximo que conseguimos e continuamos a caminhar.

Ninguém tenta nos deter dessa vez, mas sabemos que é uma estratégia de risco. Antes da Sars, podíamos contar com a ajuda das pessoas do campo — com direções, comida e às vezes abrigo. Agora, fico nervoso cada vez que entramos em uma nova vila. Se os camponeses estiverem bastante amedrontados, é bem possível que recorram à força para nos manter longe.

Lü Sitao escolhe esse momento de moral baixo para fazer a entrega de pizza mais distante de toda a história da China. De um Pizza Hut em Guangzhou até o nosso solitário acampamento no nordeste de Yunnan são cerca de 3.200 quilômetros. Sitao leva 36 horas para fazer a viagem e, a bem da verdade, ele jamais deveria ter conseguido chegar até nós. Pelo menos é o que passamos a acreditar com as notícias vindas de Pequim. O noticiário informa que a epidemia de Sars bloqueou as viagens pela China, especialmente a partir de áreas infectadas, tais como Guangzhou. Jia Ji já cancelou os planos de se encontrar conosco mais adiante em Qujing.

Sitao encontra-nos ao anoitecer. Acabamos de sair de um abrigo improvisado após a segunda chuva forte do dia. O aguaceiro arruinou os esforços para chegarmos a um refúgio seguro, mas o céu já está abrindo e uma lua cheia fornece a iluminação enquanto montamos acampamento. Abraçamos nosso amigo com alegria.

— Como que você conseguiu chegar até aqui? — pergunto.

— Sem problemas — responde Sitao.

Os homens com aventais brancos mediram a temperatura dele duas vezes durante o caminho, anotaram seu telefone e o deixaram passar. Sitao não é um jovem típico. Ele sabe que, só porque absolutamente todo mundo diz que você não pode fazer algo, isso não é motivo para não se tentar — especialmente na China.

Na manhã seguinte, nós três avançamos sobre a montanha para chegar a Zhujie a tempo para o almoço. Uma minivan com vidros escurecidos encosta na entrada da vila. O Dr. Lei Yusu salta e late para nós:

— PAREM BEM AÍ!

— Tudo bem, fique calmo — diz Andy. — O que você quer?

— NÓS ESTAMOS COMBATENDO A FEI DIAN.

— Sabe, não há nada de errado com nossos ouvidos — digo.

O Dr. Lei olha com raiva.

— SIGAM-ME.

Com a misteriosa minivan guardando nossa retaguarda, somos levados à clínica da vila. Assim que entramos, somos trancados na "Sala de Observação de Febre". Qinglong tem dois termômetros. Estrangeiros são testados antes. O Dr. Lei checa a nossa temperatura.

— Então, está tudo bem? — pergunta Andy. — Podemos ir agora?

O Dr. Lei o ignora, sai da sala e fecha a porta.

Eu gostaria que não tivesse de ser assim. Eu gostaria que fosse possível ter apenas uma conversa aberta e educada e chegarmos a uma solução razoável. Talvez seis meses antes, quando éramos jovens marchadores alegres e dispostos embarcando em uma grande aventura, talvez nessa época. Mas não mais. Abrimos a porta e saímos. Gritamos com o médico. Ele grita conosco. Denunciamos o tratamento dispensado a nós e as condições imundas do centro de saúde. Ele protesta dizendo que nada é sua culpa. Ele fala que temos de esperar pela chegada de Qujing dos "líderes superiores".

— Quando esses "líderes" chegarão? — exijo saber.
— Logo.
— Quem eram aquelas pessoas na minivan com você?
— Os líderes locais.
— Diga-lhes para virem aqui conversar conosco.

Não aparece ninguém do governo local. Somos todos a favor do combate à Sars, mas isso é ridículo. Por acaso os "líderes superiores" têm algum exame especial de Sars para estrangeiros? De Qujing a Qinglong leva cerca de uma hora de carro. Depois de duas horas de agressões verbais mútuas, nada de comida e nenhuma informação adicional, decidimos nos arriscar. Pegamos as mochilas e saímos do centro.

Os pulmões do Dr. Lei estão exauridos. Ele fica em silêncio ao lado do portão. Enquanto isso, os líderes locais se escondem na sede do governo local no alto da colina. Damos uma entrada para assustá-los. Eu meio que esperava encontrá-los fazendo uma barricada, como as crianças em Luoyan ou como os últimos humanos sobreviventes em um filme de terror chinês, no qual *laowai* zumbis devastam o país. Na realidade, eles estão apenas se preparando para almoçar.

— Esperem um minutinho — diz o secretário do partido Li. — Comam alguma coisa conosco.

— Obrigado, secretário do partido Li, mas já tivemos demais da sua hospitalidade — digo, mas receio ter acrescentado algumas palavras rudes; assim como as reminiscências dos veteranos da Longa Marcha, o meu diário é casto. Quando saímos do prédio do governo para começar a escalada até Zhujie, Sitao pergunta por que simplesmente não saímos andando antes.

— Porque não sabíamos o que poderia acontecer — respondo. — A Sars deixou todo mundo tão assustado que você não pode mais prever o que as pessoas vão fazer. Eles não tinham direito de nos manter ali após passarmos pelo exame de temperatura, mas quem sabe o que eles poderiam fazer se tivéssemos saído? Eles poderiam nos colocar em quarentena por meses ou prender e bater na gente, quem sabe?

— Então o que faz ser OK nós sairmos agora?

— Hmm... bem, eu quero chegar a Qujing antes do anoitecer.

Uma hora de caminhada depois, os "líderes superiores" finalmente chegam em um jipe e um sedã preto. O Sr. Fang, do Escritório de Assuntos Exteriores, nos cumprimenta efusivamente.

— Lamento terrivelmente — diz ele. — É tudo um equívoco. Esses moradores não entendem a situação.

Um oficial de menor patente oferece três garrafas de cerveja Lancang Jiang e um saco de pãezinhos grudentos, depois todos eles vão embora, dizendo que querem conversar com a liderança de Qinglong. Caminhamos vagarosamente, atrasados para o almoço e impressionados pelas cervejas, mas ainda querendo entender por que eles simplesmente não podiam ter dado por telefone as ordens para nos liberarem três horas antes.

O senso de humor de Andy ficou mórbido depois que deixamos os bouyeis para trás. Seus persistentes problemas de saúde pareceram ter diminuído por um tempo, mas em Zhenfeng ele começou a adoecer novamente. Não liguei muito na hora. Eu também estava afetado pela exaustão, desidratação e dieta pobre. Eu precisava sentar para me recuperar após subir um único lance de escadas. A desidratação fazia meus dedos doerem tanto que eu não conseguia segurar um par de hashis.

Mas Andy enfraquecia progressivamente. Ele ficava particularmente mal após comer alimentos oleosos ou pimenta — o que era especialmente chato, porque ele considerava um toque de chili a única coisa capaz de tornar tolerável a sua dieta. Ele experimentou mudar para latas de mingau de arroz chinês, em busca de nutrientes que seu estômago conseguisse agüentar. Não conseguiu por muito tempo: logo sofreu uma nova onda de ataques de náusea, câimbras estomacais e diarréia.

Ao atingir as cercanias de Qujing, planejamos sair ligeiramente da rota do Exército Vermelho. Os vermelhos nunca entraram na cidade e pouco se esforçaram para tomá-la. Em vez disso, eles a circundaram pelo norte e pelo sul e avançaram na direção do Jinsha Jiang, o rio das Areias Douradas. Enquanto fazemos diferente dos vermelhos e penetramos nos subúrbios da cidade, Andy não está com pressa para nada, exceto para chegar a um banheiro. Ele quase não agüenta mais de dores e náusea, mas se arrasta até o Hotel Qujing, onde há suprimentos enviados por Jia Ji.

Os funcionários na recepção querem medir nossa temperatura antes de nos registrarmos. Eu não confio muito nas chances de Andy passar no exame de Sars, então os convenço a "esperar um pouquinho", já que estamos "superaquecidos pela jornada". Sitao leva o amigo doente rapidamente para a cama no andar de cima. É dia de final da FA Cup e, graças à cortesia da TV Sichuan, nós três assistimos a um dos jogos mais maçantes dos últimos tempos. Sitao parte no dia seguinte em baixo-astral. Ele esperava caminhar conosco, mas Andy está preso na cama.

Eu continuo otimista. Não acredito que seja uma condição patológica; eu já me acostumei a ver Andy na condição de semimorto. Ele teve um colapso por dez dias em Zunyi, uma semana em Renhuai, outra semana em Guiyang, e em todas as vezes ele por fim levantou-se e continuou. Espero que um descanso de alguns dias seja o suficiente para recarregar as energias para a próxima etapa, que certamente não pode ser tão dura quanto a última. Não consigo parar de achar que já passamos pelo pior, apesar das montanhas, dos cachorros e pântanos que estão pela frente.

"Vocês nunca pensam em desistir?", perguntam amigos e estranhos. Andy admite abertamente que pensa nisso todos os dias. Mas eu sei que ele não desistirá. É fácil falar sobre desistir, mas realmente parar quando o pior da jornada já foi vencido? Enquanto conseguir pôr um pé na frente do outro, Andy vai adiante. Ele é um vegetariano.

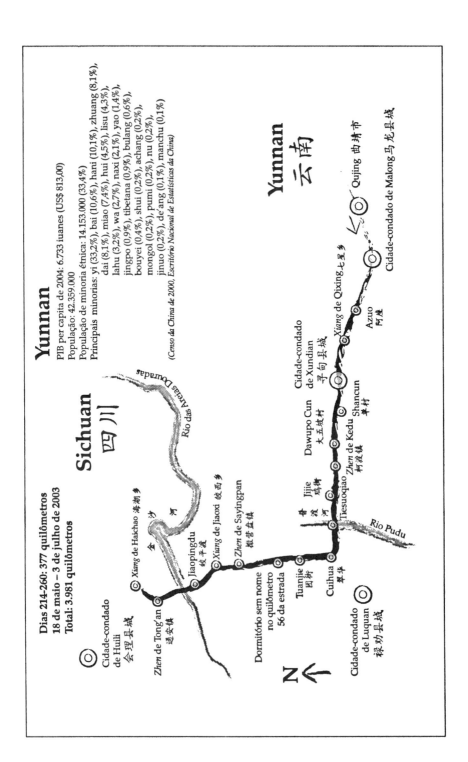

Capítulo 10

Fim do Caminho, Parte 1

A última teoria do médico é que Andy tem giárdia, um parasita comum no oeste da China que causa sérias disfunções intestinais. Os remédios não funcionam. Os músculos de Andy estão exauridos e sua pele estampa cada detalhe de suas costelas. Sugiro que ele tente o "banho herbáceo da minoria yao", entre os sabonetes e xampus do banheiro do hotel. A embalagem afirma que essa poção dá jeito em tudo, de cansaço muscular a problemas epidérmicos e desordens estomacais. As mulheres que recorrem ao banho retornam aos campos apenas sete dias após o parto, sem "nenhum problema ginecológico". Ele elimina meu eczema quase que imediatamente, mas, após dez dias em Qujing, Andy está pior do que nunca.

— Não posso diagnosticar isso por telefone — diz o médico. — Você precisa ir a um hospital de verdade.

No espírito do Exército Vermelho, Andy e eu conferenciamos para decidir a estratégia. O Encontro de Qujing resolve declarar um estado de emergência médica e determinar uma retirada para Kunming, a capital da Província de Yunnan, onde Andy será entregue aos cuidados do Hospital do Povo nº 1.

Nesta época do ano, Kunming deveria ser um agitado centro turístico. Yunnan apresenta uma população e um clima extremamente variados. Vinte e seis das 55 minorias étnicas da China vivem na província. De Kunming, os visitantes vão para sudoeste, à região subtropical de Xishuangbanna, na fronteira com Mianmar e Laos, ou noroeste, à pré-histórica Dali, capital da minoria Bai — um dos destinos mais populares dos mochileiros no país. Depois de Dali fica o começo do Platô Tibetano, cujos picos nevados supostamente inspiraram o *Horizonte perdido*, de James Hilton (via artigos na *National Geographic*; Hilton jamais viu ao vivo uma montanha tibetana). Por um decreto do Conselho de Estado, em maio de 2002 o Condado de Zhongdian foi despudoradamente renomeado como "Xangri-Lá".

Encontramos Kunming praticamente deserta, com sua economia paralisada devido à eclosão da Sars. O governo provincial interrompeu todas as excursões turísticas à região, embora oficialmente a província não esteja atingida pela Sars. Taxistas falam de corte de até oitenta por cento nos rendimentos. Nosso hotel, o Baiyun Dajiudian, fechou três dos cinco andares e dispensou a maioria dos funcionários. Encontro uma de suas ex-gerentes prostituindo-se no bar do Holiday Inn. Ela disse que pediu demissão após seu salário mensal ter sido cortado de 2 mil para 700 iuanes. O restaurante Yunnan Flavour, no fim da rua, que normalmente ficava lotado todas as noites graças ao espetáculo musical que apresentava a "cultura da minoria", fechou as portas completamente.

Enquanto Andy é revirado e examinado no hospital, leio uma cópia em inglês de *A mulher de branco* que encontrei na Livraria Xinhua, bebo sozinho café no In City Cafe e digo a mim mesmo que tudo vai dar certo. Pelas manhãs, vou ao supermercado do Carrefour (Kunming é uma cidade de classe média bastante agradável) e então levo as compras para o Hospital do Povo nº 1 e faço uma comida de doente para Andy.

Após exames de ultra-som, os médicos declaram que Andy tem pequenos cálculos biliares e um fígado provavelmente infectado. Eles receitam glicose na veia e remédios e pedem novos exames. Depois de vários dias sem melhora, eles mudam de idéia e prescrevem outros remédios. Estes também não funcionam. Quando o médico faz a visita matinal, Andy o coloca contra a parede:

— Você não sabe o que fazer, não é?

— Certamente que sei — afirma o médico. — Eu preciso de mais exames. Mas não posso fazê-los aqui. Nós não temos o equipamento.

Sempre que nos deparamos com uma escolha entre duas trilhas, uma que vai para cima e outra para baixo, a que sobe sempre parece ser a que temos que seguir. Andy já sabe a resposta para a sua próxima pergunta.

— Onde posso fazer esses exames?

— Só há um lugar, Pequim.

Não é exagero dizer que estou com medo de prosseguir sozinho. Quem sabe o que será de mim sem um porrete extra para enfrentar os cachorros? E se eu ficar doente? Quem, então, me carregará? Sem ninguém ao redor para discutir as opções, não é mais provável que eu escolha as alternativas erradas? Pondero sobre os possíveis impactos da solidão, a decepção do fim de todos os esforços de Andy, o peso de ter que terminar isso sozinho. Mas não posso esperar mais. As grandes Montanhas de Neve ainda estão à frente. Se o inverno chegar antes de eu cruzá-las, as passagens se fecharão. Calculo que tenho de sair em três dias, no mais tardar no domingo, 15 de junho, ou me arriscarei a perder quaisquer chances de completar o que resta da Longa Marcha.

Na manhã de 13 de junho, Andy está prestes a marcar sua passagem de volta para Pequim, quando uma bem-sucedida visita ao banheiro o convence do contrário.

— Não vou embora — diz Andy, encorajado pela súbita melhora. — Você disse que temos até domingo. Eu vou ficar e tentar prosseguir a marcha.

Nos últimos quinze dias estive deprimido e desanimado, mas juntar as coisas e pôr o pé na estrada de novo me enche de energia e otimismo irracional. Quando saímos de Qujing, quatro semanas após chegar ali pela primeira vez, tudo parece realmente normal, como a vida diária comum, novamente andando e observando os trabalhadores no campo. Durante nosso hiato, o arroz cresceu bastante e os campos agora exibem um luxuriante verde-esmeralda.

Embora Andy tenha progredido desde que seus movimentos intestinais melhoraram, ele ainda não está o que se chamaria de "bem". Na noite passada, tudo o que comeu se resumiu a barras de granola e ele foi para a cama reclamando de dores no estômago. A estrada de Qujing para Malong é uma reta plana de 32 quilômetros. Em épocas normais, nós a atravessaríamos em sete horas, quase com a impressão de que tivéramos um dia de folga. Agora, Andy cambaleia para a frente como um idoso. Fico na retaguarda porque tenho medo de, se eu ditar o ritmo, virar para trás uma hora e descobrir que ele não está mais ali.

A cinco quilômetros de Malong, vejo Andy tropeçar e por pouco não cair. Ele me conta depois que pensou no que seria preferível, se esborrachar com a cara no chão ou prosseguir. Periodicamente, bile sobe do seu estômago até a garganta, e assim ele, literalmente, "come amargura". Pela rua principal de Malong, caminho poucos passos atrás, pronto para pegar meu amigo, que balança, mas não cai.

Para os saudáveis e em forma, é uma maravilhosa época para caminhar. Estamos dois mil metros acima do nível do mar e não temos mais aquele calor irritante que incomodava no sudoeste de Guizhou. É o auge da estação de cultivo de tabaco e arroz, os principais elementos da economia de todos os grupos étnicos que habitam esta região. A noroeste de Malong, Xundian é um condado autônomo das minorias hui e yi, embora nosso anfitrião hui em Qixing, Ma Qinglun, nos diga que na verdade há cinco vezes mais hans do que todas as minorias juntas. Depois de Jinsuo, a noroeste da cidade-condado de Xundian, uma fila de carroças puxadas por cavalos passa por nós, levando pessoas e produtos de volta do mercado para casa. Muitas estão cheias de mulheres com lenços coloridos na cabeça, gritando e acenando.

— Venham conosco — gritam elas. São miaos, é claro.

Esta região não apenas é multiétnica, mas também multirreligiosa. A herança dos huis é mesclada, para dizer o mínimo. Alguns remontam aos mercadores muçulmanos que viajavam ao longo da Rota da Seda, estabeleceram-se na região e casaram com chinesas. Outros seriam descendentes de colonos mongóis, turcos ou de outras partes da Ásia Central, que no passado formaram o estrato social dominante durante a dinastia mongol Yuan. Eles são mais um grupo religioso que étnico, definido pela filiação histórica à fé muçulmana. Lojas e restaurantes daqui exibem imagens de Meca em vez dos retratos do Camarada Mao. A escrita árabe está por todos os lados, embora eu não encontre ninguém que saiba lê-la. As mesquitas são discretas — a única que vejo é uma construção ampla e moderna na cidade-condado de Xundian. Ma Yaocong, que administra o restaurante hui Jinxuan perto de Jinsuo, diz que a observância religiosa está mais restrita aos idosos.

Este certamente não é o caso das expansionistas congregações cristãs além de Xundian, no condado de Luquan. Acho ao mesmo tempo estranho e confortante ver uma igreja em cada vila ao longo da estrada. Cada uma tem uma fachada nova, com telhas brancas sobre uma construção de concreto claro. Dentro, a única decoração é a cruz na parede atrás de uma mesa que serve de altar e púlpito. Os fiéis sentam-se em bancos de madeira. As congregações são multiétnicas, yi, han e miao, de modo que a pregação geralmente é feita em mandarim, para que todos possam entender.

Somos acolhidos pelo inconfundível som de um coro de igreja em Zhenjinwan Cun. O salão da igreja está lotado de homens e mulheres de todas as idades, cantando hinos na língua yi. Como ateu, acho especialmente curioso que me sinta tão em casa aqui. Uma senhora idosa, em trajes yis tradicionais, abandona o coro e vem me perguntar:

— Você acredita no Senhor?

— Receio que não — respondo.

A senhora fica desapontada. Ela volta à cantoria.

Os idosos da igreja nos convidam para nos juntarmos a eles no recinto ao lado, onde estão preparando uma pequena celebração para marcar o término de um prédio anexo à igreja. O principal pregador, Li Guolin, diz que a congregação tem entre trezentos e 350 membros, a maioria yis, como ele próprio, mas também com alguns hans.

— Basicamente, toda vila grande tem uma igreja — diz ele. — Há mais de duzentas igrejas em nosso condado, de 40 mil a 50 mil crentes.

— Onde vocês aprenderam sobre o cristianismo? — quer saber Andy.

— Pela Grã-Bretanha. A congregação em Sayingpan também foi convertida pelo [mesmo] padre britânico. Ele morreu aqui cem anos atrás.

Há três homens velhos o bastante para se lembrar de 1935, mas nenhum deles tem recordações do Exército Vermelho. Um diz que com certeza eles não passaram pela vila, embora se saiba que alguns soldados tenham buscado alimentos por perto. Ninguém sabia dizer se eram vermelhos ou do Guomindang, já que os moradores fugiam ao ver quaisquer soldados hans.

A relação desses idosos com o comunismo é complicada pela fé. A congregação de Zhenjinwan foi destruída pelo fervor intolerante da Nova China após 1949, e esses homens receberam punições por causa de suas crenças.

— Crentes em Jesus foram criticados e alguns, presos — diz Li. — Alguns foram investigados. Eles sofreram bastante. As congregações acabaram. Isso foi de 1950 até 1979. Depois de 1979, pudemos respirar de novo. Antes de 1979, você não podia acreditar em Jesus. Nem dentro de casa nós podíamos acreditar em Jesus.

Esses dias sombrios parecem distantes, enquanto ouvimos hinos e mascamos sementes de girassol e biscoitos doces caseiros. Um espevitado menino de oito anos circula na sala com uma faixa da Inter de Milão na cabeça, enquanto o pai de aparência igualmente próspera diz que o governo agora apóia o cristianismo por causa de seus ensinamentos morais positivos. Há inúmeros memoriais à passagem do Exército Vermelho na estrada para o Jinsha Jiang, o rio das Areias Douradas, e eles surgem nos lugares mais inesperados. Na entrada de Jinsuo, encontramos um no estacionamento de um restaurante hui. Geralmente, as pedras memoriais registram a participação do governo local e do Partido Comunista na construção do monumento, mas este destaca apenas o patrocínio do restaurante Jinxingyue. Nós nos deparamos com mais um memorial oitocentos metros depois de Jijie, escondido no fundo do terreno em que Li Yunquan e sua família estão construindo um restaurante onde as atrações serão grelhados de peixes pescados pelos próprios clientes. Em Tiesuoqiao, a ponte de correntes de ferro construída em 1928 ainda cruza o caudaloso rio Pudu. Na extremidade norte, uma placa registra que Mao e o Exército Vermelho fizeram uma travessia aqui no fim de abril de 1935. A ponte está fechada há dez anos, com as tábuas retiradas e os portões trancados, mas isso não afasta a criançada. Antes que possamos detê-la, Dai Rouxiang, de nove anos, cujo irmão mais velho administra o restaurante no lado sul da moderna ponte de pedra, escala as barreiras e mostra como se pode atravessar a antiga ponte caminhando-se pelas correntes expostas.

De Tiesuoqiao, a força principal do 1º Front do Exército, de Mao, continuou quase em linha reta para o norte, até o *ferry* que atravessa o rio das Areias Douradas em Jiaopingdu. Enquanto isso, o jovem comandante do 1º Grupo do Exército, Lin Biao, liderou um ataque diversionista no sul contra Kunming, fazendo suas tropas chegarem bem perto da capital de Yunnan em 29 de abril de 1935. Muitos residentes estrangeiros foram tomados pelo pânico e conseguiram arrumar um trem para fugir para Tonkin, no sul.¹ Em resposta ao pedido de ajuda enviado por Chiang Kai-shek, Long Yun, um senhor da guerra de Yunnan, enviara suas melhores forças para Guizhou quando os vermelhos fingiram rumar para Guiyang; agora, ele tentava montar suas defesas enquanto Lin Biao fazia o mesmo truque de novo. Tão logo foi realizada a travessia em Jiaopingdu, em 3 de maio, Lin retirou seus homens e correu para o rio.

É fácil demais, então. Mao ordena um movimento contra Kunming; Long Yun entra em pânico e manda seus homens para a defesa da capital provincial, abrindo caminho para o Exército Vermelho marchar sem ser incomodado até o rio das Areias Douradas e finalmente entrar em segurança em Sichuan. Mao é um gênio estratégico.

Mas causa e efeito são realmente tão simples e adequadamente narrados? Um excêntrico botânico e antropólogo americano chamado Joseph Rock estava em Yunnan quando os vermelhos se aproximaram de Kunming. Rock escreveu em seu diário: "Se eu fosse Long, deixaria [os comunistas] irem e azar [do Guomindang]... Chiang está forçando os comunistas a rumar para Yunnan, no sul, fechando o caminho deles ao norte, mas sem dúvida Long vai enganá-lo e deixá-los partir para oeste... e Chiang ficará à própria sorte, o que será merecido."² Um funcionário do Museu Provincial de Yunnan disse a Harrison Salisbury que Long Yun recebeu um telegrama do representante de "algumas pessoas influentes" de Hong Kong dois dias antes de Lin Biao aparecer nos portões de Kunming. A mensagem dizia: "Eu conversei com pessoas em Guizhou e Hunan. Minha impressão é de que eles apenas querem tirar o Exército Vermelho dessa área e que o Exército Vermelho quer ir para Sichuan por Yunnan, então é melhor nos deixarem fazer isso sem lutar." Long Yun anotou no telegrama: "Isso é uma declaração baseada nos interesses do sudoeste."³

Poderia o Exército Vermelho ter marchado por Yunnan sem ser incomodado mesmo sem o diversionismo tático magistral desferido contra Kunming? Essa manobra obrigou o 1º Grupo do Exército a uma das mais duras marchas forçadas de sua história, que resultou em perdas fora de combate, já que os soldados enfraquecidos simplesmente desmoronavam. Menos de uma semana após cruzar o rio das Areias Douradas, Mao recebeu fortes críticas de Lin Biao, que o pressionou para passar o comando militar para Peng Dehuai. Os construtores do mito de Mao não param para pensar nos motivos para o ataque de Lin; eles somente celebram a reação de desdém do Camarada: "Você é uma criança." Lin tinha 27 anos, Mao, 41.

Desde que comecei a levar a história a sério, fiquei atraído pelo retrato de Napoleão desenhado por Tolstói em *Guerra e paz*: fundamentalmente impotente, dando ordens que nem ao menos chegavam ao campo de batalha, mas ainda assim ganhando créditos a cada vitória. Mais importante do que o líder exaltado é o homem que, ao ver o porta-estandarte cair, recolhe a bandeira, arregimenta os soldados ao seu redor e ataca o inimigo. As vitórias são conquistadas por meio de atos individuais de coragem, a maioria dos quais jamais é reconhecida.

Shangpingzi não é o tipo de lugar em que você espera encontrar tal Herói da Revolução. A loja mais próxima fica a dois quilômetros e meio e o telefone mais perto, a 32 quilômetros. A própria aldeia é um agrupamento desorganizado de casas de barro erguidas na ponta norte de Yunnan. O rio das Areias Douradas corre abaixo; acima, há uma escalada de mais de mil metros até a passagem mais próxima para a saída do vale.

É fácil localizar Zhang Chaoman. Todos numa distância de trinta quilômetros para qualquer dos lados da divisa parecem conhecê-lo. Nem ele nem o neto, Pei Xinfu, demonstram surpresa com nossa aparição repentina. Eles nos recebem em sua casa de dois andares com pátio, uma bela residência pelos padrões locais — tem tijolos de verdade —, e Zhang imediatamente se senta no sofá e começa a narrar sua história.

Zhang tinha 22 anos quando se encontrou com uma unidade de vanguarda do Exército Vermelho. Os soldados disseram que precisavam de barcos e remadores que pudessem atravessar as fortes correntezas do rio das Areias Douradas.

— Uma unidade de propaganda do Exército Vermelho veio aqui antes. Eles disseram: "Não tenham medo, nós somos o Exército Vermelho, soldados proletários, filhos de gente pobre. Nós matamos os ricos e salvamos os pobres; nós matamos as autoridades e protegemos o povo; nós punimos os ricos maus e damos os campos aos agricultores. Nós derrotamos o governo e salvamos os pobres, não tenham medo. Nós não roubamos comida. Se vocês tiverem carne, podem vendê-la a nós. Nós temos que pagar."

Zhang e seus quatro irmãos foram conquistados pela propaganda vermelha.

— Os vermelhos chegaram aqui às onze da noite, e eu os levei para encontrar barcos. Achamos um barco na margem do rio das Areias Douradas. Os vermelhos acharam mais quatro. Os barcos grandes podiam levar sessenta pessoas... Havia duas companhias do Guomindang na margem distante. Após eles serem derrotados e fugirem, o comandante disse: "*Laoxiang*, você tem que remar rapidamente. Leve nosso exército até o outro lado." Nós remamos até de manhã e levamos mais de um regimento.

Os vermelhos conseguiram encontrar somente mais dois barcos. Trinta e seis homens da região, incluindo os irmãos Zhang, transportaram cerca de 30 mil soldados até o lado do rio em Sichuan. Foram necessários sete dias e sete noites, trabalhando sem descanso no ponto de travessia de Jiaopingdu, a menos de três quilômetros de onde hoje Zhang vive, em Shangpingzi. Quando as últimas unidades acabaram a travessia para Sichuan, em 9 de maio, nenhum homem se perdera.[4]

— Cada soldado vermelho carregava um saco de arroz — conta Zhang. — [Quando acabou], eles colocaram um panelão na margem e cada um nos entregou uma xícara de arroz. Eles também mataram um porco para nós comermos. Liu Bocheng [que comandou a operação de travessia] disse: "*Laoxiang*, no céu, eles têm carne de dragão, na terra, carne de macaco é deliciosa."

A essa altura, não tenho mais idéia do que Zhang está falando. Esse é o problema com a história oral. Mudo de assunto.

— O que aconteceu com você após a partida dos vermelhos?

— Mais tarde, o Guomindang "limpou a vila". Antes de o Guomindang chegar, nós danificamos todos os barcos, para que eles não pudessem perseguir os vermelhos. Eu fiquei preso por sete dias. Bao Zhang [um líder local] gritou que eu iria pagar por seu barco: "Você tem muita ousadia. Como se atreve a roubar meu barco, ajudar o Exército Vermelho a atravessar o rio e então destruir o meu barco?" Tivemos que mentir para ele: "Não, não, não fomos nós. Os vermelhos nos obrigaram." Tivemos que dar em pagamento dois barcos entregues a nós como recompensa pelo Exército Vermelho e vários porcos, ovelhas e vacas e algum dinheiro emprestado de parentes. Houve uma investigação. Bao Zhang trouxe um bando de gente na minha casa, procurando por munição e ópio. Eles abriram um grande buraco no chão, mas não acharam nada. Eles roubaram as roupas da minha mulher, lençóis e cobertores. Quando voltei para casa, eu a consolei: "Não importa, pelo menos estamos vivos."

A família de Zhang teve que pagar 280 *taels* pela liberdade. De acordo com a história contada por Zhang a William Lindesay dez anos atrás, ele e seus irmãos foram presos. Ele disse: "Eu fiquei amarrado por 12 horas, até que cortaram as cordas para eu ser levado a Luquan para ser executado. Mas, felizmente, Bao Zhang acreditou nos muitos aldeões que lhe contaram que nós fomos forçados a ajudar os vermelhos sob a ameaça de sermos mortos."[5]

Zhang está quase surdo, mas continua com muito vigor aos noventa anos. Sua contribuição à Revolução era ignorada antes de Harrison Salisbury o entrevistar, em 1984. Após a entrevista, o governo concedeu-lhe uma pensão.

— Se não fosse por você e seus irmãos, poderia não existir a Nova China. Você já tinha pensado nisso?

— Não pensei nisso na época. Eu descobri mais tarde nos livros de história.

Nossa primeira visão do rio das Areias Douradas, em 29 de junho, é um dos momentos mais emocionantes da Longa Marcha. Durante cinco dias após a saída de Qujing, era bastante incerto se Andy poderia prosseguir. A cada noite, ele estava no fim da linha, mas na manhã seguinte, de algum modo, conseguia ir em frente. Felizmente, quando as estradas se transformaram em trilhas que cada vez subiam mais e ficavam mais íngremes, as forças de Andy começaram a voltar.

O caminho até o rio das Areias Douradas é o mais longo e difícil de todos, 32 quilômetros que nos levam de um platô elevado e fresco até um escaldante vale subtropical. Na hora do almoço em Shaleshu, faz 25º C; no fim da tarde, o termômetro marca 40º C e estamos sob a sombra de bananeiras. Eu sou o primeiro a fazer a curva que revela a vista para o Areias Douradas. Andy vê o meu sorriso, depois o rio e então se joga no chão, aliviado. Um mês antes, até mesmo uma semana atrás, nenhum de nós pensava que ele chegaria até aqui.

Mesmo durante a noite, a temperatura em Jiaopingdu nunca fica abaixo de 30º C. Nosso quarto está cheio de insetos, o banheiro da hospedaria tem ratos nas latrinas no chão e baratas nas paredes. Eu prefiro usar a horta de repolho no lado de fora. Não sou o primeiro a ter a idéia. A única estrada que sai de Jiaopingdu sobe direto para a montanha Zhongwushan, no lado norte do rio. Embora acordemos às cinco da manhã para evitar o calor, essa é a escalada mais longa, elevada e dura de toda a jornada. Por vezes, reduzimos o ritmo a ponto de quase parar, com descansos a cada vinte minutos, ou mesmo a cada 15 minutos. Mal passa das duas da tarde quando começamos a descida até o *zhen* de Tong'an, mas nós dois estamos arrasados — uma péssima hora para encontrar um posto de checagem de Sars.

No dia anterior, minha temperatura estava em 40º C no posto de Sars na ponte de Jiaopingdu. O médico olhou para o sol, olhou para o meu rosto esfogueado e me deixou partir. Desta vez, só para garantir, providencio para que o termômetro saia da minha axila antes de as coisas esquentarem demais. Andy passa pelo exame com facilidade, mas será o único em que se sairá bem por um bom tempo. Seu estômago já está doendo. Ele se arrasta nos últimos cinco quilômetros até Tong'an e cai na cama antes mesmo de a polícia chegar para nos recepcionar novamente a Sichuan.

Andy consegue andar apenas oito quilômetros no dia seguinte. Todas as antigas dores voltaram com força. Imploramos uma cama ao governo local de Haichao, esperando que um descanso permita que ele consiga vencer os 48 quilômetros até a cidade-condado de Huili, mas não há milagres desta vez. Nessa noite, Andy vai até o banheiro, que fica no final de uma suave encosta nos fundos do terreno. Só a idéia de ser descoberto caído no chão por um funcionário do governo é que lhe dá forças para rastejar os vinte metros de volta até a privacidade.

Pela manhã, admitimos a derrota e entramos em um ônibus para Huili. A próxima parada de Andy é o Hospital Xiehe de Pequim. Estamos quase dois meses atrasados na programação e não há mais tempo a perder. Hoje, menti por omissão para Jia Ji, mas amanhã terei de admitir a verdade. Andy não pode continuar assim. A sua Longa Marcha termina em 3 de julho de 2003, depois de 261 dias e 4.004 quilômetros. Essa desgraça só é atenuada por uma coisa...

Quatro de julho. Um riquixá de pedal pára diante do Hotel Huili e um chinês com uma impecável roupa cinza para caminhadas pula para a calçada. Ele sacode um punho no ar. "O Exército Vermelho não teme as atribulações da Longa Marcha!", grita.

Yang Xiao — o Cara dos Equipamentos — chega para o resgate.

Capítulo 11

Irmãos de Sangue

A caminhada a oeste do Exército Vermelho terminou no rio das Areias Douradas, o maior dos afluentes do rio Yangtze. De lá, eles marcharam quase quatrocentos quilômetros em linha reta para o norte, até a margem sul de outro rio temerário, o Dadu, onde combateriam a mais celebrada batalha da Longa Marcha. Antes, eles tiveram que atravessar o território dos yis em Liangshan.

Atualmente, cerca de sete milhões de pessoas pertencem à minoria yi, sendo que os dois milhões que fazem parte do grupo de Liangshan têm uma identidade cultural e histórica única. Em 1935, esses yis dificilmente eram como os pacíficos cristãos do norte de Yunnan. Eles eram guerreiros que não davam a mínima para os hans — comunistas ou do Guomindang. Eles se autogovernavam, do mesmo modo que faziam havia milhares de anos. Mas embora fossem temidos e odiados como selvagens por outros grupos étnicos que viviam por ali, os yis da região também deram origem a uma sociedade complexa e sofisticada.

Eles foram uma das poucas minorias chinesas a terem desenvolvido uma forma própria de escrita e produziram textos sobre astronomia, criaram seu próprio calendário solar de dez meses e escreveram livros de escrituras e história. Liangshan foi a única área yi a preservar um sistema de castas até os tempos modernos (foi abolido em 1956). A sociedade era baseada em uma hierarquia de cinco castas, cuja última era formada pelos escravos gaxi.[1] Os gaxi em sua maioria eram escravos tirados de outros grupos étnicos, e essa prática sem dúvida respondia por grande parte do temor e ódio inspirados pelos yis. As memórias folclóricas dos tempos bárbaros ainda geram preconceitos. Para alcançar as terras yis, temos de cruzar os condados de Huili, Dechang e Xichang, e por todo o caminho as pessoas apertam os lábios e nos advertem para termos cuidado. Há ladrões e homens violentos pela frente, avisam.

Andy e eu nos separamos na rodoviária de Huili com promessas de um reencontro em breve, mas não espero vê-lo de volta. Ele está fraco demais até para guardar as coisas na mochila. Nunca imaginei que ficaria grato pela Sars, mas Yang Xiao só está aqui porque o seu trabalho rotineiro com turistas em Pequim acabou por causa do pânico global com a doença.

— Eu posso ir com você por este mês — diz ele. — Depois, não sei. Eu quero cruzar as Montanhas de Neve com você, mas, se os negócios se recuperarem, terei de voltar a Pequim.

Huili localiza-se em um amplo e fértil vale com um rio, dentro da pré-histórica Rota da Seda do sul, que ia da capital chinesa, Chang'an (a atual Xi'an), até a Pérsia. Os moradores a chamam de uma "Cidade Primavera", como Kunming, porque seu clima ameno é similar ao da capital de Yunnan, que também está a cerca de 2 mil metros acima do nível do mar. Hoje, Huili retém mais atrativos que a maioria das cidades-condados. A moderna Rodovia 108 a corta ao meio, conduzindo tráfego do norte de Yunnan a Xichang e Chengdu, mas a vida da cidade ainda se concentra na antiga rua principal, que corre paralela uns cem metros a oeste. A via fica agitada com o comércio pequeno, enquanto as ruas estreitas a leste e oeste são tomadas por camponeses vendendo sua produção. Uns poucos vestem trajes yis e miaos, mas se trata de uma cidade han, como sempre foi. Muitas construções antigas e baixas dividem o espaço no centro com prédios novos de concreto, mas a muralha da cidade não mais existe. Só resta um portão na rua principal, marcando o ponto onde o ataque dos vermelhos fracassou.

A cidade foi defendida por forças do Guomindang sob o comando de Liu Yuantang, que empregou métodos medievais com grande sucesso. Enquanto os vermelhos tentavam escalar a muralha, caldeirões com mingau de arroz fervendo eram derramados sobre suas cabeças.

Os atacantes tentaram escavar túneis por baixo da muralha; estes foram inundados com água. O ataque foi interrompido após cinco dias.

— Sim, eu vi o Exército Vermelho — diz Wang Zhugui, 77 anos, que cuida de uma loja de produtos de metal algumas dezenas de metros ao norte do portão. Um painel de madeira no alto da fachada da loja traz um esmaecido slogan em tinta branca que deseja "Dez Mil Anos" ao Partido Comunista.

Wang aponta para o portão:

— Eles estavam bem aqui, onde nos encontramos agora, mas não conseguiram ultrapassar a muralha e entrar no resto da cidade.

— Os soldados vermelhos pintaram o slogan na sua loja? — pergunta Yang Xiao.

Wang ri.

— Não, foram Guardas Vermelhos que pintaram.

Os Guardas Vermelhos foram *hooligans* adolescentes gerados pela Revolução Cultural de Mao em 1966. Mao começou uma campanha para derrubar os líderes do partido que acusava de terem traído a sua revolução socialista — "seguindo a estrada capitalista", de acordo com suas palavras. Perto do fim da vida, Mao ficou cada vez mais preocupado com o "revisionismo". Ele acreditava que os ganhos da revolução estavam ameaçados pela emergência de uma classe "burguesa" dentro do próprio partido. Essa classe apreciava sua posição privilegiada e adotava com gosto uma abordagem gerencial em relação à política, focando em desenvolvimento gradual, em vez de progresso revolucionário. Mao via a influência dos revisionistas tanto na oposição ao seu Grande Salto para a Frente como sobre o pragmático programa de recuperação liderado no início dos anos 1960 por Liu Shaoqi, Zhou Enlai, Deng Xiaoping e Chen Yun — todos eles veteranos da Longa Marcha. Ele também nutria um ressentimento em relação a afrontas pessoais e a gestos que via como traições — tais como as críticas de Peng Dehuai em Lushan ao Grande Salto para a Frente, em 1959. Após o fracasso do Grande Salto para a Frente, Mao afastou-se do cotidiano da formação de políticas. Embora ainda apresentasse propostas, ele freqüentemente achava que elas eram modificadas ou ignoradas — particularmente por Liu Shaoqi e Deng Xiaoping. Num discurso a autoridades provinciais em outubro de 1966, ele reclamou que "de 1959 até hoje, Deng Xiaoping não me consultou a respeito de nada... Não é tão ruim eu não ter permissão para completar meu trabalho. Mas não gosto de ser tratado como um antepassado morto".[2]

Enquanto cresciam suas dúvidas em relação à liderança do partido, Mao começou a olhar para além do partido — de volta às massas. Na conferência dos "Sete Mil Quadros" de 1962, ele atacou os burocratas do partido: "Aqueles de vocês que... não permitem que as pessoas falem, que pensam que são tigres e que ninguém ousará encostar em seus traseiros... fracassarão... Vocês realmente pensam que ninguém ousará encostar no traseiro de tigres como vocês? Podem apostar que sim!"[3]

Os Guardas Vermelhos eram os chutadores de traseiros de Mao. Eles começaram como radicais grupos estudantis "anti-revisionistas" nas universidades e escolas intermediárias de Pequim, onde emergiram no verão de 1966 diante de um cenário de crescente conflito político. O nome em si foi usado pela primeira vez por estudantes da Escola Intermediária Universitária Tsinghua, sendo reconhecido por Mao numa entusiástica carta de apoio em 1º de agosto, no mesmo dia em que ele convocou um encontro do Comitê Central do partido para discutir as bases políticas e ideológicas da Revolução Cultural. Como o encontro não resultou em uma submissão imediata, Mao reuniu o Comitê Permanente do Politburo e afirmou que "há monstros e demônios entre os aqui presentes". Em 5 de agosto, Mao divulgou uma de suas mais famosas declarações. Sob o título "Bombardear o Quartel-General", ele escreveu que certos "camaradas da liderança central" haviam se contraposto à Revolução Cultural e posto em prática uma "ditadura burguesa". Mao continuou: "Eles cercaram e eliminaram revolucionários, e sufocaram as opiniões divergentes. Eles praticaram terror branco, glorificando o capitalismo e denegrindo o proletariado. Quanta vilania!"[4]

Intimidado, em 8 de agosto o Comitê Central aprovou por unanimidade um documento conhecido como os "Dezesseis Pontos". Este afirmava que o objetivo da Revolução Cultural era "combater e derrubar aquelas autoridades que estão tomando a estrada capitalista, criticar e repudiar as 'autoridades' acadêmicas burguesas reacionárias e a ideologia da burguesia e todas as outras classes exploradoras, e transformar a educação, a literatura, a arte e todas as outras partes da superestrutura... de forma a facilitar a consolidação e o desenvolvimento do sistema socialista".[5]

Com o encorajamento de Mao, o movimento da Guarda Vermelha pegou fogo. Ao amanhecer de 18 de agosto, cerca de um milhão de estudantes escolares e universitários reuniram-se na Praça Tiananmen para ver Mao saudá-los e aceitar a colocação de uma faixa vermelha em seu braço. Durante os três meses seguintes, mais de dez milhões de Guardas Vermelhos foram até Pequim para novos comícios de massas. Mas não se tratava de festas pacíficas de crianças alegres; eram inspiração para violência e destruição em massa. Os Guardas Vermelhos eram o instrumento de Mao para aterrorizar, subjugar e, em alguns casos, matar seus oponentes. O grupo modelo, da Escola Intermediária Tsinghua, escreveu: "Nós seremos brutais!... Nós atacaremos [os inimigos de Mao] até derrubá-los e esmagá-los."[6] O chefe da polícia nacional disse a subordinados que "se pessoas forem mortas, foram mortas; não é problema nosso".[7] Livres das amarras sociais e legais normais, alguns estudantes deram asas às suas fantasias mais terríveis. Professores e outras autoridades foram torturados e assassinados, enquanto crianças eram atormentadas e espancadas por pertencer a famílias "reacionárias". Gangues invadiram residências em busca de provas de tendências burguesas. Templos e outros monumentos da cultura e civilização chinesa foram destruídos e incendiados. Quando Mao pôs um controle sobre suas atividades, dois anos depois, grupos da Guarda Vermelha tinham arrasado todo o país para demonstrar a lealdade ao Camarada e o entusiasmo em atender ao chamado para "Destruir os Quatro Velhos": o velho pensamento, a velha cultura, as velhas tradições e as velhas práticas.

Do outro lado do portão da cidade de Huili, Yang Xiao e eu fazemos uma pausa numa antiga casa de chá. Yang Xiao olha com desagrado para a sua xícara. O dono explica que seus pires foram tomados na Revolução Cultural, junto com os tabuleiros de xadrez e mahjong.

Ouvi muitas histórias de horror da Revolução Cultural, mas fico quase igualmente impressionado por essa visão de crianças tirando os brinquedos dos adultos. É uma história que ainda continua viva — 35 anos depois, uma sala repleta de homens idosos que continuam sem seus pires e tabuleiros.

Em uma outra casa de chá, numa extensão ao sul da rua principal, Yang Xiao e eu nos transformamos em atração para as crianças da Escola Primária nº 2 local. Elas se amontoam e cantam e dançam para nós. Os adultos dão sorrisos amáveis, até que as crianças recitam um poema que fizeram com base em um clássico da dinastia Tang de Li Bai — um poeta também celebrado por seu amor à bebida e por supostamente ter se afogado em 762 d.C. após ficar bêbado e tentar abraçar o reflexo da lua no rio Yangtze. O poema original expressa uma saudade de casa inspirada pelo luar; na versão contemporânea das crianças, Li Bai espera sua mulher ao luar, mas quando ela não aparece o enfurecido poeta rasga as calças de tanta frustração. Yang Xiao resiste às tentativas dos adultos de calar as crianças e mandá-las embora.

— Vamos ouvir essa de novo — pede ele.

As pessoas na China continental não têm permissão para ler este último parágrafo. Este livro foi publicado pela primeira vez em chinês em janeiro de 2005. Você provavelmente pode ter um bom palpite sobre algumas das partes que foram censuradas: histórias que mostram as autoridades sob um ângulo desfavorável, tais como o Incidente de Tongdao; comentários desrespeitosos sobre o Camarada Mao; narrativas de conflitos étnicos nas regiões tibetanas (continue a ler!). Eu podia entender a lógica de censura assim — e, às vezes, até contra-argumentar. A história da filha de Mao inicialmente estava destinada a ser apagada, mas acabou aparecendo em uma forma reduzida. Convenci a editora chinesa a incluir outras revelações históricas que a princípio causavam apreensão. Mas há outros aspectos da censura que são totalmente ilógicos — e o poema de Li Bai foi vitimado por um desses.

— O povo chinês não vai gostar — disse a editora, Chen Xi.

— O que você quer dizer com "povo chinês"? — perguntei. — Yang Xiao é chinês e ele achou engraçado. Aquelas crianças eram chinesas.

— Li Bai é uma figura bastante respeitada. O povo chinês vai ter dificuldade em aceitar isso.

O que Chen Xi queria dizer, naturalmente, é que *ela* tinha dificuldade em aceitar. *Ela* sentia-se desconfortável, e assim, ao mesmo tempo que Andy e eu tínhamos permissão para contar histórias sobre intimidação policial, incompetência de autoridades e manipulações históricas, nós éramos totalmente proibidos de fazer graça sobre um poeta morto havia mais de mil anos.

O que você precisa entender é que, na maioria das publicações, não há um censor oficial. Somente livros que tocam em temas oficialmente delicados, tais como a política externa chinesa, precisam ser examinados e autorizados pelos censores. Nos demais casos, cabe aos editores e seus chefes imediatos adivinhar o que é aceitável e o que não é. As fronteiras da aceitabilidade são deliberadamente vagas. Quando os editores interpretam equivocadamente e as autoridades superiores ficam contrariadas, há punições. O medo de errar mantém a mídia chinesa sob controle. É um sistema de autocensura. E como na prática os editores têm que criar as regras para si mesmos, eles também acabam incorporando seus próprios preconceitos. Sexo é um tópico particularmente problemático. No Ano-Novo chinês, Andy mandou uma inócua coluna mensal para o *Beijing Today*, publicado em inglês, na qual mencionou a palavra "*tomboy*" [menina levada]. O principal censor do jornal, um camarada refinado e alegre, examinou a palavra em seu dicionário e decidiu que se tratava de uma mensagem codificada sobre amor lésbico. O artigo foi engavetado.

De Huili, a rota da Longa Marcha basicamente segue a Rodovia 108 por 240 quilômetros até a cidade-condado de Mianning. Encontramos poucas trilhas para evitar a dor de caminhar em superfície dura. Yang Xiao está ansioso para se afastar da estrada e acampar.

— A 108 me deprime — diz ele. — Não há nada para ver, muitos carros.

O asfalto também destrói seus pés. Depois de cinco dias, eles estão com bolhas e sangrando. Para piorar, depois de escalar a montanha acima do *zhen* de Yimen, descemos até o vale do rio Anning, onde a umidade sobe e o termômetro volta a passar dos 30º C. Bananeiras ressurgem entre os arrozais pela primeira vez desde Jiaopingdu. Yang Xiao anda com dificuldade, bem atrás, mas para mim é um interlúdio tranqüilo. Embora haja montanhas à direita e à esquerda, o vale se alarga até cerca de um quilômetro e meio na altura da cidade-condado de Dechang. Fiquei oprimido pelos horizontes estreitos das trilhas montanhesas, mas agora a sensação de claustrofobia some e, para variar, a beleza da paisagem é motivo de alegria, e não de desânimo.

Acima de Yimen, encontramos um homem com a aparência descuidada cozinhando alguma coisa no meio de um lixão. É impossível dizer se seus cabelos foram trançados ou se simplesmente se emaranharam. Ele se parece com a imagem do bobo da vila. Ele nos cumprimenta com um largo sorriso, conta que se chama Chen Zhengao e que tem 54 anos.

— O que há dentro da panela? — pergunta Yang Xiao. Chen Zhengao levanta a tampa para revelar apenas água fervente.

— Você não tem nada para pôr aí? — pergunto.

Chen balança a cabeça. Pego um saco de macarrão instantâneo na minha mochila. Chen fica deliciado. Ele não se dá o trabalho de encenar as recusas rituais. Yang Xiao pergunta o que ele está fazendo. Chen explica que vive na estrada, indo de lugar em lugar. Ele aponta para uma bicicleta encostada a alguns metros.

— Aquela é a minha casa — diz ele.

A bicicleta está carregada com lonas e plásticos, os materiais que formam os abrigos de trabalhadores itinerantes que vemos o tempo todo nas estradas.

— O que você faz? — pergunto.

— Eu acredito no Senhor — diz Chen.

Eu jamais havia pensado nisso como um emprego.

— Como você ganha dinheiro assim?

— Eu canto músicas, e às vezes as pessoas me dão dinheiro. Quando eu reconheci o Senhor, ele me deu o dom da música. Eu não o tinha antes.

— Então cante para nós — diz Yang Xiao.

Chen levanta-se e atende ao pedido. É verdade, ele realmente tem um dom, embora precise de polimento. A essa altura, vários camponeses que iam para o mercado pararam. Com a minha presença e a performance de Chen Zhengao, este deve ser o melhor espetáculo de Yimen em 2003.

— As pessoas na igreja não me deixam entrar para a congregação — diz Chen. — Elas falam que eu sou louco. — Seu sorriso fica ainda maior.

A congregação provavelmente também fica confusa em relação a qual igreja Chen deveria pertencer. Ele anuncia que não come carne de porco e expressa satisfação com Alá. O Senhor é o Senhor, no que diz respeito a Chen. E, com seu deus pessoal para andar ao lado, Chen é a mais feliz e amigável alma que encontrei na Longa Marcha.

Cerca de 25 quilômetros após o acampamento de Chen Zhengao, Yang Xiao e eu nos atrasamos no *xiang* de Yundian devido aos convites e à insistência do governo local, que ocupou o restaurante onde tentamos comprar mantimentos. Quando finalmente convencemos as autoridades que realmente não podemos ficar e compartilhar o banquete, o secretário do partido ordena ao dono do restaurante que nos dê todos os alimentos que pedirmos, e não há apelo ao espírito do Exército Vermelho capaz de impedir que essa extravagância seja colocada na conta do povo. Já está quase anoitecendo quando saímos de Yundian, e as perspectivas para acampamento não são boas.

Este vale é um lugar em que o mantra de que a "China tem muita gente" parece verdadeiro. A terra fértil atraiu pessoas para plantar em todos os lugares disponíveis. Ao anoitecer, nós escalamos até Jinliang Cun, que se ergue em uma série de terraços acima da margem leste do rio. O único pedaço de terreno plano suficientemente largo para uma barraca fica numa trilha que leva à casa de uma fazenda. Diante da porta da frente, um camponês está desfazendo-se dos restos de talos de uma colheita recente. Tiramos as mochilas das costas, nos agachamos ao lado dele, e Yang Xiao põe em ação a manobra favorita de William Lindesay para estabelecer contato na China rural.

— Você tem água quente? — pergunta ele.

Gu Xianhai manda o mais velho de seus dois filhos buscar uma garrafa e duas xícaras. Conversamos sobre o nome da vila, as safras de Gu, o tempo, quem somos e para onde vamos. Yang Xiao pisca para mim.

— *Man man lai* — diz ele. "Devagarinho vai." A sua mente já está no ritmo do campo.

Depois de pegarmos nossas xícaras de água quente e esgotarmos os tópicos básicos de conversação, Yang Xiao diz:

— Nós estamos procurando um lugar para dormir. Você se incomodaria se nós montássemos nossa barraca na sua trilha?

Gu não se incomoda nem um pouco. De fato, ele preferiria que nós dormíssemos na sua casa. Mas a vista do rio Anning é tão magnífica, o nascer do sol tão convidativo e o cheiro do presunto arranjado pelo governo de Yundian tão bom que nós o convencemos a não insistir.

Gu é um homem quieto. Ele traz bancos e água quente para nos lavarmos, e então nos deixa sob os cuidados de outros aldeões. Depois que eles partem para jantar, Gu retorna com os dois filhos para ficar um pouco. Pergunto quanta terra ele tem.

— Só um *mu* para arroz — um hectare tem 2,4 *mus*. — Não é o bastante para alimentar minha família. Às vezes, vou *da gong* em Dechang. Posso ganhar 15 iuanes por dia lá.

— Você tem algum outro jeito de ganhar dinheiro?

— Minha mulher vai amanhã ao mercado comprar ovos. Nós vamos criar galinhas para vender. Cada ovo custa cinco *maos* [um iuane tem dez *maos*], e nós podemos vender os pintos por 5 iuanes, mas, como temos que alimentar os pintos por um mês antes de vendê-los, o lucro é de só um iuane por cada.

Yang Xiao conta aos meninos histórias da Longa Marcha antes da hora de dormir. Ele descreve a travessia do território yi e a batalha do rio Dadu. Depois que as crianças vão dormir, ele balança a cabeça por causa da pobreza dos camponeses e do suntuoso banquete governamental que testemunhamos em Yundian.

— Mas você não se incomodou na hora de comer o presunto deles, não? — pergunto. O meu novo parceiro de caminhada sorri. Ninguém é perfeito.

Em preparação para a nossa marcha até Sichuan, Yang Xiao, cuja família se mudou para Chengdu, a capital da província de Sichuan, quando ele tinha 11 anos, faz uma sugestão.

— Sabe de uma coisa? — diz ele. — Você precisa aprender um pouco do dialeto sichuan.

— Por quê? — pergunto.

— É muito importante. O povo de Sichuan gosta de insultar as pessoas e você tem que poder discutir adequadamente com eles. Eu raramente discuto em Pequim, mas discuto o tempo inteiro em Sichuan. As pessoas não vão lhe dar ouvidos a menos que você as insulte em dialeto sichuan. Quando eu estava no ônibus vindo para encontrá-lo, tinha um homem do meu lado que não parava de cuspir no chão aos meus pés. Era nojento. Eu lhe pedi várias vezes para parar, mas ele não ligou para mim, até que finalmente eu perdi a paciência e chamei-o de "*gui erzi*". Ele ficou realmente desconcertado e parou depois disso.

Gui erzi, Yang Xiao explica, é um insulto sichuanês que significa literalmente "filho de uma tartaruga". (Tartarugas sofrem um bocado na China. Não apenas as pessoas gostam de colocá-las nas sopas, como "ovo de tartaruga" é um xingamento grave nas províncias do norte.) Pessoalmente, entretanto, cheguei à conclusão de que o simples peso das palavras é a maneira mais eficaz de conseguir o que quero. É exaustivo, mas quando se trata de resolver problemas, de nada serve estar certo — você tem que provar dez vezes, de dez diferentes maneiras, para conter a maré de desculpas. Os chineses falam demais (nossa amiga comum, Kath Naday, que ciceroneia turistas estrangeiros pela China, os compara aos italianos), e eu acho que a melhor maneira de dobrar gente teimosa é simplesmente falar mais do que elas. Elas ficam perdidas se você mantém a iniciativa, e particularmente confusas se perdem as disputas verbais para estrangeiros. O fator decisivo é o contato físico. Agarre a mão da pessoa e a sacuda vigorosamente, dê um grande sorriso e um ardente "obrigado, muito obrigado", e então finalize tudo anunciando o quão feliz você está e que vocês "são amigos". É impressionante a freqüência com que isso funciona.

É claro que, na Longa Marcha, nem sempre temos paciência para esses rituais que tomam tanto tempo. Yang Xiao me introduz a um método alternativo para a resolução de problemas. Na cidade de Yonglang, diante de uma conta de 15 iuanes por um prato de cogumelos silvestres *ji zong* que custa 7 iuanes em Huili, ele simplesmente explode: "Nem fodendo!"

Ele exige a presença das autoridades e menciona regulamentos que determinam que os restaurantes devem ter cardápios com preços. O dono chama a polícia e então exibe seu cardápio, como se estivesse dizendo: "A-ha!" Ele não parece tão contente depois de descobrir que o menu não lista nenhum dos pratos que comemos. Dois guardas chegam numa moto. Embora o dono conheça os dois, essa *guanxi* não serve de garantia contra uma defesa de direitos tão estridente — especialmente na presença de um estrangeiro. Os policiais levam o dono para os fundos e voltam com uma conta cortada em mais de cinqüenta por cento. O dono parece bastante desapontado. Eu distribuo apertos de mão. "Obrigado, muito obrigado!"

— Você acha que eles dariam alguma atenção a você se eu não estivesse ali? — pergunto depois a Yang Xiao.

— Difícil dizer. Mas deveriam. Há regras, e você tem que conhecê-las e tentar fazer as pessoas obedecê-las. Sabe, há uma norma agora de que os policiais devem bater continência antes de se dirigirem a você. Eu fui a Xangai e vi que todos estavam fazendo isso. Eles são bastante educados. Mas, tão logo voltei a Pequim, fui incomodado por um policial em frente à estação de trem. "Por que você não bate continência?", perguntei. "Não preciso", disse ele. Alguns dos meus amigos mais ousados em Pequim começaram a se divertir com isso. Se um policial vem com problemas, eles dizem: "Não fale bobagem! Primeiro, bata continência!" Está certo. Eles, no mínimo, deviam tratar você com cortesia.

Eu bateria continência para o homem que fez essa lei. Em alguns aspectos, a sociedade chinesa já está mais avançada do que a Inglaterra.

Esta região atraiu migrantes de outras partes da China, seduzidos pelo clima temperado, pelos preços baixos e pelo padrão de vida relativamente alto. Uma linha de trem corta todo o vale ao sul do *zhen* de Lugu, que tem quase o tamanho de uma pequena cidade-condado, e uma rodovia novinha vai do *zhen* de Huanglian, passando por Xichang, até Mianning, onde começa o território yi. Em breve, uma outra ligará Xichang a Chengdu. O aeroporto em Xichang completa uma rede de comunicações como nenhuma outra que vi desde Qujing.

Dez quilômetros ao norte de Xichang, Anning é uma cidade dedicada ao prazer. Não há a variedade de bens e serviços que associo à maioria dos *zhen* — apenas uma vasta coleção de fulgurantes clubes de "entretenimento" cheios de karaokê, mahjong e belas moças. Há uma rua em Xichang conhecida como "rua da corrupção" pela gama de serviços de prazer, legais e ilegais. Anning é como essa rua multiplicada por dez. Ao sul, Xixiang é quase a mesma coisa, só que seus centros de entretenimento são de classe baixa, servindo às fábricas locais, em vez de aos comerciantes da classe média. Outras formas de comércio parecem quase supérfluas aqui. Chegamos mortos de fome, mas é mais fácil comprar uma prostituta que uma refeição. Dez quilômetros ao norte, Lizhou tem tudo isso e mais. Ela vibra com a vida de uma cidade de verdade, com um mercado próspero, lojas e até mesmo o tipo de hotel reluzente geralmente reservado às cidades-condados.

O caos, a excitação, os problemas e o potencial salto da China rumo ao desenvolvimento estão todos aqui. Xichang e a área ao redor possuem um senso de energia maior que qualquer outra parte da rota da Longa Marcha. Eu gosto bastante. Fico especialmente animado pela possibilidade de ver o Centro de Lançamento de Satélites, perto do *zhen* de Manshuiwan, logo depois da divisa do Condado de Mianning. Os foguetes chineses "Longa Marcha" são lançados daqui. Este é um lugar que a nossa Longa Marcha certamente não pode perder.

Um *outdoor* no portão anuncia que o Centro de Lançamento de Satélites é uma "base educacional patriótica". Eu vou até a bilheteria, mas um guarda me pára.

— Estrangeiros, não — diz o guarda. — Nem pessoas de Hong Kong ou Macau — acrescenta ele ao notar Yang Xiao.

— É uma maneira engraçada de ensinar patriotismo — digo, mas o guarda não se abala.

Após nos impedirem de termos a emoção infantil de ver foguetes e espaçonaves, vamos para o norte. Em Lugu, a ferrovia vira para leste, em direção a Chengdu, e o nível de desenvolvimento e atividade começa a cair. O centro do *xiang* de Shilong, onde planejamos passar a noite, é tão diminuto que passamos por ele sem perceber. Uma mulher de meia-idade nos leva de volta para uma residência de três andares recém-coberta com telhas brancas que não combina com o resto do lugar. Aparentemente, a família Wu tem um bom negócio com a venda de porcos para Xichang, e sua nova casa limpa e iluminada está aberta para inquilinos.

Comemos carne de burro frita com pimentão verde, ovo frito, uma tigela de sopa de tomate com ovo e arroz. A sala principal, onde comemos, é ampla e agradavelmente decorada. Há uma televisão em um dos cantos, onde o filho da família, Wu Tao, 22 anos, em casa durante uma folga na universidade em Chongqing, assiste ao CCTV-1 com três amigos. A avó de Wu está sentada em silêncio num sofá diante da nossa pequena mesa. Ela parece velha o bastante para...

— Vovó — diz Yang Xiao. — Você se lembra do Exército Vermelho?

A idosa fica deliciada com o convite às memórias.

— Eu me lembro — responde ela. — Eu tinha 16 anos. Minha família tinha terras e todos nós fugimos para Houshan. Todos os donos de terra do lugar ficaram com medo. Quando voltamos, a maior parte da nossa comida e das nossas roupas tinha sido tomada.

— Se vocês eram donos de terra, alguém da família foi ferido pelos camponeses ou pelos soldados?

— Minha tia foi levada, mas ela era velha e eles a soltaram em Daqiao. Eles levaram outro dono de terras daqui também. Ele foi levado para Luding, mas então o soltaram e ele voltou.

Parece que os vermelhos não matavam apenas os latifundiários. Às vezes, levavam-nos junto em uma espécie de manobra de propaganda para provar aos camponeses que o Exército Vermelho era o seu exército, o exército dos pobres.

Quando descrevemos nosso plano de seguir a trilha dos vermelhos pelas montanhas até Yihai, Wu Tao e sua família repetem o conhecido aviso sobre os perigos que estão pela frente.

— É muito perigoso lá em cima — diz Wu. — Os yis são selvagens. Eles roubam as pessoas. E são sujos.

Todo esse preconceito afetou Jia Ji, que tem ligado para as autoridades locais em busca de garantias quanto à segurança. As autoridades aumentaram seus temores, confirmando que, sim, realmente, não se deve confiar nesses yis. Na cidade-condado de Mianning, porém, almoçamos com funcionários do escritório de turismo e com o secretário do partido no condado, que descartam as histórias de perigo. Eles não estão nem um pouco preocupados. Muito pelo contrário: estão bastante contentes pela visita de turistas e esperam que muitos outros venham depois de nós.

O secretário Kang é um daqueles comunistas que poderiam honrar o nome do partido. Ele é um homem baixo, quieto e sóbrio, que não gosta de beber Moutai e fica contente quando nós apenas bebericamos um gole de vinho, para as formalidades. Ele vem direto de um local onde aconteceu um deslizamento de terra, com as calças enlameadas. Não houve mortes no acidente, mas ninguém tira o perigo da cabeça. Na semana anterior, um deslizamento na região tibetana de Ganzi matou 51 pessoas. O solo nesta parte do mundo é instável. Todos os dias passamos ao redor, sobre ou através do que restou após um deslizamento. Um pouco mais adiante na estrada, a lateral de uma colina se desmancha bem na nossa frente, trazendo junto parte de uma plantação de repolho.

— Não vai haver festival *Huoba* para mim neste ano — diz Kang, que retorna imediatamente para o trabalho após a refeição. Hoje é o segundo dos três dias do festival yi de *Huobajie*, um feriado público na Região Autônoma da Minoria Yi de Liangshan.

Depois de toda a riqueza e desenvolvimento que vimos nos últimos tempos, eu quero saber como vão as coisas em Mianning. Kang diz que o condado está entre os quatro mais pobres de Liangshan, junto com Huili, Dechang e Xichang — a rota da Longa Marcha, em outras palavras. Os frutos do desenvolvimento não atingiram as massas além do florescente vale do rio e da própria Xichang.

— O governo local também está com dificuldades financeiras — conta Kang. — Costumávamos cobrar um "imposto agrícola especial" de vinte por cento, mas o governo central o aboliu. Obviamente, isso deixou os camponeses em melhor situação, mas nós não encontramos uma maneira de compensar o rombo nas finanças do governo.

— E quais são as perspectivas para o desenvolvimento em Mianning?

— A longo prazo, será a exploração de recursos minerais. Temos a segunda maior reserva de terras raras no país, depois de Baotou, na Mongólia Interior.

É uma visão sombria. Baotou é uma região industrial horrenda; Mianning é linda. A cidade-condado é dona de uma paisagem espetacular, com montanhas altas a norte e oeste. O rio é limpo. O ar, puríssimo. E, a partir daqui, a rota da Longa Marcha entra em um dos seus pedaços mais adoráveis — através de uma passagem baixa que leva ao vale onde a represa Daqiao se estende por pelo menos um quilômetro e meio até a margem do outro lado, cujas águas cobrem o cenário dos primeiros combates dos vermelhos com os yis, e depois sobe para cortar colinas com densa vegetação e chegar até o lago Yihai. A trilha é cercada por aroeirinhas, e uma fina garoa desce quando o dia vai acabando.

A história da jornada do Exército Vermelho aqui é uma das mais estranhas e, afirma Yang Xiao, belas da Longa Marcha. Os vermelhos estavam correndo para o norte para chegar ao rio Dadu antes do Guomindang. Eles não podiam se atrasar. Os vermelhos já tinham muitos inimigos e durante a marcha a liderança adotou a política de não mexer com as minorias, para fortalecer a confiança e o apoio à causa comunista. Na maioria dos casos, membros das minorias saíam correndo ao ver soldados hans. Mas não os yis.

Suas terras começam cerca de 15 quilômetros ao norte da cidade-condado de Mianning e prosseguem por mais 65 quilômetros, na direção do Dadu. Quando as unidades avançadas do Exército Vermelho chegaram à divisa entre as colônias hans e yis, foram confrontadas por membros de tribos exigindo dinheiro. Os yis estavam mais interessados em roubos que em assassinatos. Eles pegaram o dinheiro que os vermelhos ofereceram e depois voltaram para pegar mais. Eles roubaram equipamentos de outras unidades e até mesmo as roupas de um grupo de soldados.[8]

O poeta Xiao Hua era um jovem soldado da unidade avançada que entrou pela primeira vez na área yi. Muitos anos depois, ele escreveu a história do que aconteceu em seguida:

"Nós pedimos ao intérprete para explicar a eles que o Exército Vermelho era totalmente diferente [do Guomindang] e que seu único propósito era atravessar a área yi numa marcha para o norte. Os yis não seriam roubados nem mortos e tampouco o exército passaria uma noite na área. Apesar de todas as explicações, os yis sacudiram suas mãos e armas e continuaram a reclamar: 'Não podem passar!' No meio dessa confusão, vimos uma nuvem de poeira erguendo-se na boca do vale estreito à frente. Um yi alto e de meia-idade, montado numa mula preta, galopava na nossa direção liderando um grupo de pessoas... A multidão se acalmou um pouco quando ele se aproximou. Disseram-me que o homem era o quarto tio do [Xiao Yedan] chefe da tribo yi local."

"Eu pedi ao intérprete que lhe dissesse que o comandante do Exército Vermelho desejava falar com ele. O yi prontamente concordou em conversar... Sabendo que os yis prezavam a irmandade, eu lhe disse que o comandante [Liu Bocheng], que liderava pessoalmente um grande exército numa expedição ao norte, estava passando por aqui e gostaria de se tornar um irmão jurado do chefe yi."

O tio do chefe "era só sorrisos" diante da idéia de que o comandante de um grande exército desejava uma aliança com o líder yi. Segundo Xiao Hua, o chefe Xiao Yedan era o líder do clã Kuchi, que estava constantemente em guerra com outro clã, o Lohung. Aliando-se com o Exército Vermelho, Xiao Yedan esperava derrotar o Lohung.

Os vermelhos não tinham interesse em escolher um lado no conflito interno dos yis, mas não falaram isso na hora. No mesmo dia, 22 de maio de 1935, o comandante Liu Bocheng foi encontrar-se com Xiao Yedan e seu tio, e os três foram juntos até a margem oeste do lago Yihai. Duas vasilhas foram enchidas com água do lago. Um galo foi trazido e cortado, e o seu sangue jogado na água. Os três homens ajoelharam-se lado a lado diante das vasilhas. Primeiro, Liu Bocheng jurou irmandade e bebeu sua vasilha de um gole só; depois, Xiao Yedan e seu tio pegaram a outra vasilha, fizeram o juramento e dividiram entre si a água com sangue.

Esse juramento, a "Aliança do Yihai", é celebrado por permitir aos vermelhos continuar a jornada ao norte para escapar de Chiang Kai-shek. No dia seguinte, o tio de Xiao Yedan foi em escolta a Liu Bocheng por todo o caminho até a divisa norte das terras dos yis. Xiao Hua escreveu: "Em vez de ficarem desconfiados e bloquearem nosso caminho, como tinham feito no dia anterior, agora [os yis] ficaram na beira da trilha na montanha, observando as longas colunas do Exército Vermelho marcharem para o norte."[9]

Montamos acampamento ao pôr-do-sol no exato lugar em que Liu Bocheng e Xiao Yedan se encontraram. O lago é uma jóia, com uma área de cerca de duzentos hectares. Da margem oeste, posso ver toda a extensão de suas águas cristalinas. Ele está quase intocado. As únicas construções à vista são um pequeno pavilhão e um salão acima da margem norte. Mas é difícil imaginar que os empreendedores turísticos resistirão para sempre à atração deste lugar. As únicas manchas na paisagem são umas poucas garrafas quebradas e outros lixos deixados por campistas. Yang Xiao murmura algo sobre a atitude de seus compatriotas em relação ao meio ambiente, pega um saco plástico e um par de hashis e tenta limpar o lugar. Minha noite ao lado do Yihai é perturbada por um sonho ruim com restaurantes, hotéis e bares de karaokê pela frente. Talvez seja melhor que as pessoas continuem com medo dos yis.

Apesar do juramento de sangue, os destacamentos vermelhos que seguiram Liu Bocheng não ganharam o mesmo tratamento de tapete estendido. Os marchadores da retaguarda foram roubados, inclusive as roupas, e viraram alvos de atiradores nas colinas.

— Meu pai foi atacado por membros de tribos yis perto de Yihai — diz Chen Zhifu. — Ele foi levado até Yanru, onde os aldeões o receberam.

Yang Xiao e eu estamos tomando uma xícara de chá em Yanru, no alto da montanha Songlinggpo, acima do *xiang* de Chaluo, que Xiao Hua se lembrava como a primeira vila han fora da região yi. O mapa étnico nesta área, cerca de cinqüenta quilômetros ao norte de Yihai, é uma mistura de hans, yis e tibetanos. Yanru é uma vila han que vê poucos forasteiros. O primeiro homem que cruzo me pergunta de qual província eu sou, sem sequer cogitar que eu possa ser de um outro país.

Chen Zhifu é o líder da vila e o sexto filho de Chen Liaojin, que se alistou no Exército Vermelho em Jiangxi, em 1931. Ele mostra uma foto do pai, que morreu em 1991, depois de passar o resto da vida em Yanru, deixando sete filhos. Fico cativado pela imagem de um jovem deixando sua casa e caminhando milhares de quilômetros, sendo ferido e socorrido por estranhos, e construindo uma nova vida em um lugar remoto, esquecido pela história que ajudou a forjar. Também penso num breve encontro em Xichang com o comissário de Liangshan. Não seria incorreto dizer que o comissário, Qumu Shiha, tinha a sua posição por causa da Longa Marcha. Seu pai, Qumu, juntou-se a uma força diversionária do Exército Vermelho quando este cruzou o território yi perto de Yuexi e foi um dos 36 soldados yis que chegaram vivos ao fim da Longa Marcha. Também me lembro do que Sitao falou sobre o primeiro veterano da Longa Marcha que encontramos. Chen Yingchun não conseguiu fazer a travessia do rio em Xinfeng e, assim, 68 anos depois ele e sua família ainda eram camponeses. Caso tivesse chegado a Wuqi, disse Sitao, ele poderia ser um general aposentado vivendo em um pátio em Pequim. Sua família poderia fazer parte da elite da China. Chen Liaojin também foi deixado para trás, e sua família jamais deixou a vila montanhesa em que Chen viveu o resto da sua longa vida. Mas ali em Xichang, ocupando o posto mais alto na terra de seu pai, estava o filho de um homem que conseguiu chegar a Wuqi. Para uns poucos afortunados, a Longa Marcha seria um bilhete premiado para o topo.

O Dadu é um rio feroz e assustador. Ele corre com o barulho e a impaciência vigorosa de uma torrente descendo a montanha, embora seja quase tão largo quanto o rio das Areias Douradas no local em que o vi pela primeira vez. Cinco quilômetros correnteza acima, o *xiang* de Anshunchang fica em um dos únicos pontos em que o rio se alarga e desacelera o suficiente para permitir a navegação de barcos.

Setenta anos antes da chegada do Exército Vermelho, outra força rebelde passou por aqui. Onde os vermelhos pregaram o evangelho do comunismo, o último exército do Reino Celestial de Taiping difundiu o cristianismo com características chinesas. É uma história bizarra. A Rebelião de Taiping foi inspirada por um homem que acreditava ser o filho de Deus e o irmão mais novo de Jesus Cristo. Hong Xiuquan reuniu um exército de companheiros crentes e, juntos, conquistaram Nanjing em 1853, estabelecendo-a como a sua Capital Celestial. Eles então marcharam ao norte para derrubar a própria dinastia Qing. Sob alguns aspectos, eles foram os precursores revolucionários do Exército Vermelho: desenfaixando os pés das mulheres e redistribuindo as terras.

Apesar dos êxitos iniciais, a expedição ao norte fracassou e Hong Xiuquan sucumbiu com outros líderes da rebelião. Um desses, Shi Dakai, marchou para oeste com seu exército, onde por fim foi caçado por soldados qing. No começo de junho de 1863, eles pararam no Dadu para celebrar o nascimento do filho de Shi. Quando as tropas imperiais se aproximaram, não houve tempo para fazer a travessia. De acordo com a história, Shi Dakai rendeu-se e implorou pela vida de seus homens, mas o comandante quing não teve piedade. Os taiping foram massacrados e as águas do Dadu ficaram rubras com seu sangue.[10]

Se no Exército Vermelho havia quem já não soubesse dessa história, o Guomindang esforçou-se para que a aprendessem. Aviões jogaram folhetos anunciando que Zhu De e Mao Tsé-tung eram os "novos Shi Dakai" e que, portanto, quem não quisesse ser fatiado e jogado no Dadu deveria se render rapidamente.

Hoje, Anshunchang é uma mistura curiosa de velho e novo. Sua rua principal preserva construções dos tempos da Longa Marcha de um modo que eu não via desde Jieshou, no rio Xiang. O agradável museu memorial fica em uma construção que o exército usou como alojamento em 1935, embora em breve ela vá ser substituída por grandes e novas instalações na beira do rio. Na outra ponta da aldeia, há um grupo de modernas construções de tijolos com piscina, restaurantes, karaokês e multidões de garotas — entretenimento para a classe abastada da vizinha cidade-condado de Shimian. Um dos barcos usados pelo Exército Vermelho para atravessar o Dadu fica do lado de fora desse complexo. Um precário cartaz escrito à mão, com os dizeres "Barco do Exército Vermelho", está pendurado na proa. Baladeiros o usam como lixeira, talvez quando saem para ir ao banheiro que fica atrás. De fato, a lata de lixo da história.

Quando a vanguarda do Exército Vermelho tomou Anshunchang, encontrou somente um barco, grande o bastante para cerca de 18 homens, 12 passageiros e mais seis remadores. Mesmo nesta parte, deve ter sido um tremendo esforço remar através do Dadu. Tal é a força do rio que o ponto de desembarque na margem leste fica duzentos ou trezentos metros abaixo do local no rio de onde a unidade avançada partiu. Acima desse ponto de saída, de onde degraus sobem da margem do rio ao átrio do novo prédio do museu, Yang Xiao e eu encontramos Yu Fengying, de 78 anos. Ela diz que viu tudo.

— Eu vivia na outra margem — conta ela. — Nós viemos ver o Exército Vermelho tentar a travessia.

— O que o Guomindang fez? — pergunto.

— Eles atiraram no barco, mas depois fugiram. Eles voltaram depois que o Exército Vermelho partiu.

Do ponto de vista comunista, é mais uma colossal história de heróica coragem e triunfo. Para o Guomindang, é mais um extraordinário exemplo de incompetência e covardia. Um barco de madeira cheio de soldados vermelhos, lutando para vencer uma correnteza violenta, de algum modo consegue derrotar a defesa e assumir o controle da travessia. É como se os alemães tivessem deixado que os Aliados tomassem as praias da Normandia na II Guerra Mundial com uma dúzia de homens num bote inflável.

A idéia de Mao era colocar todo o exército, entre 20 mil e 30 mil homens, para fazer a travessia do Dadu em Anshunchang, mas os vermelhos só encontraram mais dois barcos. Com sete barcos em águas muito mais calmas, tinham levado uma semana para cruzar o rio das Areias Douradas. Chiang Kai-shek poderia marchar de Chengdu até Anshunchang e regressar antes que o Exército Vermelho conseguisse vencer o Dadu com três barcos. Então Mao partiu para o plano B, um improvável esquema que resultou no evento mais celebrado e emocionante da Longa Marcha.

O único outro ponto em que o Dadu podia ser cruzado ficava 120 quilômetros ao norte — a ponte de correntes de ferro em Luding, construída em 1705 para ligar a rota de comércio entre Chengdu e o Tibete. Não havia estrada para Luding do lado do rio em que Mao se encontrava. Um batalhão de vanguarda do 1º Grupo do Exército, comandado por Yang Chengwu e Wang Kaixiang, recebeu ordens para encontrar uma trilha, derrotar os defensores da ponte e resgatar o Exército Vermelho. Eles ganharam um prazo de três dias para tanto.

Foi esta a programação dos vermelhos:

Dia 1 (27 de maio): saída de Anshunchang no começo da manhã, acampar perto de Tianwan.

Dia 2 (28 de maio): chegada a Moxi às 14 horas, prosseguir durante a noite.

Dia 3 (29 de maio): chegada a Shangtianba, cinco quilômetros ao sul de Luding, ao amanhecer. Iniciar batalha pela ponte de Luding às 16 horas.

Yang Xiao não hesita: é claro que temos de tentar chegar a Luding no mesmo tempo que Yang Chengwu.

Para fazer a tentativa, mudamos nossa política. Yang Chengwu e seus homens viajaram com o menor carregamento possível, jogando fora os itens supérfluos durante o caminho. Providenciamos para que nosso equipamento pesado seja enviado a Luding e só levamos comida, água e câmeras. Se tivermos que dormir ao ar livre na chuva, que assim seja. Por uma única vez na nossa Longa Marcha, reproduzimos as condições originais.

Partimos exatamente dois meses depois, em 27 de julho. Chove, mas estamos animados porque os médicos finalmente descobriram o problema de Andy. Ele telefona para dar a boa notícia.

— Eu tenho "gastrite erosiva e esofagite de refluxo" — diz ele.

— O que quer dizer isso?

— Basicamente, acho que significa que meu estômago e minha garganta estão gradualmente se dissolvendo em ácido. Lembra toda aquela tosse? Era bile. O médico diz que eu preciso descansar por seis meses.

— O que você vai fazer então?

— Vejo você em Luding em seis dias.

Os moradores da região garantem que nosso plano é impossível. As velhas trilhas sumiram, dizem, e os camponeses não as usam mais. Mas eu escuto coisas assim desde que saí de Jiangxi. Durante o processo de descoberta de rotas no decorrer da jornada, ouvi as envergonhadas palavras "Eu não sei" exatamente duas vezes. Posso ver no mapa que não há estradas ligando as vilas na rota ao longo da margem oeste do Dadu.

— Isso significa que deve haver algum tipo de trilha — digo a Yang Xiao.

No primeiro dia, alcançamos o cume da montanha Wangang, acima de Tianwan, quase ao anoitecer. Ao contrário da vanguarda vermelha, nós não combatemos nenhuma batalha, não construímos pontes improvisadas e não carregamos fuzis, balas nem granadas de mão, mas estamos exaustos. Descemos a montanha com esforço após a noite cair e encontramos Tianwan no meio de uma falta de energia que dura dois dias. Não há nada para comer, exceto macarrão e um ovo cozido.

— Os vermelhos teriam saboreado um luxo desses — diz Yang Xiao, mas eu não estou no clima para humor irônico à inglesa, especialmente vindo de um chinês.

De Tianwan até Shangtianba são mais 79 quilômetros. A vanguarda vermelha venceu-os em um estirão só, sem descanso. Na metade do caminho, em Moxi, no Dia 2, estamos quatro horas atrasados e o sol está se pondo. Pergunto a um morador sobre o caminho para Luding.

— A trilha do Exército Vermelho? — espanta-se ele. — Já desapareceu. Ninguém mais a usa. Você tem que seguir a estrada ao longo do outro lado do rio.

Peço uma segunda opinião ao dono da Hospedaria Amizade.

— É fácil — diz ele, apontando para um rasgo diagonal que sobe a montanha Mogangling, que separa Moxi e o vale do Dadu. — Os vermelhos foram por ali. Vocês podem ir direto até Luding.

Yang Xiao e eu examinamos a trilha na Mogangling, que já vai caindo na escuridão. Quem está falando a verdade? Tendemos para o dono da hospedaria, mas realmente conseguiríamos encontrar a trilha no escuro? Um temporal terrível decide a questão. Jantamos e vamos para a cama. Jamais seremos tão durões quanto o Exército Vermelho.

O dono da hospedaria está certo. Do cume da Mogangling até Luding não há dificuldade alguma, isto é, se você acha que não há nada demais em andar mais de quarenta quilômetros. Chegamos a Shangtianba às 21 horas, cerca de 13 horas atrasados.

— Agora eu sei — concede Yang Xiao. — O *"fei duo luding qi"* [arranque para tomar a ponte de Luding] não é uma piada. Não é nenhum exagero.

Mas os livros de história realmente exageram. A versão oficial chinesa se baseia no relato de Yang Chengwu,[11] que estima a distância de Anshunchang a Luding em cerca de 160 quilômetros; nossa própria medição chega a 120 quilômetros — e ela inclui um grande desvio quando erramos o caminho no Dia 2. Talvez Yang tenha cometido um engano honesto — afinal de contas, camponeses já nos disseram que cidades distantes 25 quilômetros estavam a "cem quilômetros" —, mas não há motivos para inflacionar os números, como se a verdade já não fosse suficientemente impressionante. Durante a marcha acelerada de Tianwan a Shangtianba, calculo que Yang Chengwu e seus homens percorreram entre 74 e 79 quilômetros em 25 horas — isso é quase o equivalente a duas maratonas seguidas. Pelo menos metade do caminho foi em perigosas trilhas montanhesas; em um terço do tempo, eles marcharam no escuro. Experimente você.

Mas chegar a Luding foi a parte fácil. O mais notável a respeito dessa história é o que aconteceu a seguir.

Dias 287-311: 261 quilômetros
30 de julho – 22 de agosto de 2003
Total: 4.720 quilômetros

Capítulo 12

A Ponte de Luding

Andy chega a Luding a tempo de dar adeus ao Cara dos Equipamentos. Como eu temia, Yang Xiao foi chamado de volta ao trabalho. Seu substituto é um meio-homem. Andy ganhou quatro quilos durante a ausência de quatro semanas, chegando a 63 quilos — pelo menos 19 quilos abaixo de seu peso normal. Sua doença estomacal foi diagnosticada como crônica, datando de bem antes do início da Longa Marcha. O único tratamento é repouso prolongado e convalescença. Eu acho que ele nem mesmo deveria estar aqui, mas ele anuncia uma maneira para conquistar as Montanhas de Neve.

— O médico diz que uma dieta controlada é fundamental. Eu tenho que comer regularmente seis pequenas refeições por dia.

— E como você pretende fazer isso? — quero saber.

— Eu como mingau de arroz no desjejum, almoço e jantar e levo ovos cozidos no bolso.

Ninguém — e suspeito que isso inclui o próprio Andy — acredita que esse plano funcionará.

Não consigo evitar uma sensação de decepção quando vejo a ponte de Luding pela primeira vez na luz do dia. Eu a imaginava balançando precariamente sobre um imenso abismo, a quase duzentos metros das águas poderosas e revoltas do Dadu. Isso é culpa de Zhu De, o comandante-em-chefe do Exército Vermelho — quando foi entrevistado pela jornalista americana Agnes Smedley em Yan'an, em 1937, ele disse que a ponte

Deixando de lado a questão óbvia de em quem os comunistas estariam atirando se "não havia tropas nacionalistas na ponte", Chang e Halliday depositam muita fé em uma única testemunha, especialmente uma cujo testemunho consiste principalmente no que ela não viu.

Após dez dias em Luding, Andy e eu também localizamos uma mulher que vivia ao lado da ponte em 29 de maio de 1935. Ela tem uma memória bastante diferente dos acontecimentos.

— Eu tinha 14 anos — diz Li Guoxiu. — Os soldados vermelhos chegaram às oito da manhã. Eu corri para a colina atrás — Li aponta para cima de onde nós três estamos, perto do lado norte da ponte.

— Você viu a batalha? — pergunto. — Você realmente viu os soldados vermelhos cruzarem a ponte?

— Sim. Os moradores foram na frente. Os moradores estavam na frente, os vermelhos, atrás. Os vermelhos não sabiam como atravessar a ponte. Não havia madeira, só correntes de ferro balançando lá. Os moradores na frente foram todos alvejados e mortos.

Li ainda vive no mesmo lugar, poucos passos ao norte da ponte, ao longo da margem oeste do Dadu. Sua casa atual é de tijolos e cimento. Em 1935, era toda de madeira, e as tábuas foram arrancadas pelos vermelhos para serem usadas na ponte. Pergunto a Li como era a vida naqueles tempos. Ela é tomada pela emoção ao recordar sua juventude. Ela chora, numa mistura de tristeza e raiva, ao falar sobre os *"huai dan"*, os bastardos, como chama os líderes locais do Guomindang.

— A vida era amarga na época. Agora, é boa, mas estou velha. Antes, não havia nada para comer, nós comíamos muito pouco em cada refeição. E havia pessoas em cima de nós nos oprimindo. O Guomindang nos prendia e só nos dava uma tigela muito pequena de comida. Eles detinham as pessoas por segurança e obrigavam os camponeses a trabalhar para eles.

Chang e Halliday dizem que a ponte de Luding é o "núcleo do mito da Longa Marcha".[7] Eles têm uma grande ânsia em desmontá-lo porque sua tese geral é de que a própria Longa Marcha é um truque de propaganda, e não uma história (basicamente) verdadeira explorada por motivos de propaganda (como eu descreveria). Suas afirmações sobre a ponte de Luding ganharam ampla repercussão e foram aceitas como fato, por isso acho importante examinar a questão em detalhes, pois a versão que oferecem para os eventos e a apresentação do "mito", na minha opinião, estão erradas em quase todos os aspectos.

Chang e Halliday escrevem: "Os comunistas afirmam que a ponte foi defendida por um regimento nacionalista sob o comando de um certo Li Quan-shan." Não, eles não afirmam. Até mesmo o mais entusiasmado dos relatos comunistas, o de Yang Chengwu, diz que a ponte foi defendida por dois batalhões de soldados inimigos (julgando pela descrição de Otto Braun, um batalhão do Exército Vermelho no começo da Longa Marcha tinha em torno de 270 homens).[8] Há um total consenso de que não se tratava de forças regulares guomindang/nacionalistas, e sim pertencentes ao 38º Regimento do Exército Provincial de Sichuan. Este, de fato, era comandado por Li Quanshan, mas "os comunistas" dizem que seu quartel-general estava 24 quilômetros ao sul de Luding, em Lengji. De acordo com o próprio relato contemporâneo do Guomindang, Li mandou dois batalhões correrem para Luding na noite de 28 de maio, o dia anterior à batalha.[9] Assim, num certo sentido, Chang e Halliday estão corretos — não havia tropas nacionalistas na ponte. O que eles queriam afirmar, contudo, é que não havia nenhuma tropa inimiga. Isso não é verdade.

"Central para o mito", escrevem Chang e Halliday, "é a afirmação de que parte da ponte foi incendiada e que os soldados tiveram de rastejar sobre correntes incandescentes." Essas correntes incandescentes são um toque bacana, mas o único lugar em que são encontradas é no livro de Chang e Halliday. A única parte da ponte a pegar fogo no relato de Yang Chengwu, ou no mais famoso filme de propaganda da Longa Marcha, *10.000 rios, mil montanhas* — feito em 1959 —, é a portaria. Não há correntes incandescentes em nenhuma versão comunista da batalha da ponte do Luding.

"A mais forte evidência a desmontar o mito de lutas 'heróicas' é que não houve baixas no combate", escrevem Chang e Halliday. O que você pensa a respeito da tese geral deles à parte, o relato de Chang e Halliday da Longa Marcha é permeado por distorções e erros factuais. Neste caso, a "mais forte evidência" é realmente uma completa invenção. Com exceção de Yang Chengwu, nenhuma fonte sequer sugere não ter havido baixas na ponte de Luding. A primeira descrição da batalha, apresentada por Edgar Snow em *Red Star Over China*, em 1937, cita três mortes. O número oficial, inscrito na própria ponte, agora é quatro. Os espectadores chineses de cinema desde 1959 viam soldados morrerem na ponte de Luding. O relatório do Guomindang da batalha fala apenas de "baixas em ambos os lados". Como o número oficial é tão inacreditavelmente baixo, eu me inclino à versão de Li Guoxiu para os eventos. Com camponeses como escudo, faz mais sentido que os soldados pudessem avançar sob fogo e ter baixas relativamente pequenas.

Para negar que a batalha aconteceu na ponte de Luding, é necessário chamar Li Guoxiu de mentirosa. Não acredito que ela tenha mentido — especialmente porque sua narrativa difere muito da versão oficial. Ainda assim, ela é apenas uma testemunha, relembrando uma batalha que assistiu quando criança, quase setenta anos atrás. Mas outras tantas evidências apóiam a existência da batalha e também sugerem que as perdas vermelhas foram maiores do que o admitido pela versão oficial. Zhu Taibing, o curador do memorial da Longa Marcha em Luding, contou-nos que havia diferentes versões do que aconteceu. Alguns velhos moradores que assistiram à batalha das colinas disseram-lhe que inicialmente apenas cinco soldados conseguiram cruzar; os demais morreram caindo no rio. Se todas essas pessoas estão mentindo a serviço da propaganda maoísta, é curioso que não tenham acertado todos os detalhes da história após terem tido quase setenta anos para treinar.

Há mais uma razão pela qual os vermelhos conseguiram superar dificuldades aparentemente intransponíveis e atravessar a ponte de Luding, a mesma razão pela qual eles tiveram condições de capturar o ponto de travessia em Anshunchang — eles não se defrontaram com as forças regulares do Guomindang de Chiang Kai-shek, mas com unidades provinciais mal-equipadas. Nem esses homens nem seus líderes estavam particularmente dispostos a enfrentar o Exército Vermelho; eles certamente não tinham uma causa pela qual quisessem tornar-se mártires. Quando não conseguiram conquistar uma vitória fácil, eles desistiram e fugiram. Se as próprias tropas de Chiang tivessem ocupado Anshunchang e Luding, não haveria jeito de os vermelhos cruzarem o rio. Acredito que eles nem sequer tentariam. Durante a Longa Marcha, o Exército Vermelho evitou batalhas meticulosamente planejadas sempre que possível. As únicas vezes em que deflagraram confrontos grandes — em Tucheng, antes da primeira travessia do Chishui, e em Luban Chang, antes da terceira —, eles fugiram derrotados.

Isso impõe uma questão importante: por que os soldados de Chiang não estavam em Anshungchang e Luding? Jung Chang e seu marido sustentam que foi porque Chiang não queria bloquear Mao. Segundo essa versão, Chiang deliberadamente deixou o Exército Vermelho seguir, até mesmo facilitando seu progresso às vezes.

Há questões legítimas sobre a energia que Chiang realmente empregou para exterminar o Exército Vermelho. O coronel do exército dos EUA Joseph Stilwell, que como general Stilwell mais tarde comandou as forças de Chiang durante a II Guerra Mundial, escreveu em janeiro de 1936 que "foi feita a acusação de que Chiang simplesmente conduziu os bandoleiros [os vermelhos] por Hunan [Guizhou e Sichuan], como uma desculpa para ir atrás com seus próprios soldados e, desse modo, se estabelecer em áreas que previamente estavam sob controle apenas nominal [de Nanjing]. Qualquer que tenha sido o plano, esse foi o resultado".[10] Acredito que essa acusação subestima os esforços de Chiang e ao mesmo tempo também lhe dá muito crédito. Como o Napoleão de Tolstoi, Chiang nunca teve o controle dos acontecimentos. Quando deu as ordens para cercar e destruir o Exército Vermelho antes de este cruzar pela terceira vez o Chishui, o resultado foi que "conduziu" os vermelhos direto para Guiyang, onde ele próprio estava quase desprotegido. Isso não parece uma estratégia para deixar os vermelhos seguirem; parece um erro.

Sempre que na história há uma alternativa entre uma conspiração e um erro, eu tendo para o último. Argumentar que Chiang deliberadamente providenciou para que o Exército Vermelho mal e mal conseguisse chegar ao noroeste com menos de dez por cento das forças com as quais começou é assumir que Chiang era um gênio. Não era. Nas palavras de Stilwell, ele era "um déspota teimoso, ignorante, preconceituoso e arrogante".[11] Chiang não deixou de enviar tropas a Anshunchang e Luding porque planejava deixar os vermelhos cruzarem o Dadu. Ele simplesmente errou feio.

O Exército Vermelho não estava procurando combates durante a Longa Marcha. Estava fugindo. Mas lutou quando precisou, e na ponte de Luding o inimigo tremeu diante da coragem e determinação dos soldados vermelhos. Não duvido que esta seja a verdade. A versão "lendária" dessa batalha deve sua origem quase que inteiramente a Yang Chengwu. Edgar Snow não registra quem lhe contou a história em Bao'an, mas posso apostar que foi Yang, que não tinha pudores em se valorizar. Exceto por Liao Dazhu, Yang não registrou nenhum dos nomes dos "22 heróis". Se a memória de Li Guoxiu é acurada e os moradores da região sacrificaram a vida em prol do esquadrão de assalto vermelho, faz sentido que Yang os deixasse de lado, já que não se encaixam na sua mitificação do evento. Mas acho que jamais saberemos com certeza. Yang Chengwu morreu em 2004, três meses após o final da nossa Longa Marcha. Nunca tive chance de conversar com ele. Se lhe faço uma injustiça com estas palavras, sinto muito.

Luding é uma cidade na extremidade em que a bacia de Sichuan encontra com o platô Qinghai-Tibete. Daqui, a estrada eleva-se rapidamente para oeste, entrando na região tibetana de Kham. Todos os dias, comboios de veículos militares passam por ali, dirigindo-se para o que os habitantes dizem ser um ponto de problemas em Mankeng, pouco depois da divisa provincial de Sichuan na Região Autônoma do Tibete. Dos 69 mil residentes do Condado de Luding, 91% são hans. Aqueles poucos tibetanos que vivem aqui parecem estar razoavelmente integrados à sociedade han, falando mandarim e freqüentemente tendo casamentos inter-raciais. Mas falta muito para que mesmo eles estejam completamente assimilados. Em nossa última noite em Luding, jantamos com um grupo que inclui algumas das pessoas que nos ajudaram a encontrar Li Guoxiu. Alguns dos que estão ao redor da mesa não se conheciam e se passa quase uma hora até que todos percebam que não há um único han presente. Nós já havíamos conversado sobre as culturas das minorias, mas subitamente há uma palpável sensação de relaxamento. Ninguém tem nada de ruim para falar sobre os hans, mas está claro que a ausência de representantes da maioria os deixa mais confortáveis para afirmar suas próprias identidades e discutir como é ser membro de uma minoria étnica. Cada cidadão chinês deve portar uma carteira de identidade que inclui informação sobre o "grupo étnico", uma classificação que é feita pelo Estado no nascimento. Uma das que estão na mesa é filha de um casamento inter-racial: pai tibetano, mãe han.

— Na minha carteira de identidade sou tibetana — diz ela. — Mas se vou para Chengdu, digo que sou han devido ao modo como as pessoas ali tratam os tibetanos. Por outro lado, se estou em Dege (um dos grandes centros da cultura tibetana no oeste de Sichuan), digo que sou tibetana.

É uma coisa triste ter de encobrir a sua identidade. Lembro-me de nossa própria relutância em admitir ser da Inglaterra durante a guerra do Iraque — embora isso fosse mais por uma sensação de vergonha do que por temor da reação negativa dos outros.

Andy programou sua volta com perfeição. Saindo de Luding, precisamos escalar a Erlangshan, a mais alta montanha até então. Luding fica 1.200 metros acima do nível do mar; a passagem sobre a Erlangshan está quase a 3 mil metros. Isso deve esclarecer se ele está em forma ou não para prosseguir na marcha.

Acima de Tuanjie Cun, a estrada é solitária. Abaixo de Tuanjie, foi aberto um túnel na montanha, o que torna a trilha da nossa Longa Marcha desnecessária. Durante todo o dia, vemos um total de dois veículos na velha estrada. Chove há quase uma semana e alguns trechos da estrada para baixo estão interrompidos por pequenos deslizamentos de terra. Andamos o mais distante possível da encosta da montanha. A estrada faz grandes curvas fechadas, que desaparecem na montanha antes de ressurgir cinqüenta metros à frente. Na primeira curva depois de Tuanjie, pergunto a um grupo de trabalhadores qual o caminho para a trilha.

— Você não vai encontrá-la — diz um dos três. Eu sabia que ele ia falar isso. A vida na Longa Marcha tornou-se uma interminável pantomima.

— Sim, você está certo. Se você não me disser onde é, eu não vou achá-la — concordo.

— Não, mesmo que eu lhe diga onde é, você não a encontrará — diz o homem.

— Ah, eu consigo, sim — insisto.

— Ah, não, você não consegue — reafirma ele.

Esse número continua até que um dos dois outros homens não agüenta mais. Ele admite que a trilha começa ao lado da oficina dos trabalhadores da estrada. Andy e eu andamos duzentos metros até a oficina e instantaneamente encontramos a trilha. Você pode vê-la a trinta metros de distância. Está tão visível que eu nem precisava ter perguntado.

Perto da passagem, encontramos um pastor solitário e repetimos o mesmo número. Pegamos a trilha óbvia sem hesitação. Mas, depois de cinco minutos, ela começa a desaparecer no meio do mato. Nós insistimos. Mais cinco minutos e temos de passar por cima de uma árvore tombada na trilha. Caio do tronco quando um galho seco quebra na minha mão. Finalmente, o "mato" fica mais alto do que nós e precisamos abrir caminho com as varas que usamos para apoio. Cheios de pedaços de galhos, arranhões e lama, cambaleamos até a estrada principal, no ponto em que ela faz a primeira de muitas curvas fechadas. A parte seguinte da trilha dá direto num penhasco.

Então, quando você deve dar ouvidos à sabedoria dos moradores da região? Depois de andar por mais de nove meses e 4 mil quilômetros pela China, posso dizer com total segurança que continuo sem a menor idéia.

Andy consegue nos surpreender. Embora suas papilas gustativas possam morrer de tédio, uma dieta de mingau de arroz, clara de ovo e uma lata de proteínas em pó parece funcionar. Depois de deixarmos Erlangshan para trás, Andy fica visivelmente mais forte durante uma semana de trilhas relativamente suaves. A partir do rio Dadu, caminhamos praticamente em linha reta para o leste, de volta a uma região chinesa han. A temperatura começa a esfriar quando rumamos para o norte, na direção de Jiajinshan, a primeira e a mais famosa das grandes Montanhas de Neve, na divisa da Jurisdição Autônoma Tibetana de Aba. A trilha começa a subir ao longo do vale do rio Lushan, onde agora é época de colheita. Por quase todo o caminho até o centro da cidade-condado de Lushan, famílias estão ocupadas com montanhas de milho, descascando as espigas e colocando-as para secar ou tirando o milho das espigas para o estágio final da secagem — espalhando-o sobre esteiras ou direto sobre a estrada.

Ao norte daqui, entramos no vale do rio Baoxing, e à medida que gradualmente subimos na direção da nascente a agricultura dá lugar à indústria. Aqui é território do mármore. Passamos uma noite no *zhen* de Lingguan, onde até as mesas dos restaurantes mais fuleiros são feitas de mármore. A rua principal está cheia de lojas vendendo itens de mármore que vão de cinzeiros até réplicas da Vênus de Milo em escala natural. Mas os mais populares *objets d'art* são pandas de mármore branco com olhos pretos pintados, porque o Condado de Baoxing é mais conhecido como o local da "descoberta" do panda gigante. O panda era desconhecido no Ocidente até 1869, quando caçadores nativos de Baoxing mostraram um espécime morto ao missionário francês Armand David.

A sorte dos pandas melhorou muito pouco desde que David enviou a histórica pele para o Museu de História Natural de Paris. Provavelmente, há mais latas de lixo com o formato de pandas na pequena cidade-condado do que pandas vivos na Reserva Natural de Baoxing, que começa 26 quilômetros mais ao norte. Os funcionários da reserva dizem que o último censo contou 119 animais.

— Há mais de cem agora — diz Yang Min, a tibetana que supervisiona um programa de alimentação controlada para os animais selvagens. — Alguns foram levados para zôos. Os pandas daqui têm uma aparência particularmente boa, sabe?

Eu não sabia. Eu pensava que pandas fossem como *laowai* — todos com a mesma cara. Mas Yang Min insiste que pandas de lugares diferentes apresentam características distintas e que não dá para superar um panda de Baoxing.

Enquanto Andy engole a sua papa reguladora, eu compartilho o jantar dos trabalhadores: arroz, feijão e abóbora gordurosa que eles, com otimismo, chamam de *la rou* (uma espécie de bacon), tiras de batata, pimentas e picles de repolho. Eles contam que há planos em andamento para a criação de um "círculo" de turismo que irá de Chengdu à montanha mais famosa de Sichuan, Siguniangshan, depois a Jiajinshan e Baoxing, no caminho de volta a Chengdu. Hoje, porém, não há visitantes além de nós dois, e a indústria turística consiste em duas famílias que abriram hospedarias que cobram o triplo do preço normal — razão pela qual estamos ficando no fim da rua com os hospitaleiros trabalhadores.

— Daria para nós vermos um panda selvagem aqui? — pergunta Andy.

— Nós temos um panda macho domesticado para os turistas — responde Ye Yinzhi. — A última vez que vi um panda nas montanhas foi no ano passado. Os japoneses gostam de sair atrás deles e nós os levamos quando querem, embora você só possa sair para procurar em duplas. Mais de duas pessoas e os pandas certamente ouvirão você chegando e fugirão.

Nenhum de nós quer ver o solitário panda domesticado. Após uma noite insone graças ao karaokê dos operários, rumamos em direção à última parada antes de Jiajinshan.

O *xiang* de Yaoji é a localidade tibetana mais próxima a Chengdu. Yaoji cresce vigorosamente, prestes a ser destruída. Centenas de operários vieram para cá construir uma central hidrelétrica para aproveitar as águas que descem a cordilheira Jiajin. Quando a barragem estiver terminada, em cerca de dois anos, o vale será inundado, e Yaoji deixará de existir. Xia Rui, o simpático dono do restaurante Daziran, onde passamos a noite, conta-nos que a população deverá se mudar para um novo assentamento mais acima nas montanhas a nordeste. Até mesmo o memorial da Longa Marcha, um obelisco que domina a cidade de seu ponto mais elevado, será transferido. Futuros pesquisadores da Longa Marcha terão que trazer *snorkel* e pés-de-pato para ver os pontos em que os exércitos de Mao se prepararam para a escalada da primeira das Montanhas de Neve.

Pela primeira vez, realmente sinto apreensão pelo desafio adiante. Histórias da Longa Marcha descrevem neves profundas, congelamento de membros, mortes em cumes devido à falta de oxigênio e perdas de soldados que escorregaram e caíram de penhascos na descida. Em Xichang, Yang Xiao e eu encontramos um veterano de 84 anos chamado Peng Shuquan que nos disse: "Nas Montanhas de Neve, os soldados estavam tão fracos que não conseguiam se levantar depois de se agachar no banheiro." O veterano do 2º Front do Exército He Wendai falou para mim e Andy: "Nós não podíamos descansar no topo da montanha. Depois de subir, tínhamos que descer vagarosamente. Alguns não sabiam disso. Depois de escalarem a montanha, eles descansaram; depois, não conseguiram ficar de pé. A neve era muito profunda. Se você escolhia o caminho errado num buraco de neve e não conseguia sair, você morria."

Nenhum de nós nunca escalou uma montanha alta o suficiente para haver falta de oxigênio. Preparamos uma sacola cheia de remédios poderosos para o caso de a falta de oxigênio fazer nossos cérebros incharem ou nossos pulmões encherem-se de líquido. Carregamos comida extra e, apenas pela quarta vez, procuramos um guia para nos ajudar na trilha.

Yang Xuequan, 35 anos, junta-se a nós no pátio do restaurante Daziran. Baixinho, gordo e fumando um cigarro pós-jantar, ele não parece nem um pouco ter o perfil para uma jornada tão árdua. Minha confiança aumenta.

— Eu já atravessei muitas vezes — conta ele. — Não há neve na montanha agora. Nós atravessaremos em dois dias. Sem problemas.

Yang nos dá boa-noite e nos deixa sob as atenções do professor de inglês local, que veio correndo assim que soube de nossa chegada. Liu Jiantao é um han de Hanyuan exilado nesta parte remota, mais de 190 quilômetros ao sul. Ele é um homem bastante infeliz.

— Talvez uma pessoa em cada mil leia um livro aqui — fala Liu. — As pessoas não pegam um livro por vinte, trinta anos, mas não têm vergonha. Elas só querem jogar mahjong. Elas podem jogar mahjong do primeiro dia de janeiro até o último dia de dezembro e não têm a menor vergonha.

Liu está ilhado culturalmente. Foi essa sensação de ser um peixe fora d'água que o trouxe correndo para conversar conosco. Ele procura empatia.

— Eles não querem saber de questões internacionais e riem de mim quando digo como as coisas são feitas na América.

Liu admira profundamente os americanos e parece desapontado ao descobrir que somos apenas ingleses. Ele se anima quando Andy conta que morou perto de Nova York por seis anos. Mas Liu não é realmente um racista. Seu sofrimento não é causado pelo fato de ser um han entre tibetanos, mas sim porque é um intelectual de classe média entre camponeses. O fosso entre classes parece maior do que qualquer sentimento nacionalista.

Sempre que um amigo de Pequim caminhou conosco, pareceu que o chinês urbano e moderno tem tão pouco em comum com seu compatriota camponês quanto nós — talvez ainda menos. Em uma ocasião, bem mais adiante no caminho, na Província de Gansu, estamos batendo papo com uma mulher de meia-idade não muito longe do *xiang* de Lüjing. Jia Ji vem conosco, mas ficou para trás. Quando nos alcança, Andy sugere brincando que ela precisa exercitar seus métodos de descobrir rotas na Longa Marcha.

— Pergunte a esta mulher que caminho precisamos seguir e qual é a distância — diz ele. Jia Ji obedece, usando o seu melhor mandarim pequinês, o equivalente chinês do inglês da BBC.

A mulher ri:

— Não consigo entender o que você está dizendo — diz ela, e olha para nós dois em busca de ajuda. Afinal de contas, ela sabe que pode nos entender, porque estivemos conversando nos últimos cinco minutos. Jia Ji fica furiosa.

— Não é possível! — explode ela. — Eu estou falando chinês!

— Eu não consigo entender o que você está falando — diz a mulher.

— Não é possível!

Nós tentamos não rir demais.

— Quer que eu traduza para você? — pergunta Andy. — Ela disse...

Jia Ji não vê nada de engraçado nele. Ela acha que a mulher simplesmente é ignorante. Mas na verdade é um problema cultural — um forasteiro é um forasteiro. Nós fomos recebidos da mesma maneira, mas após um pouco de persistência a mulher aceitou que podia, afinal de contas, conversar com esses seres estranhos. Andy e eu temporariamente nos tornamos parte do mundo camponês. Estamos acostumados ao ritmo da vida, às preocupações diárias, à maneira que as pessoas falam e até mesmo ao modo como pensam. Ainda que nós nem sempre entendamos este último aspecto, estamos acostumados a nos movimentar numa névoa de incompreensão. Contamos com mal-entendidos, enquanto Jia Ji, por exemplo, fica exasperada com sua incapacidade de se comunicar com pessoas que antes considerava, na essência, iguais a si.

No fim, Jia Ji consegue se orientar. *"Man man lai"*, como diria o Cara dos Equipamentos.

Dias 312-338: 349 quilômetros
23 de agosto – 18 de setembro de 2003
Total: 5.069 quilômetros

毛儿盖 Mao'ergai

Xueluo Cun
血洛村

Dagushan
打古山

Zhongdagu Cun
中打古村

Xiang de Shashiduo
沙石多乡

Zhen de Shuajingsi
刷经寺镇

Yakoushan
垭口山

Zhen de Zhuokeji
卓科基镇

Shuama Lukou
刷马路口

Cidade-condado
de Ma'erkang
马尔康县城

Xiang de Suomo
梭磨乡

Mengbishan
梦笔山

Mucheng
本城

Lianghekou
两河口

Sichuan
四川

Zhen de Mupo
木坡镇

Cidade-condado
de Xiaojin
小金县城

Xiang de Dawei
达维乡

Jiajinshan
夹金山

Xiang de Yaoji
硗碛乡

N

Capítulo 13

As Montanhas de Neve

Não há neve na primeira Montanha de Neve ao chegarmos em 23 de agosto, mas, mesmo que não estivéssemos atrasados, a montanha já não é como antes. Quando os vermelhos começaram a escalar Jiajinshan, por volta de 16 de junho de 1935, as partes altas estavam cobertas de neve e gelo. Moradores mais antigos de Yaoji lembram-se que, naqueles dias, a neve em junho podia chegar à cintura.

— Em junho, atualmente, há uma fina camada de neve, mas a montanha fica sem neve durante seis meses — diz nosso guia, Yang Xuequan. — Se você quer atravessá-la no inverno, precisa de uma equipe, caso contrário é muito perigoso. É fácil cair em um banco de neve e, sem gente suficiente para ajudar, não há como sair. Pessoas se perdem aqui em cima e, às vezes, morrem.

Hoje, a grande Montanha de Neve das amargas recordações do Exército Vermelho é verdejante e quente, banhada por gloriosos raios solares. Ocasionalmente, nuvens trazem sombras frias sobre a trilha que sobe o vale acima de Yaoji. Yang pára bastante para papear com passantes curiosos. Na cidade, a maioria das pessoas se comunicava em chinês, mas agora Yang fala em tibetano com quase todos que encontra. Ele nos conta que Yang Xuequan é o seu nome chinês; em tibetano, ele é Zangbo. Um córrego leva-nos suavemente para o alto, até 2.400 metros acima do nível do mar. A verdadeira escalada começa após o almoço, que comemos no pé da montanha em uma mistura de estação florestal, hospedaria e bar karaokê. Os funcionários dizem que quase todos os dias aparecem turistas para escalar a montanha, embora nunca mais de um punhado por vez. Há uma estrada agora, construída em 1987, mas levaria pelo menos um dia a mais para seguir as suas infindáveis curvas em vez de seguir a velha trilha, que continua sendo usada por funcionários florestais e pastores, além de turistas.

Subimos molhados de suor e descansamos a cada vinte minutos, no máximo, embora a encosta não seja íngreme. Durante os intervalos, sanguessugas sobem em nossas botas e mochilas. Yang as afasta com seu cigarro. Comemos lanches e Yang joga as embalagens no chão. Andy discute sobre o problema chinês do lixo e a beleza de Jiajinshan. Yang cata em silêncio as embalagens.

Ao pôr-do-sol, cruzamos a linha das árvores, deixando as sanguessugas para trás. A 3.300 metros, só há mato bem curto, comido por rebanhos de vacas, iaques e cabras. À frente e aos lados, a montanha faz um grande arco, mas Yang diz que o que vemos diante de nós não é o pico. Não o veremos antes da próxima manhã.

Acampamos entre os animais, com o sono perturbado pelos bois mugindo no vale. A noite está completamente escura quando um pastor tibetano armado pára em nosso acampamento. Ele grita para um amigo invisível na encosta, chamando-o para juntar-se a nós. Para nosso alívio, o amigo não aparece. Está escuro demais para permitir que mesmo um morador ache o caminho. Yang oferece cigarros e biscoitos, seguindo o modo cortês do campo, mas ele também parece apreensivo. Ele não fala em tibetano e diz que nós dois só sabemos falar inglês. Andy e eu nos fazemos de desentendidos. O estranho aponta a arma de modo brincalhão para Andy, que sinaliza que vai dormir. Por fim, a visita incômoda vai embora com seu fuzil.

Yang não trouxe equipamentos para acampar. Ele se aperta dentro da barraca entre nós e pega emprestada a jaqueta extra de Andy para se aquecer. Ele tem o sono pesado, ronca alto e é o último a se levantar de manhã. Eu tenho que acordá-lo para pegar emprestado o isqueiro e acender o fogareiro para o desjejum. O meu isqueiro *high-tech Extreme II* sofre com a falta de oxigênio, ao passo que o isqueiro de plástico vermelho de Yang que custou um iuane funciona bem — uma lição valiosa para o caminho à frente.

Atingimos a passagem três horas após levantar acampamento. O pico gramado da Jiajinshan eleva-se a leste da passagem; são apenas mais trezentos a quatrocentos metros até o topo, mas isso é o mais alto que vamos.

Estou com essa montanha na cabeça desde que li pela primeira vez sobre a Longa Marcha. É um marco da história chinesa moderna, um dos símbolos mais importantes do sofrimento e sacrifício do Exército Vermelho. Todos os chineses com os quais falei associam os perigos e a "amargura" da Longa Marcha a dois lugares específicos: os Pântanos do norte de Sichuan e as Montanhas de Neve.

"O pico da Jiajinshan furava o céu como a ponta de uma espada refletindo a luz do sol", escreveu Chen Changfeng, guarda-costas de Mao. "Toda a sua massa brilhava como se estivesse coberta com uma miríade de espelhos reluzentes. Sua claridade ofuscava os olhos... No começo, a neve não era tão funda e podíamos caminhar com alguma facilidade. Mas depois de cerca de vinte minutos, os bancos ficavam cada vez mais fundos. Um único passo descuidado poderia jogá-lo numa fenda e então levaria horas para resgatá-lo. Se você caminhava onde o manto da neve era mais leve, era escorregadio; para cada passo que dava, você deslizava três para trás! O Camarada Mao andava à frente, os ombros curvados, subindo com dificuldade. Às vezes ele escorregava para trás vários passos. Então estendíamos a mão para ele; mas nós também tínhamos dificuldade para manter o equilíbrio, e aí era ele que agarrava firmemente nossos braços e nos puxava. Ele não vestia roupas acolchoadas. Em pouco tempo, sua fina calça cinza ficou molhada e seus sapatos pretos de algodão brilhavam com o gelo..."

"À medida que subíamos, ficava mais difícil. Quando ainda estávamos no pé da montanha, os habitantes nos disseram: 'Quando chegarem ao topo da montanha, não falem nem riam, do contrário o deus da montanha irá sufocá-los até a morte.' Não éramos supersticiosos, mas havia uma dura verdade no que eles disseram. Agora, eu mal conseguia respirar. Parecia que o meu peito estava pressionado por duas rochas. Meu coração batia rápido e eu tinha dificuldade para falar, quanto mais para rir. Eu sentia como se o meu coração fosse pular da boca se eu a abrisse. Então olhei para o Camarada Mao de novo. Ele caminhava em frente, dando passos firmes contra o vento e a neve."[1]

O pico ainda é muito bonito, mas lamento informar que escalar a Jiajinshan no verão é muito fácil. Contudo, isso não diminui nem um pouco nossa sensação de conquista — especialmente no caso de Andy. Ele ordena que permaneçamos na passagem, em flagrante violação às instruções do Exército Vermelho. Os médicos do exército determinaram que não houvesse descanso no topo, mas cozinheiros do 3º Grupo do Exército desafiaram as instruções. Harrison Salisbury registra que, após carregarem 25 quilos de panelas e alimentos, eles pararam no alto para fazer sopa de pimenta. "Mas, enquanto distribuíam a sopa, dois cozinheiros desfaleceram e não puderam ser ressuscitados."[2]

Um sinal de madeira marca o ponto em que os vermelhos deslizaram pelo lado norte da montanha em junho de 1935. A neve cobria as trilhas, então os soldados simplesmente se sentaram e esperaram pelo melhor. Salisbury escreve que alguns homens foram perdidos — "catapultados dos penhascos". Nenhum de nós sente sintomas da ausência de oxigênio e é difícil imaginar como alguém poderia cair de penhascos e encontrar a morte. A Jiajinshan inclina-se gentilmente a partir daqui, e caminhamos tranqüilamente até um córrego para um almoço de macarrão instantâneo. Cavalos semi-selvagens dividem as águas conosco. À tarde, caminhamos 19 quilômetros através de prados e florestas de pinheiros até a cidade de Dawei, onde a guarda avançada do 1º Front do Exército encontrou-se com soldados do 4º Front do Exército pela primeira vez.

O 4º Front do Exército, de Zhang Guotao, não estava assentado numa forte base soviética, como esperavam Mao e seus companheiros. Com cerca de 100 mil homens e mulheres prontos para o combate, era uma força muito maior e mais bem equipada que o 1º Front do Exército, mas a pressão de ataques do Guomindang o manteve em locomoção, e a área sob o controle de Zhang Guotao mudava continuamente. Na primavera de 1935, ele abandonou um soviete de vida curta no norte de Sichuan e avançou mais para oeste, em áreas dominadas por minorias étnicas, principalmente tibetanos. Em sua autobiografia, Zhang afirma que foi para oeste para dar apoio ao 1º Front do Exército em seus esforços de marchar para o norte.

Os primeiros informes sólidos dos movimentos do 1º Front parecem ter chegado por volta do fim de maio ou começo de junho de 1935, quando Zhang diz ter ouvido que os homens de Mao tinham cruzado o rio das Areias Douradas.³ Ele desconfiou que iriam dirigir-se para o Dadu e ordenou que uma força, sob o comando de Xu Xiangqian, marchasse ao sul para ajudá-los. Foram esses homens que receberam a vanguarda do 1º Front do Exército em Dawei. Para os veteranos dos dois exércitos que encontramos, foi uma ocasião de júbilo.

O veterano do 4º Front do Exército Yang Jin nos declarou: "Nós nos abraçamos! Amizade de classe, irmãos de sangue. Os vermelhos [do 1º Front do Exército] traziam guarda-chuvas de papel. Os vermelhos de Sichuan usavam chapéus largos de bambu cheios de óleo de tungue, que evitavam a chuva. Os vermelhos [do 1º Front do Exército] gostaram principalmente disso, então nós os presenteamos com chapéus. Os chapéus tinham quatro caracteres escritos neles: 'Morte a Liu Xiang' [Liu era o general do Exército Provincial de Sichuan que derrotou os vermelhos em Tucheng]. As roupas do 1º Front do Exército eram muito pobres. As calças compridas tinham virado calças curtas. O tecido era ruim e muito fino. Suas pernas estavam cobertas de sangue escorrido. A reunião [com o 1º Front do Exército] foi a maior alegria. Eu fiquei excitado demais para dormir."⁴

Para os líderes, a união dos exércitos vermelhos criou uma situação difícil. Tanto Zhang Guotao como Mao Tsé-tung eram membros fundadores do Partido Comunista e ambos tinham ambições óbvias. Em termos militares, Zhang estava em uma posição muito mais forte, mas Mao tinha a política ao seu lado. A maior parte da liderança do partido marchara com Mao a partir de Jiangxi, e eles aceitaram sua proeminência no Encontro de Zunyi. Zhang não tinha apoiadores no Politburo, embora ele próprio fosse um membro do órgão. Os rivais encontraram-se pela primeira vez desde 1923 nas cercanias de Lianghekou, cerca de 80 quilômetros a noroeste de Dawei.

Zhang ficou descontente com o encontro. "Quando a onda de alegria sincera passou", escreveu ele, "veio a luta interna do partido."⁵ Ele achou que as conquistas e os quadros do 4º Front do Exército não receberam reconhecimento suficiente. Ele foi criticado por sua conduta política no norte de Sichuan, onde fracassou na condução da reforma agrária. Ele também abandonara a política de estabelecer uma administração "soviética", tendo preferido declarar uma "Federação do Noroeste" que reconhecia a elevada proporção de minorias étnicas na região. Embora Zhang fosse designado vice-presidente do Comitê de Assuntos Militares de um "comando unificado", ele ficou infeliz com os resultados do Encontro de Lianghekou. Os exércitos combinados receberam ordem de ir para o norte, atravessando mais três montanhas de neve, até um lugar chamado Mao'ergai, em preparação para um futuro avanço à Província de Gansu, de onde eles ou continuariam para o norte ou virariam a oeste, na direção de Xinjiang.

Os detalhes dos movimentos futuros seriam discutidos em Mao'ergai. Quanto ao que Zhang chamou de "problemas políticos dentro do partido", nada foi resolvido.[6] Zhang também escreveu sobre tensões entre os quadros dos 1º e 4º Exércitos. Os veteranos que encontramos, todavia, eram todos simples soldados. Eles contam que não sabiam de nada a respeito de intrigas políticas. Eles haviam se unido com novos companheiros e estavam contentes.

Jiajinshan guarda a divisa da Região Autônoma de Aba Tibetana e Qiang, uma área quase do tamanho da Escócia, com uma população variada de 790 mil. À medida que vamos para oeste, de Dawei para Xiaojin, ao longo do rio Wori, a terra fica árida, as encostas sem vegetação. Por volta de 2.400 metros acima do nível do mar, o clima muda bastante. O ar é seco e quente e andamos sob um céu azul pálido. Nessa noite, pela primeira vez em semanas, poderemos ver estrelas. O rio alimenta pomares de maçãs e peras, e flores silvestres colorem as margens da estrada de roxo, vermelho, laranja e branco. As casas são feitas de pedras. Os habitantes são tibetanos, embora falem o dialeto sichuanês do chinês.

Andy e eu ouvimos histórias de como o Exército Vermelho foi recebido com hostilidade e violência em áreas tibetanas. Yang Jin contou-nos que "as classes altas tibetanas, assim como os lamas importantes, fizeram com que seus '*wazi*' (escravos) nos atacassem em todas as partes. Para evitar as principais forças dos inimigos, o Exército Vermelho manteve-se na Longa Marcha em trilhas cercadas por montanhas e florestas. Mas tibetanos e bandoleiros nos atacaram. Eles vieram das montanhas soando berrantes, urrando e assobiando. Eles também tinham fuzis importados da Grã-Bretanha cujos tiros iam bem reto".

Em uma escala menor, a nossa Longa Marcha também detecta uma mudança nas atitudes locais.

— Estrangeiros, não — diz o agitado dono da hospedaria na cidade-condado de Xiaojin. — Aqui não é seguro. Vão procurar o governo local.

Na casa ao lado, ouço uma variação — "não é seguro, vão ao Hotel Telecom". Eu já fui ao Hotel Telecom, que queria 100 iuanes por noite. Nosso orçamento geralmente chega no máximo a 20 iuanes, então Andy e eu vasculhamos a cidade em busca de alternativas. Não há nenhuma. Nenhuma hospedaria nos aceita, então eu abordo um policial.

— Xiaojin deve ser um lugar muito perigoso — digo.

— Oh, não — diz ele. — Não há problemas aqui. Por que vocês não ficam no Hotel Telecom?

Supostamente, estamos cercados por perigos em nossa jornada, mas, de algum modo, eles estão sempre além do horizonte. Temos de responder continuamente à pergunta: "Vocês não têm medo de encontrar *'huai ren'* [pessoas más]?" Ao que respondemos, então há muitas *huai ren* por aqui?

— Oh, não, não aqui, mas há muitas em [insira aqui o preconceito local].

Temos sorte — as *huai ren* sempre vivem em algum outro lugar. Exceto pelos próximos dois dias, quando Andy e eu teremos a sensação crescente de que na verdade todas elas se mudaram para o Condado de Xiaojin.

Nunca antes na Longa Marcha encontráramos tantas pessoas más, descorteses e interesseiras. O "efeito zoológico" da nossa presença na cidade-condado é pior do que nunca. Passamos por um corredor polonês de gritos, risos e dedos apontados ao longo de toda a rua principal. Enquanto esteve na Longa Marcha, Yang Xiao creditou tal comportamento ao tédio — "como cachorros latindo", foi a sua descrição. Estou acostumado com os comentários públicos sobre cada movimento nosso, mas é incomum ouvir as pessoas discutindo abertamente quanto a mais deveriam cobrar de nós. Meus problemas de controle de temperamento afloram novamente, ao passo que Andy desenvolve um preconceito instantâneo contra os tibetanos.

No primeiro dia depois de sair da cidade-condado, chegamos ao *zhen* de Mupo após o anoitecer e poderíamos facilmente tê-lo atravessado sem perceber. A primeira coisa que penso é que a cidade está sofrendo um blecaute, mas o que acontece é que os moradores dependem da energia gerada por um pequeno rio, e a eletricidade é usada somente para as coisas essenciais — tais como o amplo centro de TV/música/karaokê de Zhang Mingang, o anfitrião bigodudo da única hospedaria de Mupo.

Zhang e a mulher estão apreciando um VCD de *Anões em revista* quando chegamos. Anões cantam, dançam, encenam lutas de boxe e vários números sem graça de *vaudeville*. Eu não via exploração e humilhação tão grandes desde a minha infância. Zhang ri e aponta para a TV.

— Eles são anões — diz ele. — Rá-rá-rá.

Cansando-se das pessoas pequenas, Zhang nos instrui sobre a cultura tibetana.

— Os tibetanos daqui sempre foram bons lutadores — diz ele. — Eles lutaram contra o imperador Qianlong por 14 anos. Depois de derrotados, muitos foram levados para Pequim e, em seguida, exilados em Heilongjiang.

— Eles combateram o Exército Vermelho? — pergunto.

— Sim, mas outros também se juntaram ao Exército Vermelho. Mais tarde, perto do fim da guerra civil, remanescentes do Guomindang fugiram para cá e os tibetanos fizeram um acordo com o Exército [Vermelho]. Cada um recebeu um dólar para ajudar a eliminar o Guomindang.

— Que tipo de tibetano se juntou ao Exército Vermelho? — pergunto. — Foram só os pobres?

Zhang faz uma expressão de desdém.

— Os tibetanos são gente muito transparente — diz ele. — Se você é uma boa pessoa, eles serão seus amigos. Se você faz coisas ruins, eles não esquecerão. Nós odiamos os huis. Eles não são honestos nos negócios. Alguns huis queriam se mudar para cá, mas nós dissemos que os mataríamos, e eles não vieram.

Zhang fica radiante. Ele toma um gole de uma garrafa de cerveja.

— Posso beber 12 garrafas — diz ele. — Quantas vocês conseguem beber?

Depois de muito tempo, Zhang nos conduz para o andar superior, até um quarto sujo com seis camas imundas. Ficamos em centenas de lugares como esse. Eles custam 5 iuanes ou menos.

— É 25 iuanes por cama — diz Zhang.

Há uma diferença entre adotar uma posição negociadora e roubo deslavado. Pegamos nossas mochilas e nos dirigimos para a porta.

— Onde mais vocês ficarão? — pergunta Zhang.

São 23h30 e está escuro como breu lá fora. O *zhen* de Mupo já foi dormir.

— Nós vamos procurar algum hui para nos receber, muito obrigado — digo. Montamos nossa barraca sob a luz de archotes num campo uns duzentos metros ao norte da cidade.

Sem a bondade de estranhos, a Longa Marcha seria impossível. Depois do *zhen* de Mupo, o ânimo desaba. Nossa confiança na acolhida e na honestidade dos moradores fica bastante abalada.

A última aldeia no Condado de Xiaojin é Mucheng. A passagem sobre a segunda Montanha de Neve, Mengbishan, fica a apenas sete ou oito quilômetros ao norte, mas já estamos a mais de 3.300 metros acima do mar. Dois domos budistas e um espetacular triângulo de bandeiras brancas decoram a encosta acima da vila: um agrupamento de casas de pedra tibetanas abaixo da estrada nova. Após o anoitecer, umas poucas lâmpadas brilham palidamente, com a energia tirada do córrego que desce a montanha. As construções ao longo da estrada são completamente desprovidas de eletricidade.

Uma dessas construções pertence aos operários que trabalham na estrada. Vamos direto para lá. Andy e eu passamos a depositar uma grande fé em todos que vestem uniformes laranja com o logo do Ministério das Estradas. Alguma coisa no estilo de vida dos trabalhadores das estradas parece criar uma afinidade conosco. Eles freqüentemente vêm de outros lugares e sabem o que significa viver longe de casa, mudando-se constantemente. Seus horizontes são mais largos do que os da maioria dos camponeses e o conhecimento que têm das distâncias é ímpar. Eles são a fonte de informações mais confiável na rota da Longa Marcha.

Um rapaz chamado Liu Peijun nos convida para entrar e oferece um balde de água quente para lavarmos os pés. Mais operários chegam — hans, tibetanos e huis muçulmanos, vindos de Mucheng e da cidade-condado. Eles sentam-se ao redor do fogo, comem, bebem e contam piadas juntos. Quando a luz do dia começa a morrer, velas são acesas.

— Como é a travessia da Mengbishan? — pergunto.

Muito fácil, todos dizem. Não há neve nenhuma e o caminho não é íngreme. Nós comemos e eu até mesmo faço um par de brindes aos nossos anfitriões — a única vez durante a Longa Marcha em que coloco *bai jiu* nos lábios. Por fim, vamos para a cama de casal que eles arrumaram para nós. Já ouvimos brincadeiras de amigos dizendo que estamos ficando como um velho casal; agora, temos a cama para provar — completada com um edredom de casal.

Pela manhã, Cheng Shulan prepara o desjejum.

— Vocês foram muito atenciosos, deixem-nos dar algum dinheiro — digo.

— Oh, não, não queremos dinheiro nenhum — protesta o marido de Cheng.

Em segredo, escrevo "obrigado" em caracteres chineses com uma escrita infantil, embrulho 30 iuanes com o papel e deixo embaixo do travesseiro. O serviço normal foi retomado.

As casas tibetanas ao norte da Mengbishan formam uma bela vista. A estrutura básica é uma construção de três andares com pedras sólidas e um teto baixo e curvo aberto em um dos cantos, de forma que cerca de um quarto do terceiro andar é um pátio. As pedras ao redor das molduras das janelas geralmente são caiadas. As próprias molduras também são pintadas e ornadas com desenhos geométricos simples e suásticas budistas em vermelho, amarelo e azul. Flores cultivadas reforçam a impressão de um nível mais elevado de cultura e sofisticação que em outras áreas rurais da rota da marcha.

A estrada a partir da Mengbishan cruza com a rodovia Chengdu-Ma'erkang no *zhen* de Zhuokeji. Este é, de longe, o *zhen* mais esplêndido de toda a jornada. Suas ruas estreitas e curvas e os mosaicos de pedras multicoloridas sobrevivem inteiramente intactos. Janelas de treliça e suas molduras são pintadas com cores vivas e flores enchem os peitoris. Em grande parte da cidade, somente os fios elétricos dão alguma pista de modernidade. Como é um lugar relativamente fácil de chegar pela estrada, equipes chinesas de cinegrafistas vêm aqui em busca de um sabor tibetano, mas ainda assim não há uma grande presença de turistas.

O marco mais famoso de Zhuokeji é a *"guan zhai"*, a antiga e enorme residência do líder local, que domina a cidade a partir da encosta no lado leste. Harrison Salisbury a descreve com termos entusiasmados: "Em suas reminiscências, marchadores escreveram com admiração sobre o átrio de sete pavimentos, ladeados por colunas de madeira envernizadas de vermelho, preto e verde, filas de balcões em madeira esculpidos e decorados com pedras preciosas fixadas nos frontões. As paredes exibiam tapeçarias penduradas, os aposentos eram mobiliados com sofás revestidos de seda e tamboretes, mesas e armários esculpidos. Papiros tibetanos ocupavam as paredes e havia uma biblioteca com clássicos tibetanos e chineses. Um andar era devotado a relicários de Buda emoldurados em jade, ouro e prata. Havia cintilantes janelas de vidro."[7]

Hoje, a residência está vazia, exceto por alguns trabalhadores restaurando a edificação. O contramestre diz que ela será reaberta como um museu. Ele aponta para quartos vazios nos quais assegura que Zhou Enlai e Mao Tsé-tung se hospedaram brevemente em 1935.

Os idosos de Zhuokeji não falam chinês. Não conseguimos descobrir nenhuma testemunha dos acontecimentos de 1935, mas quase no fim do dia encontramos Jamjarjiu, um comerciante tibetano educado em Xangai que fala mandarim fluentemente. Sua mãe vivia em Zhuokeji quando os vermelhos se aproximaram, e ele cresceu ouvindo suas histórias.

— Naqueles dias, Zhuokeji era território de ópio — conta Jamjarjiu. — Os tibetanos não consumiam muito. A maior parte era vendida para pessoas hans, e meu pai também o vendia em Xinjiang. Quando o Exército Vermelho marchou em Zhuokeji, algumas pessoas fugiram, indo até Aba, mas outras correram para as colinas acima da cidade. De lá, elas podiam ver os soldados vermelhos indo e vindo. Apenas um homem ficou para trás. Elas podiam ouvi-lo atirando no Exército Vermelho. Ele foi morto, é claro. A *guan zhai* era muito maior na época. A que vocês podem ver agora não é a mesma... foi construída em 1936. Não é verdade que Mao ficou nela. Não poderia, porque já tinha sido esvaziada e queimada pelos soldados de Zhang Guotao antes de sua chegada. Mao deve ter acampado acima da *guan zhai* ou talvez tenha ficado no templo abaixo.

Esse templo pequeno continua de pé em uma viela poucos passos acima, ao lado do rio que corre da Mengbishan, mas a narrativa de Jamjarjiu suscita mais perguntas que respostas. Tanto quanto sei, as forças do 4º Exército de Zhang Guotao só passaram por Zhuokeji bem *depois* de Mao ter ido embora. Ouvi em outro lugar que Mao se encontrou com o mestre da *guan zhai* em Pequim nos anos 1950 e agradeceu-lhe pelo uso da biblioteca.

De qualquer forma, do lugar em que passou a noite em Zhuokeji, Mao caminhou pela margem sul do rio Suomo por 64 quilômetros antes de fazer uma curva para o norte para atravessar a terceira Montanha de Neve, Changbanshan (ou Yakoushan, como os habitantes a chamam atualmente). A rodovia agora corre ao norte do rio e, exceto pelos primeiros três quilômetros, a velha trilha distancia-se das encostas. Jamjarjiu nos leva por este trecho para ver um conjunto de pedras que ainda têm inscrições feitas pelos soldados vermelhos. Ele diz que havia muitas mais, mas foram levadas ou simplesmente caíram dentro do rio. Os caracteres sobreviventes são insultos dirigidos ao comandante do Guomindang Hu Zongnan, cujos soldados atacaram os vermelhos ao sul da Mengbishan. Hu é um "bandoleiro assassino", de acordo com uma pedra; enquanto outra protesta que "Hu Zongnan rouba do povo hui do noroeste, ele é um lacaio do imperialismo", ao lado de uma frase escrita em árabe — o primeiro sinal com que eu me deparo de que havia muçulmanos no Exército Vermelho.

Estamos cerca de cinqüenta metros acima do rio. Daqui, a trilha oferece uma vista de Zhuokeji. Próximo a nós, há um campo aberto onde um punhado de tendas foram montadas em preparação para as festas do 50º aniversário da Jurisdição Autônoma de Aba Tibetana e Qiang. Depois das tendas está a *guan zhai*, e abaixo dela a cidade se espreme entre as colinas e o rio. Jamjarjiu gesticula na direção do campo.

— Mao não ficou muito tempo aqui antes de ir para Mao'ergai. Por causa dos conflitos com Zhang Guotao, Mao pode ter ficado com medo que Zhang tentasse capturá-lo.

— Já ouvi que Mao pode ter ficado preocupado achando que Zhang tentaria usar a força contra ele, mas nunca vi nenhuma evidência — digo. — O que o faz pensar que Mao realmente estivesse com medo?

— O exército de Zhang teve uma batalha aqui com a força de Mao. Na nossa vila, havia um campo onde eles lutaram bastante. A casa do meu pai era lá. Quando ele voltou para casa, tinha tanto sangue lá que ele teve de usar uma concha para tirar tudo. Os moradores correram para o alto da colina e só ouviram o tiroteio. Quando voltaram, havia muitos mortos. Eles foram enterrados no campo ou jogados no rio. Havia corpos empilhados na altura de um monte pequeno. O exército de Zhang Guotao tinha boas armas. Mao Tsé-tung ficou com medo e fugiu.

— Quem lhe contou tudo isso? — pergunto. Jamjarjiu ri. Não sei se ele está se divertindo ou ficando constrangido por essas memórias.

— Quando eu era criança, a gente cavava e encontrava muitos ossos naquele lugar. Nós os vendíamos para uma fábrica que fazia fertilizantes.

— Você vendeu os ossos do Exército Vermelho para virarem fertilizante? — exclama Andy.

Jamjarjiu ri novamente.

— Éramos apenas crianças. Não pensávamos no que estávamos fazendo.

— Quanto que vocês ganhavam? — pergunto.

— Três *maos* por *jin*. — (Um quilo tem dois *jins*.)

Não conseguimos resistir ao absurdo humor negro dessa história. A celebrada disciplina do Exército Vermelho por vezes desmoronou nas regiões tibetanas. Os moradores temiam os vermelhos e a maioria fugiu deles. Alguns os atacaram. Só um punhado os ajudou. A comida era pouca e os soldados esfomeados pegavam tudo o que conseguiam encontrar. Eles até mesmo comeram os ícones de manteiga de iaque no templo de Zhuokeji. Mais tarde, Mao contou a Edgar Snow que o Exército Vermelho tinha sua única "dívida externa" com os tibetanos.[8] Ele jamais imaginou que os vermelhos pagariam parte da dívida com seus ossos secos a três *maos* o *jin*.

Jamjarjiu é o historiador local mais entusiasmado que encontramos. Ele prossegue:

— Sabe, em 1995, muitos jornalistas e equipes de televisão vieram a Zhuokeji por causa do 60º aniversário da Longa Marcha. Uma mulher veio entrevistar minha mãe. Ela disse: "Eu ouvi dizer que, quando os vermelhos chegaram aqui, eles ajudaram vocês na colheita da cevada. Eles foram bons com vocês?" Minha mãe disse: "Bons, bons, eles roubaram nossas posses e queimaram nossas casas. Bons!" Até eu e minha família ficamos surpresos quando minha mãe disse isso. Vinte anos atrás, você com certeza seria fuzilado. Mas agora nós temos liberdade de expressão! — (Não inteiramente, é claro — essa história foi cortada da edição chinesa deste livro.)

— De onde vocês são? — grita um tibetano imenso, a primeira pessoa que encontramos em uma cidade chamada Shuajingsi, no pé da terceira Montanha de Neve, Yakoushan. Shuajingsi é uma próspera estaçãozinha na rodovia que atravessa os Pântanos rumo às cidades de Hongyuan e Aba e que segue adiante até as províncias de Gansu e Qinghai. Há um imponente posto de gasolina e algumas lojas e restaurantes. A população é uma mistura de hans, huis e tibetanos. Andy e eu estamos no restaurante hui na extremidade sul da cidade. Os huis parecem ter uma cultura de limpeza mais consistente e usam gordura vegetal para cozinhar, o que facilita as coisas para Andy. O tibetano pára por instantes de chupar macarrão por entre os fios do bigode para expressar sua opinião.

— Ah, Inglaterra é boa! Inglaterra e América são boas! — diz ele.

Fico esperando ele dizer em seguida alguma coisa a respeito de ser amigo do Dalai Lama, mas em vez disso ele se exalta:

— Vocês derrotaram Saddam! Vocês matam muçulmanos. Tibetanos gostam da Inglaterra. Nós não gostamos de muçulmanos. Eles são terroristas.

Eu me encolho. O muçulmano dono do restaurante traz um bule de chá. Ele não parece nem um pouco incomodado. Na verdade, ele está rindo.

— Então, como são as relações com os tibetanos? — pergunto.

— Boas — responde o dono.

— Boas, não! Boas, não! — grita o Bigode, tremelicando com gotículas de sopa de macarrão com carne.

Eu jamais imaginei que esses povos remotos dominariam o humor irônico pós-moderno. Tento entrar no clima.

— Ouvi dizer que os hans falam que vocês, tibetanos, são terroristas também — comento.

Mas isso não é engraçado.

— Não, não, muçulmanos. Muçulmanos são terroristas, não tibetanos — diz o Bigode, que se arrasta para fora. O dono continua insistindo que tudo está bem, mas não consigo deixar de pensar que há um fundo de verdade na brincadeira.

A sabedoria local afirma que podemos ultrapassar Yakoushan e descer em segurança no outro lado, na vila de Maheba, em menos de um dia. Há um memorial aos mártires da Longa Marcha na passagem e o caminho é "fácil" de achar.

Shuajingsi fica 3.300 metros acima do nível do mar. O ar está rarefeito já no começo da escalada. É um avanço muito, muito lento. Descansamos 15 minutos para cada vinte que subimos. É muito fácil se deixar distrair pela paisagem. Abaixo, os raios solares matinais brilham no rio que corre para o sul a partir de Shuajingsi, cortando um vale com casinhas de madeira — as grandiosas estruturas de pedra da área de Zhuokeji desapareceram no momento em que viramos para o norte. Na distância, há campos de neve numa grande cordilheira. Quando nos aproximamos do cume, ambos ficamos confusos. Há quanto tempo estamos andando? Já é hora de descansar? Por que, de repente, há três trilhas?

Não estamos vendo coisas. Imagino que, como estamos cruzando do oeste para o leste para podermos ir para o norte ao longo de um vale com rio, devemos pegar a trilha que parece ir para o norte. De um ponto de vista sóbrio e ao nível do mar, isso provavelmente seria a trilha da esquerda. São quatro e meia da tarde e precisamos descer esta montanha antes do anoitecer. Andy se convence. Pegamos a trilha do meio.

A passagem sobe a 4.300 metros, quase trezentos metros mais alta do que a Mengbishan. A vista é magnífica, a melhor que já vi. É uma grande emoção parar de olhar para o mato da encosta na frente do seu nariz e mudar o cenário para um vale profundo, com picos cobertos de neve. Há vastas cordilheiras a leste e sudeste. Há tempo apenas para descer umas poucas centenas de metros antes de a escuridão nos forçar a acampar. Aqui é um lugar solitário. Não vimos ninguém o dia inteiro e não há sinais de vida no vale abaixo de nós. Mais preocupante, também não parece existir uma trilha.

Na manhã seguinte, tentamos seguir o córrego principal, mas é impossível. Há muitas árvores ao redor da água e não há evidências de que alguém já tenha passado por aqui. Somos forçados a voltar e sair da floresta, subindo o mato fechado da vertente norte, que é muito íngreme. Este é um território exclusivo de cabras. Mas essa encosta da esquerda é interrompida pela dobra de uma colina, com seu próprio minivale e riacho no meio. E, onde há água, há floresta cerrada. Só que desta vez não dá para contornar. Nós simplesmente batemos, escorregamos e caímos através dela. Os galhos se agarram às nossas mochilas.

Tranqüilizo Andy. Como tínhamos condições de chegar a Maheba no dia anterior, calculo que cruzamos mais ao norte, desviando-nos da trilha principal.

— No final, nós não vamos ter perdido tempo nenhum, porque sairemos no vale bem adiante de Maheba.

Andy, em silêncio, ocupa-se das folhas e galhos presos no cabelo, nas roupas, no pescoço e até mesmo embaixo da pulseira do relógio. Ele ainda não sabe que não adianta nada se limpar tão cedo, porque há outra dessas miniflorestas a apenas dez minutos. E depois outra. E outra. São duas da tarde quando encontramos uma trilha adequada para humanos. Finalmente, pouco depois das cinco, chegamos ao fundo do vale e encontramos uma vila. Somos recebidos por um grupo de jovens tibetanos.

— Qual é o nome desta vila? — pergunto.
— Maheba.
— De onde vocês vêm? — quer saber um dos rapazes.
— Inglaterra... Quero dizer, Shuajingsi — digo.
— Vocês vieram pelo caminho comprido — diz o tibetano.

Três para trás, duas pela frente. De Maheba, podemos olhar para a cordilheira Dagushan, ao norte, e pela primeira vez há neve no pico adiante. De acordo com o diário de Luo Kaifu, o jornalista chinês que refez a Longa Marcha em 1984-5, deveríamos cruzar duas montanhas em dois dias: primeiro vem a própria Dagushan e, depois, a Tuoluogang. O mapa então promete 24 quilômetros de vazio antes de Xueluo, a primeira comunidade depois das montanhas, no Condado de Songpan.

O professor escolar da vila no pé da Dagushan nos oferece uma cama para passar a noite. Andy pergunta a respeito da disponibilidade de guias para escalar a montanha. O professor, que se chama Ergede, garante que o secretário local do partido ficará feliz em ajudar pela manhã. Mas na manhã seguinte não conseguimos achar o secretário do partido. Não conseguimos achar ninguém, exceto uma mulher numa loja ao lado da sede do governo, que fica na rua que sobe a partir da escola. Ela nos assegura que podemos seguir uma trilha desobstruída montanha acima, que vai até a casa de uma velha senhora que sabe falar a língua dos hans. A velha poderá nos mostrar o rumo a partir dali. Indicações de caminho, uma cortesia de Hans Christian Andersen: "Fique na trilha e pergunte à velha senhora que vive na montanha."

Há uma trilha desobstruída que sobe a montanha — a montanha errada. Só por um lance de sorte somos vistos por uma senhora idosa que, realmente, fala o dialeto sichuanês do chinês. O marido de Qiuzuo é um han do sul de Sichuan. Ela nos chama lá de baixo:

— Onde estão indo?

Qiuzuo leva um enorme carregamento de gravetos. Seu filho adulto caminha ao lado com as mãos vazias, enquanto o neto de dois anos brinca na sujeira. Explicamos nossa missão, e Qiuzuo abandona os gravetos, pega a criança, coloca-a num cesto às suas costas e leva-nos até a trilha certa. Enquanto anda, ela pega flores silvestres e as entrega por cima do ombro esquerdo para o menino fascinado. Depois de cerca de oitocentos metros, chegamos a um ponto em que a trilha se divide. Qiuzuo indica a trilha da esquerda.

— Sigam por aqui até o rio, cruzem a ponte, então dêem a volta no vale à esquerda. Vão em frente até o rio se dividir, então sigam o vale da direita. Esse caminho vai levá-los até a passagem. Se vocês andarem rápido, podem chegar a um lugar chamado Sanjiaoba antes da noite. Há pastores e casas lá em que vocês podem ficar. Não há ninguém do outro lado da montanha.

Não andamos rápido, mas às cinco e meia da tarde encontramos cinco cabanas de madeira que imaginamos que sejam Sanjiaoba. Embora ninguém esteja em casa, a porta de uma pequena cabana está destrancada. Como começa a chover, nós entramos.

A cabana é um *niu peng*, um abrigo construído pelos pastores tibetanos para ser usado quando estiverem na região. Não há nada dentro além de uma pilha de lenha, um cabo de vassoura e uma grande lareira. Um fio grosso está amarrado na viga acima da lareira, para que panelas possam ser penduradas sobre o fogo. Quando as chamas se acalmam, a tempestade irrompe do lado de fora. A luz de relâmpagos penetra através de buracos na parede de madeira. Penduro uma panela com água sobre o fogo e abençôo os pastores.

A tempestade vai embora de manhã e partimos novamente. Duas horas após o desjejum, o vale se alarga em campos lamacentos onde rebanhos de iaques pastam. Fico com a expectativa de avistar o pico, mas em vez disso vejo casas de madeira e bandeiras de orações tremulando. Qiuzuo estava certa — precisávamos ter andado rápido para chegar a Sanjiaoba na noite anterior.

Caminhamos com dificuldade pelo lodo até a casa mais próxima, onde uma tibetana de meia-idade nos recebe na varanda e faz um convite para entrarmos. Uma mulher mais jovem serve chá de manteiga de iaque, e, quando nos sentamos, aparecem mais pessoas. São todas mulheres. As mais jovens estão nervosas e ficam espiando da porta por vários minutos até se convencerem de que não há perigo em entrar.

Julgando pelas roupas imaculadas e de cores vivas, duas das adolescentes se vestiram para a ocasião.

— Onde estão os homens? — pergunto. Mesmo aqui, há um conhecimento básico de chinês.

— No pé da montanha — diz Kangzangcu. — Só tem mulheres aqui. Somos nove.

Nenhum homem. Não é à toa que parecem contentes de nos ver.

— Há quanto tempo vocês vivem aqui? — pergunta Andy.

— Nós somos de Shang Dagu. Viemos para cá há poucos dias para cuidar dos rebanhos de iaques. Daqui a quatro dias, os levaremos montanha abaixo durante o inverno.

Música tibetana toca baixinho em um radiogravador com pilhas. A sala se enche com sussurros e risadinhas enquanto Bangmuo prepara o que chama de *momo* para o almoço. Ela mistura maizena e água, fazendo uma massa e abrindo círculos de vinte centímetros. Cozinha brevemente cada lado da massa em um prato quente e depois os finaliza com o calor do carvão no fogo.

O pão é aberto e besuntado com manteiga de iaque. É igualzinho a um pão da região *outback* australiana. Andy acrescenta sal e um pecaminoso toque de mel. As tibetanas ficam animadas com os sachês de mel de Andy embalados em laminado dourado. Andy está animado com o sabor do pão quentinho.

— Qual é a distância até a passagem para Mao'ergai? — pergunto.

— Muito perto — responde Kangzangcu. — É só seguir o rio. Há tendas de pastores do outro lado.

Às vezes penso que é completa perda de tempo pedir informações e conselhos. Todas as pessoas no caminho para Dagushan garantiram com total confiança que não encontraríamos ninguém, absolutamente ninguém, no lado distante da montanha. Mas, espere um minutinho, esqueça as pessoas — não deveria haver outra montanha por ali?

— Onde está Tuoluogang? — pergunto. As mulheres parecem confusas. — Tuoluogang, a próxima Montanha de Neve — insisto.

— Nunca ouvi falar nela — diz Kangzangcu.

As outras também não sabem.

— Você atravessa aqui e desce direto até Mao'ergai — diz Ciyingcuo.

— Aqui é Dagushan, certo? O Exército Vermelho passou por aqui, não passou? — pergunta Andy.

— Sim, é isso mesmo.

A quinta Montanha de Neve sumiu! Eu pularia de alegria se não estivesse com medo da falta de oxigênio.

Em retrospecto, acho que várias gerações de crianças escolares chinesas foram levemente enganadas. A vanguarda do Exército Vermelho cruzou a Dagushan três semanas antes de Mao e os demais líderes do partido. Após escalarem uma primeira passagem, eles encontraram uma segunda elevação na cordilheira Dagushan, que chamaram de Tuoluogang e os livros de história classificaram como a "Quinta Montanha de Neve". Como a primeira passagem na verdade não os fez deixar para trás a cordilheira, ela realmente não chega a se qualificar como "passagem", e acredito que seja um certo exagero contar como duas montanhas separadas. Quando Mao alcançou este ponto, os batedores vermelhos já tinham encontrado uma rota melhor, que levou os líderes direto para cima e para baixo — a mesma rota que Andy e eu seguimos.

Andy e eu temos a companhia de oito mulheres para saborear pãezinhos quentes. Encontramos a nona ao deixar o assentamento. Remencu, de 19 anos, emerge da última casa segurando uma corrente à qual está preso um cão imenso, com longos pêlos emaranhados e bastante furioso. É nosso primeiro encontro com o temido *zang ao*, o caçador de lobos tibetano. O Cara dos Equipamentos nos alertou que essas coisas não se parecem com outros cães. Quando ele era criança nos campos verdes de Qinghai, até os cavalos os temiam. Eles não são cachorros traiçoeiros, mas sim assassinos ferozes. Os nômades tibetanos os usam para guardar seus campos.

Remencu acena para nós.

— Venham tomar chá... ooh!

Ela deixa a corrente cair e o cão corre direto na minha direção (talvez não tenha notado Andy). Remencu levanta as saias e sai atrás do animal. Eu tenho um *spray* de Mace no bolso para ocasiões como essa, mas o pânico faz emergir o homem pré-histórico em mim. Eu agarro a pedra mais próxima — e, quando me preparo para arremessar o míssil, o cachorro pára e permite que Remencu pegue a corrente. Yang Xiao está errado.

Sozinho, pelo menos, esse cão dos infernos não quer se arriscar a levar uma pedra no focinho.

Remencu é uma jovem linda e vivaz que mora sozinha no topo de uma montanha com um cachorro assassino. Aceno para ela e deixo aparecer um sorriso no rosto com barba e sujeira acumuladas em dez dias.

— Não queremos chá, obrigado — agradeço.

Gansu

PIB per capita de 2004: **5.970 iuanes** (US$ 721,00)
População: 25.615.137
População de minoria étnica: 2.184.233 (8,7%)
Principais minorias: hui ("mais de um milhão"), tibetana ("quase 400.000"),
            dongxiang (20,7%), bao'an (0,7%), yugu (0,6%)
Outras: tu, manchu, hasake
(Censo da China de 2000, Escritório Nacional de Estatísticas da China)

Dias 339-346: 177 quilômetros
19-26 de setembro de 2003
Total: 5.246 quilômetros

Capítulo 14

Os Pântanos

É uma libertação entrar no vale do rio Mao'ergai. Após semanas de picos furando os céus, parece que a própria terra deu um suspiro de alívio e acomodou-se em uma posição mais relaxada. As colinas são baixas, a estrada é plana e o solo, fértil. Atrás de nós, Dagushan está salpicada de branco — a primeira neve caiu na noite seguinte à nossa travessia da passagem. Ao norte do vale do Mao'ergai está o grande pantanal, o *caodi*. Em 1935, os vermelhos não tinham a menor idéia do caminho à frente. Ninguém vivia nos Pântanos. As árvores não cresciam nos brejos venenosos. Do Mao'ergai até a ponta norte dos Pântanos eram pelo menos 95 quilômetros; sem estrada, sem marcos, sem abrigo e sem comida.

"No Mao'ergai, eu chorei pela primeira vez na Longa Marcha", disse o veterano Ren Rong a um repórter do projeto *Minha Longa Marcha*. "Eu chorei pelo meu cavalariço Velho Liu... Um dia, alguns cavalos comeram a cevada tibetana quando estavam com muita fome, mas os estômagos não conseguiram fazer a digestão e todos morreram. Liu foi sentenciado à morte e executado... Ele simplesmente não sabia a diferença entre mato e cevada... Eu sequer sabia o seu nome inteiro, de modo que depois [de 1949] eu nem pude falar para o governo local cuidar dos seus filhos. É a maior tristeza da minha vida."[1]

O Exército Vermelho ficou na região do Mao'ergai por cerca de seis semanas, enquanto persistiam desavenças entre os líderes. Uma série de reuniões para discutir o próximo passo terminou no mosteiro dos lamas. Hoje, é uma tortuosa construção que desce a vertente norte do vale, cercada por filas de peregrinos em rodas de oração. O mosteiro tem quase oitocentos anos de idade e hospeda mais de trezentos lamas, embora nos digam que havia quinhentos ou mais antes da Revolução Cultural, quando foi fechado e os lamas mandados de volta para suas famílias. É como uma vila pequena e auto-suficiente — existe até mesmo uma loja dentro do complexo, onde lamas nos dizem jamais terem visto um visitante estrangeiro antes.

Zhang Guotao esperava reunir um número maior de quadros mais antigos dos 1º e 4º Fronts do Exército para discutir sérias questões políticas. Ele queria levar novas pessoas aos debates do Comitê Central do partido, no qual não tinha apoio naquele momento. Talvez ele quisesse colocar seus próprios aliados no Comitê Central, para se fortalecer.[2] O plano de Zhang era colocar parte da culpa pela derrota na Área Soviética Central em Jiangxi na política adotada pelo Comitê Central. Não funcionou. Zhang ficou politicamente isolado. Mao e seus seguidores rejeitaram as críticas e sugestões de Zhang. Entretanto, militarmente Zhang estava mais forte do que nunca. Ele tinha um exército de 100 mil soldados, provavelmente dez vezes mais do que Mao, de forma que não podia ser simplesmente ignorado.

Ficou acertada a criação de um "comando unificado", no qual Zhang seria o comissário-chefe político e Zhu De, comandante-em-chefe. O Exército Vermelho continuaria no rumo norte, através dos Pântanos, marchando em duas colunas. Zhang Guotao e o quartel-general do comando foram destacados para a Coluna Esquerda, que deveria ir para o norte, ao longo da extremidade oeste dos Pântanos, até Aba. De Aba, iriam entrar em Gansu, onde por fim se reuniriam com a Coluna Direita. A Coluna Direita tomaria uma rota mais reta rumo a Gansu, cruzando os Pântanos a nordeste de Mao'ergai até uma vila chamada Baxi. Mao e os líderes do Comitê Central marcharam com a Coluna Direita, liderada por dois homens de Zhang Guotao — seu comandante militar mais ranqueado, Xu Xiangqian, e o comissário político Chen Changhao. Portanto, quando as duas colunas partiram, no fim de agosto de 1935, Zhang Guotao podia não ter conseguido o que queria no partido, mas parecia ter o controle de todo o Exército Vermelho.

— Há algum lama idoso vivo que poderia ter estado aqui em 1935, quando o Exército Vermelho passou? — pergunto. Os lamas duvidam. Insisto e eles admitem que talvez possa haver um ou dois. — Vocês poderiam nos apresentar?

— Eles não falam chinês.

— Sim, mas vocês poderiam traduzir. — Todos os lamas mais jovens parecem razoavelmente capazes de conversar em mandarim.

— Não, não. Eu não consigo traduzir. — Todos dão a mesma resposta.

Eles não querem nos levar para ver os velhos lamas, e não dizem por quê. Mas, exceto por isso, eles não poderiam ser mais atenciosos. Aceitamos um convite de Qu Qiu — um rapaz de 22 anos que está no mosteiro desde os 14 anos — para comer. Qu acende o fogão que ocupa o centro do seu quarto com revestimento de madeira, ferve um bule de chá e cozinha pães de farinha branca no vapor. Ele coloca o chá numa tigela e, antes que Andy possa detê-lo, acrescenta uma porção generosa de manteiga de iaque da melhor qualidade. Continuamos a mais de 3 mil metros acima do nível do mar, e uma dieta de gordura pura sem dúvida é o que o médico receitaria — exceto pelo fato de que o médico de Andy mandou-lhe não comer gordura.

Vários colegas de Qu se juntam a nós. Todos têm cerca de vinte anos e estão no mosteiro desde os 13, 14 anos. Eles contam que o governo não permite mais que rapazes com menos de 16 anos entrem para o mosteiro, mas vimos crianças com pelo menos cinco anos correndo por ali em seus robes vermelhos. Qu diz que crianças ainda podem ser levadas para o mosteiro se um buda idoso morre. Eles devem ter perdido um monte de budas nos últimos tempos.

— O que vocês fazem o dia todo? — pergunto.

— Nós temos tarefas das sete ou oito da manhã até o meio-dia e, depois, das cinco até as sete da noite — diz Qu.

— Como vocês conseguem comida? Vocês trabalham na terra ao redor do mosteiro?

— Não, as famílias locais nos ajudam.

Há um toca-fitas num dos cantos da sala. Enquanto preparo o tripé para uma foto, Qu tira de vista seus cassetes de música pop tibetana. Ele dá a Andy uma fita com a foto de um dos budas vivos de Mao'ergai na capa.

— Ponha em cima do toca-fitas, por favor.

— O buda não gosta de música? — pergunta Andy. O lama ri. Eles são um bando bem-humorado e brincalhão. Gostam de dar tapas nas costas uns dos outros, às vezes com bastante força. Quanto mais forte e inesperado, maior a gargalhada.

Andy diz depois que achou a cena familiar: os rapazes levados supervisionados por lamas mais velhos e budas vivos prontos para censurá-los, o ambiente exclusivamente masculino, as regras obscuras, disciplina, horários, energia sexual reprimida. É como o seu velho colégio interno na Inglaterra, onde passou cinco miseráveis anos sem uma namorada.

Eu cresci dominado por uma imagem mística e romântica do budismo tibetano. Quanto mais tempo passamos em território tibetano, mais banal ele se torna. Embora Qu e seus amigos sejam todos rapazes agradáveis e aparentemente decentes, eu cada vez simpatizo menos com seu estilo de vida. As vilas são pobres. Os templos estão cheios de folheados a ouro. Os lamas de Mao'ergai e de outras partes vivem de uma maneira que ressoa à Europa medieval. Todos os mosteiros contam a mesma história. Foram fechados, às vezes destruídos, durante a Revolução Cultural, mas agora estão ressurgindo. Nas cidades, lamas pedem-nos dinheiro para ajudar na construção de ainda mais templos. Sem dúvida, Qu e seus amigos estão um degrau acima na escada evolucionária dos inúteis que ficam andando de moto, jogando mahjong e bebendo *bai jiu*, mas ainda parece que a sociedade está regredindo.

Se os chineses conhecem alguma coisa sobre a Longa Marcha, o pouco que sabem é sobre as Montanhas de Neve e os Pântanos. Ninguém nunca pergunta "Vocês já cruzaram as Cinco Cordilheiras?" ou "Vocês atravessaram o Chishui quatro vezes?" Mas, desde que partimos, as pessoas não pararam de me encher perguntando se, e quando, íamos cruzar as Montanhas de Neve e os Pântanos (ou "Savanas", como são muitas vezes traduzidos). Andy uma vez disse brincando que se apenas atravessássemos as Montanhas de Neve e os Pântanos, sem percorrer mais nada, a maioria das pessoas aceitaria que tínhamos completado a Longa Marcha em sua totalidade.

Andy e eu temos ouvidos relatos conflitantes. Alguns dizem que os pântanos estão secos e que há pastores tibetanos por todos eles; outros, como Luo Kaifu, contraem os lábios e avisam que os lodaçais ainda são mortíferos. Não debatemos sobre o próximo passo. Nós nos colocamos nas mãos de um guia para conduzir-nos de Mao'ergai até um lugar chamado Duolitai, onde dizem que há comida, acomodações e até mesmo um telefone. De Duolitai, uma estrada sobe direto ao norte até Banyou, onde os vermelhos saíram dos Pântanos. Todos em Mao'ergai concordam que é o caminho tomado pela Coluna Direita do Exército Vermelho.

Nós nos instalamos no centro administrativo da região de Mao'ergai, um *xiang* de uma rua só chamado Shangbazhai, que não tem telefone e é servido por uma rede elétrica bastante instável. Como um grupo de mulheres, lavamos nossas roupas num riacho de águas geladas no fim da rua. Há um punhado de lojas vendendo uma extraordinária seleção de produtos: alimentos, utensílios para cozinha, roupas modernas, capas e vestidos tibetanos tradicionais, cadernos escolares, doces, brinquedos e garrafas de Pepsi cheias de gasolina barata. A maior loja, administrada por um ex-professor chamado Dan Zhen, também funciona como nossa hospedaria. Sua sala é decorada com pôsteres de líderes do Partido Comunista, do passado e do presente, e de uma seleção de importantes budas vivos.

— A terra aqui é basicamente boa — diz Dan. — Esta cidade é remota, não pobre. Tudo o que precisamos são comunicações decentes para tornar a vida confortável.

A cidade-condado de Songpan fica a 160 quilômetros por uma estrada de terra — uma viagem de um dia inteiro de carro, para aqueles que podem pagar. A passagem só de ida custa 50 iuanes, o que para muitos habitantes locais equivaleria ao salário de uma semana inteira ou mais. A agência de correio promete entregar cartas para Pequim em vinte dias. Há uma loja hui de macarrão, aberta neste ano por uma mulher e sua filha que vieram da cidade-condado, mas fazemos nossa primeira parada para comer no restaurantezinho de Shangbazhai, que é administrado por uma mulher han eficiente e prática.

As pessoas em Mao'ergai não são oferecidas. Ninguém fala conosco a menos que tomemos a iniciativa. Na maioria das cidades, os líderes do governo mal conseguem esperar para se apresentar e propor brindes. Após terminarmos o almoço, pergunto à dona onde posso encontrar o prefeito.

— Ele estava comendo na mesa ao seu lado — diz ela. — Acabou de sair.

O prefeito Zhang Yong ainda está do lado de fora, na rua. Eu o alcanço, explico sobre nossa Longa Marcha e a necessidade que temos de um morador com conhecimentos que possa nos levar em segurança através dos Pântanos. Zhang é um homem direto e de emoções contidas, um han da cidade-condado de Heishui que não sabe falar uma palavra de tibetano. Ele ouve com expressão séria e imediatamente concorda em ajudar. Como essa região não tem telefones, isso não é pouca coisa. Zhang monta na sua motocicleta e parte em busca de um guia adequado.

Ele volta após o pôr-do-sol com um tibetano de 46 anos chamado Qiuga'r. Ele tem quatro filhos crescidos, é fazendeiro e pastor e possui sessenta iaques — uma fortuna de cerca de 150 mil iuanes, em valores atuais. Sim, ele diz, ele conhece o caminho para Duolitai, embora não vá aos Pântanos há muitos anos. Fechamos um acordo — 150 iuanes por dia pelos serviços de Qiuga'r e de dois cavalos, para o caso de algum dia você pensar em atravessar os Pântanos —, apertamos as mãos e prometemos estar prontos ao nascer do sol.

Os Pântanos materializam-se ainda maiores que as Montanhas de Neve nas histórias de horror dos veteranos da Longa Marcha. Em 1935, eles não passavam de um deserto vazio. Alguns soldados foram engolidos pelo charco; muitos outros morreram de fome ou tombaram por causa de doenças. Centenas, talvez milhares de soldados vermelhos morreram na caminhada para o norte a partir de Mao'ergai. Quando o 1º Grupo do Exército estava quase terminando a travessia, seus comandantes enviaram uma mensagem para o 3º Grupo do Exército, que vinha logo atrás. Eles pediram que o 3º contasse e enterrasse todos os corpos que encontrasse. Dez dias depois, eles receberam um relatório de que o 3º Grupo do Exército encontrara e enterrara quatrocentos corpos.[3] Mais tarde, os homens e mulheres do 4º Front do Exército, de Zhang Guotao, seriam forçados a cruzar os Pântanos por uma segunda e uma terceira vez. Nós nos encontramos com o veterano do 4º Front do Exército Yang Jin três semanas antes de iniciar nossa própria travessia. Yang disse que, quando seu esquadrão de 15 homens se defrontou com a possibilidade de atravessar os Pântanos pela quarta vez, 12 de seus companheiros fugiram. Eles não tinham medo de balas e bombas, mas os Pântanos eram demais.

— Quando cruzamos... os Pântanos, não tinha nada para comer — contou Yang. — Nosso líder mandou matar seu cavalo, e nós comemos até mesmo a pele e os cascos. Nós comíamos casca de árvores, mato, galhos e folhas... Usávamos nossas baionetas para cortá-los antes de comermos. Sem dúvida comemos nossos cintos de couro. Nós cruzamos os Pântanos três vezes. Durante a segunda e a terceira travessias, vimos pilhas com os ossos dos mortos.

As noites de Shangbazhai são frias e têm o céu limpo. Quando nos preparamos para ir embora, o gelo nos telhados brilha refletindo a luz; a mesa de sinuca da cidade está coberta de gelo. Qiuga'r coloca nossos equipamentos em A'jia, um velho cavalo branco. Vamos viajar com pouco peso nos primeiros dois dias até Duolitai — marchadores a pé, nosso guia montado em um cavalo preto chamado Guo Shi. Qiuga'r está embrulhado em um casaco verde grosso, com mangas compridas o suficiente para dois braços. Ele tem na cabeça um chapéu de couro preto e suas feições duras abrem-se em um sorriso metálico do tipo que é bastante valorizado pelos fotógrafos da *National Geographic*. A sua fé na nossa capacidade para marchar não é total.

— Vamos! — apressa ele, enquanto perdemos mais tempo com preparativos e fotografias. — Vamos!

Depois de um quilômetro e meio, o sol ilumina o vale e começamos a tirar camadas de roupas. Os campos são banhados por uma luz dourada, salpicados por flores azuis e cortados por regatos que deságuam no rio Mao'ergai. Ao meio-dia, estamos andando de camiseta, mas de tempos em tempos nuvens escondem o sol e nós nos cobrimos novamente, enquanto a temperatura cai vários graus. O clima aqui é caprichoso. À tarde, o termômetro chega a 25º C; à meia-noite, estará em cinco abaixo de zero.

Após um ano sendo a sua própria mula de carga, Andy sente-se culpado por sobrecarregar A'jia, cujos ossos espetam a pele.

— Não se preocupe com ele. É que ele está velho. Tem 18 anos — diz Qiuga'r.

Nem A'jia nem Guo Shi têm ferraduras. Qiuga'r procura cavalgar sobre terra e campos sempre que possível, enquanto passamos a maior parte do primeiro dia indo a leste, para Songpan, no cascalho e na terra. Segundo rezam as histórias da região, os vermelhos viraram para o norte após ultrapassarem uma montanha chamada Lazishang, que alcançamos no meio da tarde. Daqui, seguimos um pequeno rio que corta um matagal pantanoso num vale estreito, até que, perto do fim do dia, o terreno se abre novamente em um lugar chamado Guoxigou, onde alguns pastores construíram cabanas e cercados para os animais.

— É melhor acamparmos aqui — diz Qiuga'r. — Se acamparmos onde não há ninguém, os cavalos não estarão seguros. Existem ladrões.

Qiuga'r assegura-se de que os pastores estão de acordo com a nossa presença. Eles são os primeiros tibetanos que encontramos que não têm conhecimento de chinês. Eles têm pele escura, olhos claros e dentes fortes. Os dentes tibetanos são especialmente notados depois de meses de dentaduras precárias em outras partes da China rural. É difícil conversar por causa do barulho dos cães caçadores, que estão irritados com a visão e o cheiro de estranhos. Os cães estão presos — por enquanto.

A temperatura desaba quando o sol se esconde no horizonte. Comemos rapidamente. Qiuga'r mistura em uma tigela *tsampa*, a cevada moída que é um dos principais alimentos tibetanos, até formar uma bola pesada e, para os não-iniciados, pouco digestível. Ele aceita minha oferta de uma gota de Tabasco para apimentá-la um pouco, diz que gosta, mas se recusa a pegar mais. Nós preferimos ficar com a nossa dieta habitual de arroz cozido e vegetais, completados com tofu seco, curry em pó e Tabasco. Para o nosso amigo tibetano, isso claramente é o equivalente ocidental de carne de iaque e chá de manteiga de iaque. Nossas culturas não se misturam durante o jantar.

As memórias dos Pântanos estão muito fortes nos testemunhos orais reunidos pelo projeto *Minha Longa Marcha*. O veterano Xia Jingcai, nascido em Guizhou, disse que os soldados viviam com medo de que alguém dissesse que pareciam gordos, porque só havia vegetais silvestres venenosos para comer nos Pântanos e aqueles que os comessem iriam inchar e morrer. Xia reconhecia que devia sua vida a um cavalo. "Eu me sentia tão confortável andando e segurando naquele rabo. Até mesmo hoje, a sensação que eu tenho em um carro simplesmente não se compara."[4]

Nossos cavalos pastam a pouca distância. Andy desenvolveu um afeto pelo velho e turrão A'jia, que passou o dia inteiro desafiando comandos e tentando pastar.

— Ele não gosta de seguir ordens, não é? — pergunta Andy a Qiuga'r.

— É, com certeza. Quando ele tinha só dois anos, eu trabalhava com ele e, como ficava com as mãos ocupadas, eu segurava as rédeas com os dentes. De repente, o A'jia saiu correndo e agora... — Qiuga'r exibe o seu sorriso de metal. — Vê?

Quando estamos nos preparando para dormir, subitamente percebo que estou cometendo um grande erro. Estou bebendo café, o que a 3.300 metros acima do nível do mar significa que vou precisar ir ao banheiro várias vezes durante a noite — e a tenda agora está cercada por rosnentos cães de caça que foram soltos para patrulhar a área. Eles ficam cheirando em volta da lona, latindo de raiva e frustração diante desses objetos estranhos. Guo Shi e A'jia relincham e batem os cascos. É impossível dormir, impensável sair. Seguro com força meu *spray* de Mace e abençôo a linda Ayumi enquanto me alivio numa garrafa vazia de Quinta Estação sabor laranja.

Encontramos pastores por todo o vale ao norte de Guoxigou. Estes não são os Pântanos sobre os quais lemos nem aqueles descritos pelos veteranos da Longa Marcha. Deng Xiuying tinha 13 anos quando ela e seu irmão de seis anos fizeram a travessia com o 4º Front do Exército, no qual seu pai se alistara em 1932. "Algumas pessoas ficaram presas no lodo e simplesmente não havia como salvá-las, então nós caminhamos sobre seus ombros", disse Deng em uma entrevista para o *Minha Longa Marcha*.[5] Ela e o irmão mais tarde foram vendidos como escravos em uma região tibetana e perderam contato. Eles se reencontraram em 1963, após quase trinta anos separados.

Apenas ocasionalmente nos deparamos com áreas pantanosas que despertam essas imagens de pesadelo. Nesses locais, tufos de mato se projetam de águas rasas — ou, pelo menos, aparentemente rasas. Os tufos são esponjosos e balançam quando você pisa neles, mas é possível andar de um para o outro sentindo-se relativamente seguro. Mas, se você erra o passo e pisa na água, o solo engole o seu pé como uma colher entrando numa musse. Com propósitos científicos, experimento a ponta do atoleiro e depois vou atrás de A'jia, que tem um sentido melhor para localizar chão firme. Como diz o velho ditado chinês: "Cavalo velho conhece o caminho." Os iaques também ficam a distância. Nada entra no pântano.

— Os Pântanos sempre foram assim aqui? — pergunto. — Teriam existido pastores em 1935?

— Não — responde Qiuga'r. — Ninguém vivia aqui na época. Mas eles foram drenados faz muito tempo e desde então há pastores.

Depois que passamos a colina de Guoxigou, não vemos mais ninguém e a paisagem não muda. Cruzamos mais três vales, e, embora nenhuma passagem esteja a mais de duzentos metros do chão do vale, a altitude dificulta o progresso. Sem pessoas para pedir indicações, Qiuga'r perde confiança no seu conhecimento do terreno. Todas as colinas parecem iguais e os vales vão para todos os lados. Em vez de ir direto para Duolitai, ele opta pela segurança e vira para o leste, rumo à estrada que sai da cidade-condado de Songpan. Eu imaginara os Pântanos como uma planície interminável, mas continuamos indo de vale em vale. Duas horas após escurecer, escalamos a maior elevação até então, que nos leva a 3.700 metros de ar rarefeito. No topo, finalmente encontramos Duolitai. Comemos yakimeshi e dormimos no chão do restaurante. Qiuga'r vai partir para casa antes do nascer do sol. Estamos cansados demais até para dizer adeus.

Andy e eu acordamos diante da visão de uma gangue de motoqueiros tibetanos cabeludos saboreando o café-da-manhã na mesa ao lado dos nossos sacos de dormir. O bando selvagem veste pesadas jaquetas verde-oliva e exibe imensas facas nos cintos — uma autorização especial do governo em honra à cultura tibetana. Yang Xiao uma vez nos contou de uma visita que fez a uma cidade tibetana no oeste da Jurisdição de Ganzi, onde o chefe da polícia tinha banido havia pouco tempo o porte de facas por causa de um assassinato. Essa medida provocou um tumulto de tal proporção que o exército teve de ser chamado para restaurar a ordem.

A qualidade da luz do dia aqui é extraordinária. As cores ficam levemente desbotadas por causa da luminosidade, enfatizando o frio no ar fino. Na noite anterior, no escuro, imaginei que estávamos na passagem de uma montanha, mas agora vejo que chegamos a um platô que se estende ao norte e a oeste até horizontes distantes. Duolitai é um assentamento de barracas ao redor de uma torre de telefonia celular. É estritamente um lugar de verão — em cerca de um mês, todo mundo desmontará acampamento e buscará altitudes menores. Os pastores farão o mesmo. Embora tenham sido drenados e controlados, ninguem ainda consegue viver nos Pântanos durante o inverno.

Mesmo aqui, não se trata da planície oceânica da minha imaginação. Pequenas colinas se alinham no horizonte em todos os lados. As barracas dos pastores se espalham pelo vale que segue o rio Banyou para o norte. Montes de lixo marcam os locais de acampamentos recém-desfeitos. Dezesseis quilômetros ao norte de Duolitai, sinto o cheiro de uma parada para o almoço. Os detritos jogados perto dos nossos pés também facilitam a detecção. Uma tibetana de meia-idade montou uma vendinha temporária em duas barracas no acostamento da estrada. Uma barraca tem uma pilha arrumada de centenas de garrafas vazias de cerveja em um canto. Mas pacotes vazios de macarrão e todas as outras embalagens de plástico e papel estão jogados pelo chão. Andy não consegue suportar isso. Este é o território mais remoto que já viu; é selvagem, lindo e cheio de fantasmas, e ele não consegue dar um passo sem pisar em lixo. Ele dá uma bronca na mulher:

— Por que você não limpa este lugar? Você não consegue ver como está feio?

Ela o encara com olhos vazios:

— O que você quer comprar? — pergunta ela.

Eu não me incomodo mais. Eu me junto a um grupo de pastores na outra barraca. Um deles, evidentemente, meio que faz o papel do palhaço local. Os outros riem à sua custa, e ele entra na brincadeira, estimulando mais piadas. Ele está sem sorte e alguém sugere que eu o leve para a Inglaterra.

— O que ele poderia fazer lá? — pergunto.

— Vocês têm karaokê na Inglaterra? — pergunta um outro do grupo. — Ele gosta de karaokê.

— Não, karaokê, não — digo. Não é verdade, é claro, mas eu não quero admitir que a Inglaterra um dia poderia ter karaokê.

— Bem, vocês têm prostitutas?

— É claro. Nós também temos prostitutos. Dá para fazer algum dinheiro assim.

Eles caem na gargalhada. Os Pântanos realmente não parecem um lugar de terror e morte. Eles são cheios de vida, risos e raios de sol. Tibetanos gritam de alegria enquanto vão atrás de seus rebanhos de iaques e cavalos. Os nômades de cabelos compridos acenam e nos chamam, mas nós evitamos seu acampamento. Dormimos o mais longe possível de seus famintos cães de caça.

Os tibetanos mataram todos os vermelhos que conseguiram. Eles não davam a mínima para Mao e o marxismo; os soldados eram intrusos hans e, portanto, não eram bem-vindos. "Nos Pântanos do oeste de Sichuan, nós vimos bandoleiros locais arrancar a pele de pessoas vivas", rememorou Deng Xiuying. "Havia quatro soldados do Exército Vermelho com quatro armas, mas sem balas. Dezenas de bandoleiros amarraram os vermelhos em árvores e usaram suas facas, tirando a pele de braços e pernas... Nós nos escondemos no mato, morrendo de medo..."[6]

Anos depois, os hans voltaram para domar a terra — e agora os tibetanos reivindicam sua propriedade. Hoje, eles andam livremente sobre as covas anônimas de soldados vermelhos.

No fim do quarto dia, os vales gradualmente se estreitam e são tomados por pântanos com arbustos. Pela primeira vez, mosquitos grandes e agressivos aparecem. Acampamos pela última vez acima do rio Banyou; pelo vale estão as primeiras casas que vemos desde antes de Duolitai, barracos rústicos de madeira ao lado de cercados para animais. Dez quilômetros adiante, na hora do almoço no quinto dia nos Pântanos, chegamos ao primeiro assentamento permanente, Baozuo Muchang, uma confusão de templos, cabanas e barreiras de estacas, além de um par de construções recentes de tijolos para a escola e o governo. Há uma loja, cujo dono pergunta se podemos mandar-lhe uma câmera de vídeo da Inglaterra.

— Eu vou pagar — promete ele.

A Coluna Direita do Exército Vermelho deixou os Pântanos na vila de Banyou, que fica a outros dez quilômetros ao norte de Baozuo Muchang. Na época, Banyou era um abandonado agrupamento de barracas e cabanas tibetanas. Hoje, é uma das vistas mais bizarras da Longa Marcha.

A vila inicialmente aparece no horizonte como uma baixa extensão de curtas linhas verticais. Ao nos aproximarmos, vemos uma reluzente armada de postes e mastros. Velas coloridas estão amarradas em mastros acima de casas construídas com barro escuro, com tetos curvos com ricos gramados, que lembram o quartel-general dos *Teletubbies*. Outras construções, porém, são estruturas novinhas de tijolos vermelhos. Bandeiras de orações tremulam sobre bangalôs arrumadinhos.

Um rapaz vestindo um casaco tibetano se aproxima.

— É melhor checarmos — pergunta Andy. Ele se dirige ao jovem, que sem dúvida nos acha mais estranhos que a sua casa.

— Com licença, que lugar é este?

— Banyou — responde o jovem.

— O Exército Vermelho parou aqui? — pergunto.

— O Exército Vermelho? Sim. Eles pararam aqui.

Não nos lavamos há 15 dias. Nossa aparência é de vagabundos e nosso cheiro, de iaque. Gostaria de relatar que, neste momento triunfante de nossa vida, eu fiz um comentário memorável. No entanto, digo: "Daqui em diante, é só ladeira abaixo."

Shaanxi

PIB per capita de 2004: **7.757 iuanes** (US$ 937,00)
População: 36.050.000
População de minoria étnica: 180.000 (0,5%)
Principais minorias: hui, manchu, tibetana, mongol, zhuang
(Censo da China de 2000, Escritório Nacional de Estatísticas da China)

Dias 347-384: 1.048 quilômetros
27 de setembro – 3 de novembro de 2003
Total: 6.294 quilômetros

Shaanxi 陕西

- Cidade-condado de Wuqi 吴旗县城
- Zhen de Tiebiancheng 铁边城镇
- Xiang de Zhangyaoxian 张崾岘乡
- Luoboyuan 萝卜园
- Hongde 洪德
- Cidade-condado de Huanxian 环县县城
- Xichuan 西川
- Heping 何坪
- Hedao 合道
- Zhen de Sancha 王岔镇

Ningxia 宁夏

- Xiang de Mengyuan 孟塬乡
- Niuwan Cun 牛湾村
- Cidade-condado de Pengyang 彭阳县城
- Liupanshan 六盘山
- Qingshizui 青石嘴
- Maozhuang Cun 毛庄村
- Xiang de Shenzi 什字乡
- Xiang de Gongyi 公益乡
- Shuangchengxian 双城县
- Xichuan Cun 西川村
- Xiang de Sizichuan 寺子川乡
- Cidade-condado de Tongwei 通渭县城
- Xiang de Disanpu 第三铺乡
- Zhen de Banghuo 榜罗镇
- Zhigou 直沟
- Zhen de Yuanyang 鸳鸯正
- Cidade-condado de Wushan 武山县城
- Xinsi 新寺
- Caotan 草滩
- Puma 蒲麻
- Jianjing 周升
- Baren Qiao 巴仁桥
- Xiang de Bali 八力乡
- Chulong Cun 出隆村
- Zhen de Hadapu 哈达铺正
- Lazikou 腊子口
- Minshan 岷山
- Xiang de Huayuan 花园乡
- Vale de Dala
- Estação de inspeção 达拉沟检查光
- Xiang de Dala 达拉乡
- Cidade-condado de Ruo'ergai 若尔盖县城
- Xiang de Qiuji 求吉乡
- Xiang de Baxi 巴西乡
- Banyou 班佑

Gansu 甘肃

Ningxia

PIB per capita de 2004: **7.880 iuanes** (US$ 952,00)
População: 5.615.500
População de minoria étnica: 1.939.000 (34,5%)
Principal minoria: hui (98,1%)
Outras: manchu, dongxiang, mongol
(Censo da China de 2000, Escritório Nacional de Estatísticas da China)

Sichuan 四川

N ↑

Capítulo 15

Wuqi

Completamente encharcados, Andy e eu trememos ao lado do fogão na estação de inspeção na boca do vale de Dala. Não encontramos abrigos no vale desde o início da chuva ao anoitecer. Um lado da estrada caía direto no rio e o outro ficava encostado na vertente da montanha. Poucas vezes estivemos tão patéticos. Pelo menos é o que espero — certamente ninguém deixará de ter pena ao nos ver nesse estado.

— Qual o sentido de fazer a Longa Marcha? — pergunta o oficial com a patente intermediária entre os três encarregados de fazer as inspeções para impedir que lenhadores ilegais tirem a madeira do vale. — As trilhas não existem mais. Que desperdício de dinheiro.

Ele exige a apresentação de documentos e faz um interrogatório sobre nossos movimentos e motivos. Felizmente, ele está ocupado demais em nos escarnecer para reparar que nossos vistos expiraram. Jia Ji vai enviar novos papéis em alguns dias, e enquanto isso confio no fato de que as pessoas raramente examinam com muita atenção após perceber que nossos passaportes estão em uma língua estrangeira. Meneio a cabeça e assevero ao oficial que, embora talvez possa haver diferentes pontos de vista sobre a Longa Marcha, eu tenho pelo dele o mais profundo respeito. Andy fica em silêncio.

Na verdade fomos convidados a entrar por dois motoristas locais que pararam para fumar, beber e papear. Um já está razoavelmente bêbado de tanto entornar *bai jiu* barata. Outro dos oficiais de inspeção fica agitado com o som de um veículo que se aproxima. Ele corre para fora, mas volta segundos depois, levantando os ombros:

— Ele foi embora antes de eu chegar lá.

São necessárias duas horas de sorrisos tolos e cabeças concordando até nossa boa atitude e condição miserável serem finalmente recompensadas com o chão da sala ao lado. Ele está coberto de cocô de rato e os roedores correm ao redor dos nossos sacos de dormir. Bem-vindo a Gansu, a segundo província mais pobre da China.

Certos lugares têm cores dominantes que os registram na minha imaginação. Guizhou, por exemplo, é um verde inglês profundo e úmido, enquanto o norte de Sichuan é azul-celeste. O Condado de Diebu é cinza. Ainda é território tibetano, mas as pessoas são fazendeiros assentados, e não pastores nômades. Eles não andam a cavalo; andam atrás de burros. Suas casas são cabanas feitas de madeira e barro. As mulheres e crianças vendem maçãs na beira da estrada, mas o tráfego é escasso. Caminhamos para leste ao longo do Bailong Jiang, o rio do Dragão Branco. Montanhas pedregosas, quase peladas, emergem dos dois lados, com seus picos cobertos de neve.

Um casal trabalha ao lado da estrada. O homem segura uma pá, mas seu trabalho de verdade parece ser supervisionar a mulher, que cava um buraco fundo na terra. Paro para perguntar o caminho.

— Qual é a distância até Huayuan?

— Mais de vinte *lis* — diz o homem. (Na verdade, são exatos dez.)

A mulher não nos dá a mínima atenção. Ela continua cavando. Pergunto ao homem:

— Por que você não está fazendo nada?

Ele fica ofendido:

— Eu estou trabalhando — diz ele.

Este certamente não é o primeiro homem inútil que encontramos. Quase todos os dias, passamos por grupos de homens e mulheres "trabalhando", elas dando duro enquanto eles apreciam uma aparentemente interminável pausa para um cigarrinho. Nas cidades, os homens ficam vagabundeando, fumando, bebendo e jogando cartas. As mulheres se encarregam de cozinhar, limpar, cuidar das crianças e o que mais for preciso. Não faz diferença onde estejamos, se as pessoas são hans ou de qualquer outro grupo étnico. Os homens são o lado do consumo na economia rural.

Andy e eu continuamos em nosso caminho; o Homem-Pá volta para a supervisão da mulher.

Cruzar a divisa de Sichuan para Gansu é fácil, um simples passeio ao lado do córrego que desce até Diebu. A fronteira entre as terras tibetanas e o território han/hui ao norte, todavia, é a grande cordilheira Minshan, que divide os condados Diebu e Min. O único caminho sobre essas montanhas passa através do estreito desfiladeiro de Lazikou, onde a última célebre batalha da Longa Marcha começou na noite de 16 de setembro de 1935.

Mao estava marchando com uma força drasticamente reduzida. As desconfianças e animosidade entre ele e Zhang Guotao ficaram evidentes após a saída da Coluna Direita dos Pântanos. Zhang vinha arrastando-se havia uma quinzena, defendendo uma ida direto ao norte, em vez de a leste, para um encontro com a Coluna Direita. Em 3 de setembro, ele telegrafou dizendo que a Coluna Esquerda não tinha como atravessar as águas caudalosas do rio Gequ, que estava transbordando. Ele ordenou que a Coluna Direita parasse e propôs que todo o Exército Vermelho voltasse para o sul. Corretamente ou não, Mao e seus aliados interpretaram isso como um movimento para impor a vontade de Zhang Guotao ao partido e ao exército. Eles não acreditaram que Zhang dizia a verdade sobre o rio caudaloso e insistiram em prosseguir rumo ao norte. Zhang exigiu que a Coluna Direita obedecesse às suas ordens.

Os soldados leais a Mao estavam em desvantagem de três ou quatro para cada um em relação às tropas do 4º Front do Exército na Coluna Direita. Diante de uma possível ameaça de força superior, Mao recorreu a uma tática testada e aprovada. Fugiu. O seu 1º Grupo do Exército já estava do outro lado da divisa de Gansu, em Ejie. Mao, a liderança do partido e o 3º Grupo do Exército, de Peng Dehuai, estavam em Baxi — ou perto de lá —, 16 quilômetros a leste do quartel-general da Coluna Direita, em Banyou. Nas primeiras horas de 10 de setembro, o 3º Grupo do Exército fez uma retirada e começou a marchar para Ejie, a dois dias de distância.

Mais tarde nessa manhã, quando Chen Changhao, comissário político da Coluna Direita e braço direito de Zhang Guotao, descobriu a manobra, ele teria perguntado a seu comandante militar, Xu Xiangqian: "Devemos enfrentá-los?"

A famosa resposta de Xu pode ser traduzida aproximadamente como: "Pode haver alguma razão para vermelhos combaterem vermelhos?"

Como Andy e eu aprendemos em Zhuokeji, Chen poderia ter respondido: "Bem, sim, na verdade..." Mas ele aceitou o ponto de vista de Xu de que camaradas não deveriam combater uns aos outros. Embora Chen tivesse homens estacionados ao longo da rota de escape, foi permitida a fuga de Mao com os remanescentes dos seus 1º e 3º Grupos do Exército (o 5º e o 9º estavam com Zhang Guotao na Coluna Esquerda).

Esse episódio acabou tendo um bom desfecho para Xu Xiangqian, que teve uma carreira longa e bem-sucedida após a revolução. Ele foi nomeado um dos Dez Marechais da República Popular da China em 1955 e mais tarde serviu como ministro da Defesa Nacional. Ao contrário de velhos camaradas como Zhang Wentian e Peng Dehuai, acredita-se que Xu foi protegido de Mao durante a Revolução Cultural. Verdade ou não, ele certamente emergiu intacto desse período.

Chen Changhao não teve a mesma sorte. Ele foi atacado durante a Revolução Cultural como um "lacaio de Zhang Guotao" e dizem que se matou com uma overdose de drogas em 1967.

Quando Mao e sua reduzida força se aproximaram de Lazikou, provavelmente não havia mais de 10 mil soldados remanescentes dos 86 mil que começaram a Longa Marcha em Yudu.

"Lazikou foi simplesmente soberba como um bastião estratégico", escreveu Hu Pingyun, que fez parte da companhia que recebeu a tarefa de forçar a passagem. O desfiladeiro tem menos de vinte metros de largura no ponto em que a batalha teve início, e suas laterais com vegetação densa sobem quase em linha reta até rochas pontiagudas a pelo menos cem metros do córrego. Forças de Lu Dazhang, senhor da guerra de Gansu, dominavam o terreno acima da trilha.

Segundo Hu Pingyun, a batalha começou assim que escureceu, por volta das seis horas. Os vermelhos atacaram várias vezes, mas foram repelidos por tiros e granadas. O ataque frontal só foi interrompido às duas da manhã.¹

O esquadrão de assalto recuou para descansar, enquanto outro grupo de soldados foi equipado e instruído para escalar o desfiladeiro e encontrar um modo de atacar a partir da retaguarda do inimigo. O grupo do ataque frontal foi reorganizado e mandado de volta pela quinta vez. A maré virou perto do amanhecer, quando o som de uma corneta do Exército Vermelho elevou-se por trás das posições inimigas. A companhia dos escaladores havia driblado as defesas e agora atacava pela retaguarda. Os vermelhos trouxeram reforços para apoiar o ataque frontal e a resistência do inimigo foi quebrada. Os defensores de Lazikou fugiram para uma segunda linha de defesa, da qual também desistiram antes do raiar do dia.² O caminho sobre a montanha de Minshan para o noroeste da China estava aberto.

O desfiladeiro em Lazikou prossegue por vários quilômetros, com dezenas de pontos disponíveis para a ação de defensores. Mais uma vez, é inacreditável imaginar que as forças locais entregaram essa aparentemente invencível posição. Mais uma vez, a única explicação que consigo imaginar é que eles simplesmente não se empenharam. Ao contrário dos vermelhos, os moradores não tinham algo pelo qual acreditassem valer a pena lutar.

Andy e eu completamos nossa escalada sobre a Minshan em 4 de outubro, 17 dias depois da vanguarda do Exército Vermelho. As estações estão mudando. Ao atravessar a passagem 3 mil metros acima do nível do mar, caminhamos sobre neve pela primeira vez desde janeiro. Depois de passar por quatro Montanhas de Neve sem nenhum sinal da coisa branca, eu finalmente tenho um gostinho do que os vermelhos enfrentaram. Quando se perde o apoio do pé, é um longo deslize de volta até onde você começou — especialmente quando se está carregando equipamentos pesados. Os únicos indícios de vida na encosta do norte coberta de gelo são barracos pobres e surradas bandeiras brancas tibetanas de oração. Mas, perto do fim do dia, o ar se aquece à medida que a estrada se aplaina e o vale se alarga. Subitamente, está cheio de gente colhendo batatas e secando feno para o inverno. São hans. Mais adiante no vale, também encontramos muçulmanos huis com panos brancos na cabeça. Depois de sete semanas, as terras tibetanas estão para trás. Os cumes nevados da cordilheira Minshan também estão às nossas costas — as colinas que vemos agora pela frente são baixas, arredondadas e com terraços. O solo é seco, a paisagem, árida e o marrom domina as cores.

Andy e eu já estivemos em lugares mais pobres: partes do Condado de Tongdao, em Hunan, todo o Condado de Wangmo, na Província de Guizhou, e a divisa entre as províncias de Guizhou e Sichuan. Mas ainda não tínhamos andado por uma extensão interminável de miséria como essa. O principal meio de transporte é o carro de boi, cujas rodas de madeira sequer são presas com ferro. As casas são feitas de barro. O ar fica pesado com o cheiro de carvão barato. Eletricidade é um luxo inconfiável. Sem os abundantes riachos que correm por Sichuan, não há estações hidrelétricas. Sem água e sem energia, há poucas perspectivas para indústrias. Após o pôr-do-sol, chegamos a cidades escuras. Em Puma, falta luz há dez dias e ninguém sabe quando vai voltar.

Apesar desses problemas, inicialmente nos sentimos mais à vontade em Gansu do que nos últimos meses. As pessoas são particularmente reticentes, o que, em si, é relaxante, e o clima severo as encorajou a pensar mais nos confortos domésticos. Destes, o mais importante é a *kang*, uma cama tamanho *king-size* de tijolos aquecida por cobertores elétricos ou — no modo tradicional — por um fogo lento de carvão. Embora desprovida de colchão, a *kang* me oferece as melhores noites que tenho em quase 12 meses. Enquanto marchamos, fico contente em não ver mais arrozais. Aqui, a plantação predominante é de trigo, a comida mais comum, macarrão, e nós podemos comprar pães mais digeríveis por nosso estômago. Até mesmo Andy ganha um apetite mais saudável.

Mas ficamos complacentes cedo demais. As provações da Longa Marcha não acabam em Lazikou.

Na cidade de Hadapu, a primeira parada dos vermelhos após vencer a Minshan, eles encontraram cópias do *Diário de Shaanxi* que lhes informou que havia uma base soviética liderada por um comunista chamado Liu Zhidan no norte da Província de Shaanxi. A incerteza finalmente acabara. A Longa Marcha estava chegando ao fim. Nós não esperávamos que, em vez de desfrutar o sucesso e pegar leve, os vermelhos fossem correr mais rápido e longe do que antes. Da divisa de Gansu até o final, vamos caminhar 998 quilômetros em 35 dias, com apenas um de descanso.

A leitura do terreno aqui é a mais difícil que encontramos. De repente, toda a nossa experiência de nada vale. Nos espaços vazios de Sichuan, freqüentemente era fácil achar a trilha, porque havia apenas e tão-somente uma. Uma bússola é inútil em Gansu. Simplesmente há muitas trilhas circulares para escolher e é extremamente difícil decifrar os conselhos locais. Os dialetos são os mais impenetráveis desde Hunan.

Por vezes, olho para baixo e percebo que estamos andando sobre os tetos de cavernas. Não há como saber quão grossas ou seguras são essas trilhas, nem quão profundas são as cavernas. As trilhas ficam na beira de precipícios e amedrontam porque estão cheias de buracos. O terreno pode ruir a qualquer momento. Seguimos uma que tem uma fenda bem no meio, obviamente a ponto de despencar colina abaixo. Na metade do caminho, vejo que a colina oposta já ruiu, cobrindo o chão do vale — e nosso caminho — com barro.

Testo o terreno com minha vara de apoio. Parece ter-se firmado. Dou um passo, depois outro, e no terceiro meu pé direito afunda. Enquanto tento tirar o pé, o outro também afunda. Não tenho idéia da profundidade disso e estou afundando rápido. Andy se estica de um ponto fora da lama e puxa a minha mochila. Ele me passa a sua vara. Enfio as duas varas no barro. Elas afundam até a ponta. A minha memória sobre isso não é muito clara, mas pela primeira vez na Longa Marcha estou prestes a entrar em pânico.

Eu me seguro e paro de tentar puxar minha perna direita para fora, porque parece que o músculo da virilha pode romper-se a qualquer momento. Descubro que há espaço suficiente no barro para mexer lateralmente a perna um pouco e, de algum modo, essa mexida permite que eu levante um tanto o pé. Faço movimentos com mais força, e meu pé direito emerge do lodo. Eu o apóio alguns centímetros atrás e o afundo de novo no barro, mas agora sei o que fazer. Mais um minuto de esforços e Andy já pode me ajudar a sair. Aterrorizado e exausto, mas livre.

Enquanto pegamos a trilha de volta, retornando pelo caminho que viemos, meu pé afunda na superfície do barro seco. Ele afunda apenas sessenta centímetros e não me machuco, mas de agora em diante passo pelas trilhas com um medo constante.

Andy, mais forte a cada dia, recorre à tradicional injeção de ânimo.

— Vamos tomar uma xícara de café.

Eu pego a garrafa térmica. Está vazia. Pergunto à moça que cuida do restaurante:

— Você tem água quente?

Ela está sentada conversando com uma senhora, talvez uma parenta. Ela aponta para a garrafa vazia e pára de ouvir no segundo que eu levo para dizer que não há nada dentro. Eu finjo que tento usá-la e então caminho até ela com a garrafa vazia para perguntar de novo.

— Não há água quente — diz a parenta.

Repito suas palavras, no que espero seja percebido por ela como um tom incrédulo.

— Não tem — reafirma ela.

— Bem, vocês então poderiam ferver um pouco, por favor? — peço.

Elas me ignoram. Pergunto mais uma vez, e por fim a parenta diz à moça que ela deve ferver um pouco de água. A injeção de ânimo saiu pela culatra. Eu me arrasto até a mesa e meu humor sombrio explode, arrastando Andy junto.

— Que merda, por que eu tenho de soletrar tudo dez vezes? — vocifero. — Sou o único cliente no meio da porra deste restaurante, segurando a porra de uma garrafa térmica vazia, e praticamente tenho que implorar à dona para mexer a bunda e botar a porra da chaleira no fogo.

— É — diz Andy. — Puta que o pariu, há quanto tempo estamos agüentando essa merda? A preguiçosa do caralho só diz "*mei shi*" e fica esperando que você vá embora se foder.

Nesse momento iluminado, uma das crianças que se espremem na sala tosse em Andy. As crianças parecem tossir um monte em cima do Tio Andy.

— Cacete! Por que elas não podem pôr a mão na frente da boca quando tossem?

— Elas só põem a mão na frente da boca quando sorriem ou riem.
— Quando não estão cuspindo!
O mesmo pensamento cruza nossas mentes ao mesmo tempo.
— Você percebe o que estamos parecendo? — pergunto.
— Racistas? — sugere Andy.
Como isso aconteceu? Nós dois crescemos sendo ensinados a acreditar que viajar expande a mente. A Longa Marcha deveria nos ajudar a compreender o povo chinês e mostrar-lhe algo bom de nós. Em vez disso, me transformou num preconceituoso sem freios.

A dona põe uma garrafa térmica na mesa.
— Aqui está a sua água quente — diz ela, com um sorriso agradável.

Enquanto fico cada vez mais entediado e desagradável, a região torna-se mais e mais interessante depois que atravessamos uma cordilheira baixa na Região Autônoma Hui de Ningxia, onde os homens usam panos brancos na cabeça e imensos óculos de sol marrons, os campos estão cheios de plantações de batatas e tratores de três rodas com carrinhos presos atrás respondem por 95 por cento do tráfego, levando gente e batatas para o mercado. Chamados às orações enchem os vales. As comunidades muçulmanas de Ningxia têm um entusiasmo que lembra — na verdade, supera — o das congregações cristãs que encontramos no norte de Yunnan. Quase todas as vilas têm mesquitas novas ou restauradas.

Para nosso alívio, ninguém menciona o Iraque. Na verdade, eles mal abrem a boca. Passamos meia hora na sede do governo local no *xiang* de Gongyi, estudando a rota à frente em uma surpreendentemente detalhada lápide memorial. Funcionários governamentais com turbantes brancos vão cuidar de suas vidas sem falar conosco. Só se tomamos a iniciativa de cumprimentá-los é que eles dão um meneio grave com a cabeça e retribuem o aceno.

A vista mais agradável é o domo da mesquita do *zhen* de Xinglong, que podemos ver da encosta a três quilômetros de distância. Bem na frente da mesquita há um obelisco de concreto celebrando a Longa Marcha. O memorial tem apenas sete anos, mas já está dilapidado. Os moradores não lhe dão muita importância — a área adjacente de cimento na traseira do obelisco está coberta com excrementos humanos.

Devido aos seus problemas de saúde na Longa Marcha, Andy agora está obcecado com movimentos intestinais. Nós lemos que os soldados do Exército Vermelho tinham uma preocupação similar em relação às dificuldades do Camarada Mao no banheiro. O Camarada tinha síndrome do intestino irritável e quanto mais tempo ficava sem ir, por assim dizer, pior se tornava o seu humor. Aparentemente, as tentativas bem-sucedidas arrancavam vivas dos soldados: "Os intestinos do Camarada funcionaram!"[3] Andy adotou essa frase para celebrar os seus próprios êxitos. (Curiosamente, os movimentos intestinais do Grande Timoneiro foram a única coisa censurada da edição deste livro em Hong Kong.)

Alguns dias antes de chegarmos a Xinglong, Andy foi acometido de uma necessidade urgente. Notando um muro baixo de barro no campo à nossa direita, ele saiu em disparada para se desembaraçar. À esquerda da estrada, o terreno ia caindo suavemente em amplos terraços que desciam até a vila de Siluoping. Eu passei alguns minutos tirando fotos do vale e da fortaleza arruinada que fica na colina oposta, acima de Siluoping. Nós temos vistos com freqüência estruturas similares desde que deixamos o território tibetano. De pontos elevados, eu cheguei a contar cinco em uma ocasião, espalhadas no topo de colinas. Em tempos antigos, os aldeões se abrigavam dentro dessas cidadelas com muros grossos para se proteger de bandoleiros errantes.

Acenei para um camponês que estava colhendo batatas pouco abaixo da estrada. Guo Yuanyuan confirmou que estávamos na rota do Exército Vermelho, mas ele tinha algo mais importante para revelar sobre a história local. Quando Andy retornou, eu o recebi com as boas novas.

— Você sabia que você acabou de cagar na Grande Muralha?

Eu não esperava encontrar a Grande Muralha da China na nossa jornada. O trecho principal está ao norte da rota da Longa Marcha, mas aqui havia uma projeção ao sul da estrutura original de terra batida de Qin Shihuang, o imperador favorito de Mao. Assim que Guo abriu meus olhos, pude ver a linha da muralha indo de horizonte a horizonte, embora não tivesse mais de 1,2 metro em nenhum ponto. Parecia tão frágil que era extraordinário pensar que havia resistido por 2.200 anos. Mas se não fossem os intestinos de Andy e a colheita de batatas de Guo

Yuanyuan, ela não estaria neste livro. Quem imaginaria uma Grande Muralha de barro que é só um pouquinho menor do que um homem?

A última cordilheira de tamanho considerável na Longa Marcha ergue-se da planície a leste do *xiang* de Zhangyi, onde almoçamos e pedimos conselhos sobre como vencê-la. A principal passagem sobre a Liupanshan, onde Mao cruzou e onde há um memorial, fica 32 quilômetros para o sul, em Dashuigou, ou Liupangou, como a chamam alguns habitantes locais. Mas alguns dizem que há uma passagem usada pelos vermelhos a apenas cinco quilômetros, diretamente acima da vila han de Maozhuang.

Os aldeões descrevem o caminho sobre a montanha e dizem que, sim, soldados vermelhos realmente passaram por ali. Cerca de uma hora após partirmos, contudo, eu insisto para darmos meia-volta. Eu já caí uma vez na encosta coberta de gelo e não acredito na teoria de Andy de que tudo dará "certo se nós conseguirmos passar por este pedaço". As regras da nossa Longa Marcha estipulam que os covardes devem ser respeitados sempre, então nós voltamos e nos dirigimos para o sul, ao longo do vale, procurando por uma passagem alternativa.

Nós a encontramos em Gangou, acima da vila de Weijiashan, onde paramos para um almoço de macarrão instantâneo e travamos amizade com Zhang Tiancheng.

— Há uma passagem — diz Zhang. — Algumas unidades pequenas do Exército Vermelho vieram por aqui, mas é muito difícil e o solo é bastante escorregadio e perigoso.

Depois da tentativa inicial, estamos inclinados a não desconsiderar esse alerta. Mas a passagem principal ainda está 19 quilômetros ao sul, o que significaria um dia inteiro de marcha extra. Estamos determinados a tentar. Zhang sai da vila junto conosco.

— Receio que vocês não encontrarão o caminho — diz ele. — Eu vou com vocês.

— É muito longe — fala Andy, mas ele não põe muita determinação em suas palavras. Na cidade, poderia parecer bem pouco razoável levar um homem de 63 anos até o topo de um dos picos mais elevados da rota da Longa Marcha (nossa medição da passagem sobre Gangou marca 2.731 metros), mas os camponeses têm padrões diferentes. Zhang provavelmente ainda poderia carregar nossas mochilas e câmeras. Sem ele, nós poderíamos ser forçados a retornar para passar a noite em Weijiashan.

A trilha desaparece repetidas vezes enquanto avançamos exclusivamente ao longo do lado esquerdo do desfiladeiro — o lado oposto está voltado para o norte e encontra-se coberto de gelo. Certamente é apenas uma questão de dias até que esta passagem também fique completamente fechada.

Com a ajuda de Zhang, chegamos ao cume em pouco mais de uma hora e meia. Nosso último guia da Longa Marcha aponta a linha da trilha até a planície. Daqui em diante, realmente é ladeira abaixo. Não haverá mais neve e gelo.

— Eu respeito muito o seu espírito — diz Zhang. — Dêem-me uma telefonada quando encontrarem um lugar para ficar esta noite. Deixem-me saber que vocês estão bem.

O que podemos dizer? Comparados a este homem, que arrisca sua própria segurança para nos proteger sem motivos que não simples bondade e companheirismo, quem somos nós para falar de espírito?

Ao reentrar em Gansu pelo norte de Pengyang, a navegação fica mais difícil do que nunca. Nós penetramos no território de loesse da bacia do rio Amarelo. Loesse é uma partícula muito fina, levada pelo vento, que parece seca e morta, mas que na verdade é muito fértil se você tem água para irrigá-la. Quando o Exército Vermelho alcançou este ponto, Otto Braun observou que "abrigos em cavernas com freqüência substituem as casas".[4] Pelo menos nas vilas menores, muito pouco mudou nesse aspecto. Embora as colinas sejam bem suaves, desfiladeiros estreitos cortam o loesse. As paredes da garganta são quase sempre muito íngremes e instáveis até mesmo para merecerem a confiança dos camponeses, assim as trilhas são um pouco mais curtas do que as estradas, fazendo tantas curvas e dando tantas voltas que durante dois terços do dia ficamos andando na direção errada. Costumávamos temer as palavras *"fan shan"*, "atravessar a montanha", quando pedíamos indicações de caminhos. Agora, ficamos com o coração pesado ao ouvir *"guo gou"*, "atravessar o desfiladeiro".

A paisagem também deixou os cartógrafos confusos. Nossos mapas nunca foram mais inúteis do que agora. Almoçamos no *xiang* de Yaoji, que no mapa fica a cerca de três quilômetros do *xiang* de Liuyuan. Na realidade, Liuyuan está a 14 quilômetros. Chegamos lá ao anoitecer e então ficamos miseravelmente perdidos tentando encontrar nosso destino final, o *xiang* de Mengyuan, no escuro. Estamos em Niuwan Cun, de onde saem estradas de terra em todas as direções. Pedimos ajuda a um grupo de camponeses que estão voltando do trabalho para casa bem tarde. Eles apontam através do desfiladeiro para a estrada que acabamos de deixar há vinte minutos.

— Mas aquela é a direção errada — protesto.

— Não, vão de volta pelo desfiladeiro e peguem a estrada grande — insistem os camponeses. Eu não acredito neles. Busco uma segunda opinião.

— Voltem pelo desfiladeiro e peguem a estrada grande.

Não faz nenhum sentido. Perguntamos a um terceiro grupo, reunido ao redor de uma fogueira e aproveitando a noite límpida. Eles apontam através do desfiladeiro para a "estrada grande".

É impossível ir contra três opiniões separadas e idênticas — especialmente à noite. Voltamos pelo desfiladeiro, pegamos o que, com um pouco de imaginação, pode ser chamado de "estrada grande" e nos dirigimos até uma casa na caverna de onde vem a luz pálida de uma lâmpada. Dois adolescentes, um menino e uma menina, estão varrendo o quintal.

— Tenho medo de perguntar — falo para Andy. — Vai você.

— Não, vai você.

— Com licença — digo. — Vocês poderiam nos dizer qual o caminho para Mengyuan? — O menino aponta para a direção de onde viemos.

— Atravessem o desfiladeiro para lá — diz ele.

— Você quer dizer via Niuwan?

— Sim.

As crianças devem pensar que pessoas inglesas são incrivelmente tensas. A simples indicação que dão é recebida com uma pirotécnica manifestação de blasfêmias britânicas. Quando conseguimos nos acalmar, o pai delas, Wang Zhixian, aparece. Pergunto se ele se incomodaria se montássemos nossa barraca no quintal.

— Deixem a barraca para lá — responde ele. — Entrem e venham tomar uma xícara de chá.

Wang nos oferece uma caverna só nossa. Seu filho varre o pó da *kang* e prepara cobertores, enquanto a mulher traz uma garrafa térmica com água quente. Então eles nos deixam sozinhos para preparar nosso jantar e descansar.

Eu nunca havia ficado em uma caverna antes. Não é nem um pouco como imaginava. Para começar, é quente e confortável, bem melhor do que uma casa de madeira de camponeses no sul da China. A nossa caverna, assim como a principal, onde Wang e sua família vivem, tem cerca de quatro metros de altura e de largura e 15 metros de comprimento. Wang conta que cada uma levou 15 dias para ser cavada. A água vem de um poço a alguns passos de distância, descendo a colina, mas há eletricidade e até uma antena de TV por satélite.

Mais de nove meses e 4 mil quilômetros atrás, Andy perguntou ao veterano do 1º Front do Exército Wang Daojin o que ele achava que significava o "espírito da Longa Marcha". Wang disse: "Luta árdua, dedicação altruísta, fé inabalável." Acredito que encontro essas qualidades mais bem personificadas num membro do Partido Comunista que perdeu seu emprego no *xiang* de Liuyuan porque desprezou as regras de natalidade planejada. Wang agora tem quatro filhos, vive nesta caverna e tem plantações em 1,3 hectare de terra desde o fim dos anos 1980. As duas crianças que vimos estão na escola intermediária inferior; seus irmãos mais velhos freqüentam a escola intermediária superior na cidade-condado. Wang espera que todos cheguem à universidade. Ele é o mais velho de 11 irmãos e irmãs. Um desses irmãos e duas irmãs conseguiram diplomas universitários — todos com a ajuda financeira do irmão mais velho e sua extraordinária dedicação à família.

— Como você se sentiu perdendo o emprego e tendo que voltar a Niuwan para ser um camponês? — pergunto.

— Foi difícil, é claro — diz Wang. É tudo o que tem a dizer sobre o assunto. E ele diz isso com um sorriso.

A Longa Marcha do 1º Front do Exército Vermelho terminou em 19 de outubro de 1935, quando os esfarrapados sobreviventes dos 86 mil que partiram de Yudu um ano antes chegaram à base do soviete de Shaanxi, no *zhen* de Wuqi. Não há estimativa oficial precisa do número de vermelhos que terminaram a Longa Marcha. "Alguns milhares" foi o melhor que as autoridades conseguiram informar no museu em Wuqi. Zhang Guotao escreveu que "camaradas" em Shaanxi lhe disseram que o número era menor que 4 mil.[5]

O soviete de Shaanxi foi uma criação de Liu Zhidan, um membro do Partido Comunista desde 1925 e ex-aluno da Academia Militar de Whampoa, de Chiang Kai-shek. Ele era de Bao'an, no norte de Shaaxi, uma região que sofreu uma terrível fome em 1929. Liu formou o seu primeiro destacamento armado revolucionário em 1931; em 1934, ele estabeleceu uma base ao redor de Bao'an que incluía a totalidade, ou partes, de vinte condados.[6] Em setembro de 1935, suas forças receberam a adesão do 25º Grupo do Exército Vermelho. Este originalmente fazia parte do 4º Front do Exército, de Zhang Guotao, mas foi deixado para trás e ficou isolado quando o 4º Front recuou de sua base no verão de 1932. A marcha do 25º Exército para noroeste foi, ela própria, um épico, mas permanece quase desconhecida e pouco pesquisada. O que se sabe, todavia, é que sua chegada teve sérias conseqüências para Liu Zhidan e seus homens. Rumores espalharam-se de que Liu era um agente do Guomindang e que seu exército estava cheio de traidores. Centenas foram presos no expurgo que se seguiu. O próprio Liu foi torturado, enquanto muitos outros foram executados. O 1º Front do Exército chegou bem a tempo de interromper o expurgo e salvar a vida de Liu Zhidan.

Liu não sobreviveu por muito mais tempo. Ele foi morto em combate em abril de 1936. Segundo uma teoria conspiratória recentemente ressuscitada por Jung Chang e Jon Halliday, ele na verdade teria sido assassinado por ordens de Mao, que temia que Liu pudesse desafiá-lo pelo controle do soviete de Shaanxi.[7]

Quatro dias após chegar, Mao Tsé-tung disse num encontro de dirigentes em Wuqi que "o Exército Vermelho Central completou uma marcha de um ano". Ele calculou que marcharam em pelo menos 267 dias:

"Dias de descanso não passaram de 65; batalhas não passaram de 35 dias." Mao declarou que tinham atravessado 11 províncias. Eles caminharam 25 mil *lis*.[8]

A Longa Marcha estava terminada. A lenda já tinha começado.

Mas a guerra e as incertezas continuaram. Doze meses após Mao e seus homens, os soldados do 2º e do 4º Fronts do Exército também chegaram à base de Shaanxi, finalizando a reunião de todas as principais forças comunistas no noroeste da China. Enquanto isso, Chiang Kai-shek estava preparando o que chamava de os "últimos cinco minutos" de sua guerra para acabar com os vermelhos.[9] Dessa vez, os comunistas foram salvos pelo que se tornou conhecido como o "Incidente de Xi'an".

Em 12 de dezembro de 1936, Chiang Kai-shek foi detido em Xi'an, a capital de Shaanxi. Seu captor foi Zhang Xueliang, o ex-senhor da guerra da Manchúria cujas tropas agora estavam estacionadas em Shaanxi. Zhang era um simpatizante dos comunistas que vinha tentando convencer Chiang a lutar contra os japoneses, em vez de enfrentar os vermelhos. Temendo que Chiang em breve fosse removê-lo do comando por causa de seus esforços tímidos contra os comunistas, ele então tentou obter sua anuência à força. Caso a ação falhasse, Zhang sabia que teria o suporte dos comunistas e presumiu que isso significaria que a União Soviética também o apoiaria se derrubasse Chiang. Os comunistas chineses ficaram eletrizados. Zhu De imediatamente declarou que Chiang deveria ser morto. Nenhum deles levou Stálin em conta.

A essa altura, Stálin não se incomodava mais com a guerra civil chinesa. Sua preocupação principal era que o Japão deveria concentrar seus recursos em combates na China, em vez de atacar a União Soviética, e ele acreditava que somente Chiang Kai-shek poderia organizar uma resistência chinesa eficaz contra o exército japonês. A reação soviética ao "Incidente de Xi'an" foi prontamente negativa. Zhang Xueliang descobriu que fora iludido ao acreditar que Stálin o apoiaria, e não a Chiang. Quando os comunistas chineses receberam instruções de Moscou, ficaram incrédulos. Moscou declarou que o "Incidente de Xi'an" era uma maquinação dos japoneses para impedir a unidade chinesa e sabotar o movimento antijaponês. Os comunistas chineses receberam ordens para resolver o incidente pacificamente.

O Partido Comunista da China estava sujeito à rígida disciplina do movimento comunista internacional. Eles também sabiam que tinham que manter a União Soviética de bom humor se desejavam receber ajuda financeira e militar para a luta contra Chiang Kai-shek. Sem o apoio comunista, Zhang Xueliang era um bambu quebrado. Chiang Kai-shek foi libertado com a condição de declarar um *"front* unido" com os comunistas. Mao não ficou contente com o *front* unido. Ele queria que a União Soviética o apoiasse e que Chiang Kai-shek fosse para o inferno. Chiang não ficou satisfeito também, mas a ameaça japonesa o persuadiu a deixar de lado o acerto de contas com os vermelhos.

A "Guerra Antijaponeses" começou para valer no verão de 1937. Os comunistas dedicaram-se majoritariamente a operações de guerrilha. A única exceção de relevo foi a chamada "Batalha dos Cem Regimentos", em agosto de 1940, deslanchada por iniciativa de Peng Dehuai. Mao mais tarde criticou Peng severamente por expor a força dos vermelhos aos japoneses. Uma subseqüente campanha japonesa contra a base comunista ficou conhecida como os "Três Tudos" — matar tudo, queimar tudo, destruir tudo. Quando a campanha acabou, a população da base de Shaanxi estava reduzida de quarenta milhões para estimados 25 milhões.[10] Em 1941, o *"front* unido" tornou-se virtualmente letra morta depois que o Guomindang atacou o comunista Novo 4º Exército. Essa batalha parece ter sido o resultado de uma lamentável manobra de Mao, que deliberadamente montou o Novo 4º Exército. Isso não apenas quebrou o *front* unido, como também resultou na eliminação do comissário político do Novo 4º Exército, Xiang Ying, que foi roubado e assassinado pouco depois de escapar do campo de batalha. Xiang tinha se colocado contra Mao em várias ocasiões nos últimos dez anos. Otto Braun disse que Xiang o alertara antes da Longa Marcha em relação a "subestimar a seriedade da luta sectária de Mao contra a liderança do partido".[11]

Com o *front* unido desmanchado e os japoneses fortes demais para serem provocados, os comunistas se retraíram e se concentraram na acumulação de forças para a retomada da guerra civil. Mao concentrou-se na consolidação do seu poder pessoal. Ele agora não era mais contestado como líder do Partido Comunista. Tendo sobrepujado Zhang Guotao na Longa Marcha, ele abateu o seu último rival de peso em 1938.

Wang Ming fora líder do partido no início dos anos 1930, antes de passar o bastão a Bo Gu e ir para Moscou como representante chinês no Comintern. Ele era o chefe da facção de líderes do partido treinados em Moscou e tinha aliados importantes no Kremlin. Ao retornar à China em novembro de 1937, ele acreditava que poderia assumir o controle do partido mais uma vez. O que ele não conseguiu perceber foi que o homem mais importante de Moscou havia formado sua opinião sobre Mao. Stálin pôs um fim nas pretensões de Wang em setembro de 1938, quando, via Comintern, enviou instruções de que "para resolver o problema da unificação da liderança do partido, o PCC [Partido Comunista da China] deve ter Mao Tsé-tung como seu centro".[12]

Isso não foi o bastante para Mao. No outono de 1941, ele deslanchou aquela que se tornou conhecida como a "Campanha de Retificação de Yan'an". Esta rapidamente se transformou em um ataque a todos os comunistas chineses que estudaram na União Soviética, liderados por Wang Ming, e também contra praticamente todos os demais que algum dia discordaram de Mao. Enquanto outros se curvaram diante da ofensiva e se rebaixaram com autocríticas, Wang Ming ergueu-se contra Mao e tentou revidar, mas quase que imediatamente caiu adoentado — envenenado, segundo afirmou (com certa razão, já que foi atacado por outra doença misteriosa no ano seguinte). Embora mais tarde tenha recuperado a saúde, o mesmo não aconteceu com sua carreira política. Wang terminou seus dias exilado na União Soviética. Quando a Campanha de Retificação acabou, escreveu Philip Short em sua biografia de 1999 do Camarada, "Mao não era mais o primeiro entre iguais. Ele era o homem que decidia tudo — o demiurgo, instalado em um pedestal, eclipsando seus pares nominais, acima do controle institucional".[13]

Após a rendição do Japão em 1945, os comunistas e o Guomindang retomaram quase imediatamente a guerra civil total. Mas, se dez anos antes Mao estivera no comando de uns poucos milhares de homens esfarrapados, agora ele liderava um exército com várias centenas de milhares de soldados. Quando Chiang Kai-shek foi perseguido através das águas até Taiwan, em 1949, o Exército Vermelho, renomeado como Exército de Libertação Popular, somava milhões. Em 1º de outubro de 1949, Mao posicionou-se no púlpito da Praça Tiananmen e declarou que a guerra estava vencida. "O povo da China se ergueu", disse ele. O Partido Comunista agora governava a República Popular da China.

À medida que nos aproximamos de Wuqi, nossa luta está quase terminada, nosso sonho, prestes a ser concretizado. Andy pára para perguntar a um grupo de camponeses huis qual é a distância até a divisa da Província de Shaanxi.

— Você estará lá no tempo que leva para se fumar um cigarro — diz um homem.

Seria bacana se a nossa Longa Marcha pudesse terminar assim — com um passeio tranqüilo e um cigarro relaxante. É um fim de dia maravilhoso, a terra amarela agora com um tom laranja diante do pôr-do-sol. Os campos, após a colheita, estão vazios. Ainda há cerca de cem quilômetros para percorrer, apenas mais três dias dessas estradas solitárias antes de sermos jogados de volta à vida "normal". São momentos que merecem ser saboreados.

Mas, em vez disso, o final real de nossa Longa Marcha é uma carreira rumo ao caos total. Fazemos uma pausa a cerca de oitocentos metros da ponte sobre o rio Luohe, de onde a estrada principal segue passando pelo centro da cidade-condado de Wuqi. Jia Ji disse-nos que essa ponte é a nossa linha de chegada oficial. A cor predominante da cidade é um marrom poeirento, que vai escurecendo à medida que o sol se vai. São 17h30 e nós reunimos uma multidão e tanto — adultos indo do trabalho para casa e crianças voltando da escola. Atrás desse bando, uma figura da TV Wuqi com cabelos cheios de brilhantina está pulando e gritando para nós. Ele perdeu a calma.

— Vocês têm que se apressar — berra ele com voz esganiçada. — Os líderes estão esperando!

Andy finge ser surdo. Eu sorrio e aceno para ele. Umas poucas pessoas na multidão acenam de volta. Todos nós estamos nos divertindo bastante. A multidão está crescendo tanto que começa a bloquear a rua. Subimos alguns degraus de uma escada de pedra para abrir mais espaço e permitir que consigam nos ver.

O homem da TV grita:

— Tem muita gente na ponte! O tráfego está bloqueado! Os líderes! Os líderes!

Estamos esperando Jia Ji avisar-nos que está pronta. A cada passo do caminho, ela nos encorajou, protegeu, cuidou da organização e deu comida aos gatos. Devemos este momento a ela, mais do que a ninguém. Não andamos 6.400 quilômetros para estragar a festa de Jia Ji chegando cedo.

— Os líderes!

— Nós estaremos com você num minuto — digo.

— *Mei shi!* — grita Andy.

Algumas pessoas são capazes de dizer qualquer coisa para obrigar você a cooperar. É óbvio que a razão real pela qual o homem da TV nos apressa é que ele está desesperado para ajoelhar-se e tocar o chão com a testa diante de seus líderes. Ele não pára de berrar:

— Gente demais! Tráfego bloqueado!

Bobagem. Gostamos de pensar que somos populares, mas, francamente, sabemos que não somos *tão* populares assim. O celular toca.

— Onde vocês estão? Venham, todos estão esperando — diz Jia Ji.

Precisamos de apenas dois minutos para avistar a ponte.

— Oh, meu Deus — diz Andy.

Deve haver quinhentas pessoas na ponte e ao seu redor. A maioria delas parecem ser crianças. Constantemente fazíamos piadas para Jia Ji dizendo que gostaríamos de ganhar uma recepção de heróis, com multidões exultantes. Jia Ji levou-nos, literalmente, a sério. Ela telefonou para a escola local para anunciar nossa chegada e sugeriu que a criançada aparecesse para ver. O tráfego está completamente bloqueado.

Três policiais mantêm aberto um corredor estreito. No fim, há uma faixa vermelha de boas-vindas, mas não consigo ler o que diz, porque está virada para ficar de frente para os fotógrafos e câmeras de TV. Jia Ji e a prefeita de Wuqi, Kong Qiuli, estão no outro lado da faixa, segurando buquês e a faixa que nossos amigos nos deram quando partimos de Yudu, 384 dias e 6.400 quilômetros atrás. A multidão começa a aplaudir. Crianças estendem as mãos para nos cumprimentar. Jia Ji e a prefeita estão esperando. Nós trocamos um olhar. Nenhum de nós fez a barba nos últimos 15 dias e não tomamos banho há cinco dias.

Já vi celebridades de verdade lidarem com essa situação na TV. A rainha nunca parece ter problema algum, mas desconfio que ela conta com mais do que três policiais. No momento em que começamos a apertar mãos, a multidão avança e nos engole. Crianças gritam de excitação. Até mesmo os policiais sorriem, embora estejam sendo jogados pela multidão de um lado para outro junto conosco. Adiante, a namorada de Andy, Jia Ji, é tragada pelas pessoas quando tenta andar para trás para gravar a cena. O cinegrafista da Reuters pára de gravar e começa a tentar evitar que o seu tripé seja atingido pelo estouro da boiada. O movimento da turba nos carrega até a prefeita, que tem tempo apenas de colocar a faixa de nossos amigos no meu pescoço de também antes ser engolfada. Andy segura o seu buquê e eu abraço Jia Ji enquanto a Longa Marcha é levada pela linha de chegada por uma maré de crianças escolares estridentes. Nós jamais ficaremos de novo tão felizes, cabeludos ou fedidos.

Epílogo

Quão longa é uma Longa Marcha?

Eu lembro de caminhar numa estrada de terra no escuro, sendo entrevistado por dois jornalistas: Richard Spencer, para o *Daily Telegraph*, e Oliver August, para o *Times*. Eles passaram meio dia dentro de um táxi procurando-nos. Atravessamos a divisa de Shaanxi ao pôr-do-sol, e agora faltam menos de três dias até Wuqi.

Não lembro quem pergunta: "O que vocês aprenderam durante este ano na estrada?" Fujo da pergunta com uma estatística curiosa.

— Eu aprendi que a "Longa Marcha de 25 mil *lis*" na verdade não é de 25 mil *lis* — digo. — É provavelmente entre 12 mil e 13 mil *lis*. E eu sempre achei que o Camarada Mao estava apenas trinta por cento enganado.

Todos riem.

— Então não é uma Longa Marcha tão grande — diz Spencer. August escreve a manchete de brincadeira:

— "É... Longa Marcha não tão grande."

Eu sabia desde o começo que a Longa Marcha não tinha 25 mil *lis*. O *li* mudou ao longo dos séculos, mas na década de 1930 equivalia a meio quilômetro. Pelas próprias contas de Mao, então, em cada um dos 267 dias que os vermelhos puseram os pés na estrada eles andaram uma média de 46,5 quilômetros. Eu sabia que isso era impossível. Eu não acreditava que nem mesmo as unidades de vanguarda pudessem manter tal ritmo, quanto mais as unidades de convalescentes, transportes, cozinheiros e do resto. Além disso, um simples exame do mapa revelava a mentira nos cálculos de Mao. Onde os pontos das partidas e chegadas diárias dos vermelhos podiam ser identificados, a distância entre eles geralmente ficava entre 19 e 32 quilômetros.

Quando Andy e eu partimos, imaginei que estávamos diante de cerca de 18 mil *lis* ou 9 mil quilômetros. Ao entrarmos em Shaanxi, acabamos de completar 12 mil *lis*. Fico contente por ter me enganado. Ainda que se tratasse de apenas 12 mil *lis*, metade do prometido por Mao, nós gastamos 15 dias a mais do que o Exército Vermelho levou para atingir este ponto. Eu chego ao final da rota da Longa Marcha com o meu respeito pelo feito dos vermelhos não apenas intacto, mas maior. O fato de Mao ter errado suas contas não diminui a Longa Marcha.

Estou certo de que o Camarada tinha coisas melhores a fazer do que contar quanto tinha caminhado a cada dia. A exatidão da medição não importa; a Longa Marcha foi um épico de coragem, sacrifício e resistência, tenha ela sido de 10 mil ou 100 mil *lis*. Mao escolheu 25 mil como o símbolo da luta e triunfo do exército. Mas, como foi Mao que disse, o número transformou-se em lenda, e a maioria das pessoas passou a aceitar essa lenda como fato.

E como estamos muito habituados a esse conhecimento, que já discutimos com jornalistas muitas vezes antes, Andy e eu ignoramos totalmente o fato de Spencer e August não estarem meramente brincando.

A piada "Longa Marcha não tão grande" gira todo o planeta. Entra no Top 5 do Yahoo de notícias mais lidas. Na próxima vez que me conecto à internet, encontro cerca de cem variações desse tema em jornais de todo o mundo. Um editorial do *Hindustan Times* combina isso com um irônico ataque a George W. Bush e as armas de destruição em massa não encontradas no Iraque. "E agora?", pergunta o *Times*, "A não-tão-grande Grande Muralha da China?"

A imprensa chinesa adota uma abordagem diferente. Um amigo no *China Daily* conta que o editor de matérias especiais rejeitou a nossa história argumentando que é "controverso demais" afirmar que a Longa Marcha não tem 25 mil *lis*. A agência de notícias Xinhua, do governo chinês, informa o nosso feito, mas não menciona a distância. Apenas duas reportagens incluem os detalhes: uma ocupa uma página inteira do *Xinmin Evening News*, de Xangai; a outra é a que nós mesmos escrevemos para o *Beijing Youth Daily*, que acrescenta uma nota no pé da página explicando como "especialistas confirmam" que a Longa Marcha realmente tem 25 mil *lis*.

Burocratas se contorcem para insistir que estamos errados. Funcionários do memorial de Wuqi fazem a ridícula sugestão de que não andamos tanto porque usamos as novas estradas. Outro "especialista" explica que os 25 mil *lis* referem-se às marchas do 1º, 2º e 4º Fronts do Exército somadas. O problema com esse engenhoso esforço é que o Camarada Mao referiu-se aos 25 mil *lis* em outubro de 1935, um ano antes de o 2º e o 4º Fronts completarem suas jornadas ao noroeste do país.

O fato de os 25 mil *lis* pertencerem à propaganda, em vez de constituírem um fato histórico, não é inteiramente suprimido na China. A maior parte da discussão acima apareceu na edição chinesa deste livro, embora o primeiro instinto da editora fosse cortá-la. No lançamento para a imprensa, a editora disse especificamente aos jornalistas para não entrarem em detalhes sobre a questão da distância da Longa Marcha. Mas apesar de nossas conclusões pertencerem ao domínio público, elas não são discutidas. Qualquer menção da distância é cortada das entrevistas para a mídia impressa ou televisiva.

No verão de 2005, uma editora da *Chinese National Geographic* [sic] estava preparando uma matéria especial sobre a Longa Marcha. Ela me pediu para escrever um artigo explicando por que eu acreditava que não eram 25 mil *lis* e sondou Luo Kaifu para que este escrevesse uma contestação. Após refazer a Longa Marcha em 1984-5, Luo conquistou uma posição de alguma influência. Ele inicialmente concordou em fazer um texto. Escrevi meu artigo e outro historiador da Academia Militar de Ciências também produziu uma refutação. No dia anterior à ida da revista para a gráfica, Luo Kaifu leu o meu texto. Ele imediatamente cancelou sua colaboração, toda a matéria foi cancelada e a editora em questão recebeu uma severa reprimenda. Ouvi falar que ela foi "pouco clara" quanto aos motivos. "Como você sabe", disse-me um outro editor, "a mídia chinesa é um campo minado."

*

Achei que as sensibilidades em relação a Maomei eram mais previsíveis. Os jornalistas simplesmente tinham receio quanto a qualquer coisa que se referisse à vida privada de Mao. A razão principal para que a imprensa chinesa evitasse essa história era devido à falta de precedentes. Enquanto preparava a edição chinesa, a editora contou-me que fora abordada por um jornalista de uma das revistas mais populares da China, que queria saber se a história de Xiong Huazhi seria incluída. Se ela aparecesse em nosso livro, então ele se sentiria seguro para também escrever sobre o assunto. Mais uma vez, o instinto da editora foi cortar. Por fim, uma versão extremamente reduzida foi publicada, e os jornalistas mais uma vez foram aconselhados a não abordar o assunto.

Ainda penso sobre Maomei mais do que sobre qualquer outra coisa. Eu sinto, agora ainda mais do que na época, que, se Xiong Huazhi realmente é a filha desaparecida de Mao Tsé-tung e He Zizhen, então sua história seria uma das mais notáveis deste ou de qualquer outro ano. Sempre fui fascinado por sagas familiares, segredos e caprichos do destino. Imagino a cena em 1935: uma perturbada He Zizhen entregando o bebê recém-nascido, para jamais vê-lo de novo. Eu estive na vila onde isso aconteceu. Talvez eu tenha compartilhado uma xícara de chá e bolinhos de arroz grudento com essa criança, que envelheceu sem jamais conhecer a própria história. A possibilidade me cativa e emociona.

O tempo que resta a Xiong Huazhi é curto e ela pode jamais saber a verdade. Andy e eu lhe enviamos algumas fotografias depois de terminar a Longa Marcha, e seu genro, Xiong Minghu, escreveu de volta para dizer que recentemente ela foi visitada por um ex-segurança de He Long, o comandante do 2º Front do Exército. Este lhe contou que Li Min, a única filha viva conhecida de Mao e He, tinha conhecimento da história de Xiong, assim como as autoridades do governo central. Há pouco tempo, Andy e eu encontramos o filho de Li Min, Kong Jining, que está preparando um documentário sobre a vida de He Zizhen. Ele também sabe a respeito de Xiong Huazhi. Espero que suas próprias pesquisas o convençam de que existe uma séria possibilidade de que Xiong seja sua tia, e que esse conhecimento persuada Li Min a consentir a realização de um teste de DNA. Espero que isso aconteça — antes tarde do que nunca. Como Xiong disse para mim e Andy, é uma coisa simples.

Com a publicação em 2005 do ataque biográfico de Jung Chang e Jon Halliday ao Camarada Mao, *Mao: A história desconhecida*, entrou na moda denegrir a Longa Marcha. Os resenhistas emularam o ataque de Chang e Halliday de que a Longa Marcha é propaganda maoísta e parcialmente ficção. Os leitores aprendem que a marcha sequer foi tão dura assim. Mao e outros líderes se "esparramaram em liteiras como latifundiários", enquanto Chiang Kai-shek não apenas os deixou circular deliberada e livremente, como ainda os ajudou ao longo do caminho. "A Longa Marcha", escreveu no *Observer* Roy Hattersley, "é uma fraude."

Quanta bobagem. A Longa Marcha não é nada disso.

A Longa Marcha não é uma fraude para Yang Jin, que chorou copiosamente ao descrever sua batalha final, quando se lançou ao ataque passando por cima dos corpos de seus companheiros mortos. Não é uma fraude para Zhang Chaoman, que foi amarrado e torturado por ajudar os vermelhos a cruzar o rio das Areias Douradas. Não é uma fraude para o avô de meu amigo Alec Shen, que marchou como um soldado vermelho adolescente. Ele estava tão cansado que dormiu sobre o fuzil durante um conflito. Ele despertou de manhã com o toque do corneteiro e cutucou o camarada à esquerda: "Vamos, acorde, temos que ir." O amigo estava morto.

Em 19 de novembro de 1995, veteranos reuniram-se no Grande Salão do Povo, em Pequim, para uma comemoração do 60º aniversário da Longa Marcha. Após vários discursos em louvor ao Camarada Mao, o general Xiao Ke, ex-comandante do 6º Grupo do Exército, subitamente se ergueu e falou de improviso: "A verdadeira Longa Marcha [foi conquistada através] dos esforços de cada um dos soldados do Exército Vermelho. Nós não deveríamos, ao contrário do que fizemos no passado, fazer um culto à personalidade."[1]

Sempre esteve claro que Mao e seus seguidores distorceram a história da Longa Marcha a favor de seus interesses. O papel de Mao foi mitificado a ponto de, como sugerido por Xiao Ke, parecer que ele sozinho salvou o Exército Vermelho e derrotou Chiang Kai-shek. Isso é *nonsense*, mas é igualmente *nonsense* jogar o bebê fora junto com a água da bacia. É absurdo sugerir que a Longa Marcha é uma armação porque, de alguma forma, foi menos dura do que deveria ser. Os vermelhos perderam noventa por cento de suas forças porque Chiang Kai-shek os ajudou o tempo inteiro? Qualquer que seja o uso que dela tenha feito Mao para sua glória pessoal e propaganda, a Longa Marcha ainda é uma das mais épicas e importantes histórias do século XX. Quando se reduz o papel de Mao às suas proporções adequadas, é fácil ver por que muitos jovens chineses ainda a consideram uma fonte de inspiração.

Dois dias antes de chegar a Wuqi, Andy e eu fomos entrevistados na estrada por uma equipe de TV da Reuters. A produtora, Elke Rohmer, perguntou-me:

— Você faria tudo de novo?

— Não, definitivamente não — disse eu.

— Por quê?

— Porque, quando partimos, eu não sabia como seria o caminho pela frente. Eu tinha condições de ser otimista. Agora, sei exatamente como é e o quão difícil é. Eu não poderia me submeter novamente a tudo isso, sabendo o que está pela frente. É muito duro.

Eu acreditava nisso quando dei a resposta. Mas agora, depois de mais de um ano de volta à cidade grande, não tenho tanta certeza. Todas as velhas complexidades e incertezas da vida "normal" estão de volta. Sinto falta da simplicidade da vida na estrada. Nossas preocupações eram tão básicas — comida, abrigo e movimento — e (quase) sempre havia uma tranqüilizadora sensação de ação à frente. Mas, acima de tudo, sinto falta da camaradagem. Soa fora de moda e talvez "comunista", mas não consigo pensar em outra palavra para descrever a qualidade das relações na Longa Marcha.

Para mim e Andy, não era apenas uma questão de amizade; dizia respeito a apoio, encorajamento e lealdade. Nós também fomos ajudados por centenas de pessoas, tanto amigos como estranhos. Na minha imaginação, todos eles tornaram-se camaradas do caminho, seja por compartilharem suas casas durante uma noite seja por escreverem um *e-mail*. Eu sentia que todos nós nos tornáramos parte de um esforço comum.

EPÍLOGO

Talvez isso tenha sido o mais próximo que cheguei de sentir o que os soldados do Exército Vermelho sentiram na Longa Marcha. É um sentimento que lava as irritações, as dificuldades e os temores da jornada. É algo mágico e eu sinto sua falta. Se Elke me perguntasse novamente agora se eu faria tudo de novo, talvez eu desse uma resposta diferente. Eu poderia dizer: se isso significasse recapturar aquele sentimento, então sim. Sim, eu faria.

Notas

Introdução

1. Philip. Short, *Mao: A Life*, Hodder & Stoughton, Londres, 1999, p. 222.
2. Para detalhes escandalosos da vida sexual de Mao, ver em particular Zhisui Li, *The Private Life of Chairman Mao*, Arrow Books, Londres, 1996.

Capítulo 1: Primeiros Passos

1. Conselho de Desenvolvimento de Comércio de Hong Kong; *China Daily*, 16 de novembro de 2004.
2. R.A. Bosshardt, *The Restraining Hand: Captivity for Christ in China*, Hodder and Stoughton, Londres, 1936, p. 64.
3. A Agência de Notícias Xinhua informou um número de 358 milhões para o fim de maio de 2005 (reportagem de 21 de junho de 2005).
4. 罗开富，《红军长征追踪》（上册），经济日报出版社, 2001 p. 25.

Capítulo 2: Uma Minoria de Dois

1. Jonathan Fenby, *Generalissimo Chiang Kai-shek and the China He Lost*, The Free Press, Londres, 2003, p. 68.
2. *Ibid* p. 62.
3. *Ibid* p. 148.
4. Short, *op cit* pp. 187-8.
5. *Ibid* p. 203.
6. Harrison Salisbury, *The Long March, The Untold Story*, Harper & Row, 1985, pp. 62-3.
7. *Ibid* p. 205.
8. 罗开富, *op cit* p. 32.

9. Louisa Schein, *Minority Rules: The Miao and the Feminine in China's Cultural Politics*, Duke UP, Durham & Londres, 2000, p. 72.
10. *Ibid* p. 68.
11. 《中国民族概论》, 宋蜀华陈克进著, 中央民族大学出版社, Pequim, 2001, pp. 260-3.
12. Schein, *op cit* p. 110.
13. *Ibid* p. 84.

Capítulo 3: O Rio Xiang

1. Harold Isaacs, "'The Peasants' War in China", *New International*, vol. 2 nº 1, janeiro de 1935, pp. 25-7.
2. Salisbury, *op cit* p. 101.
3. 李镜,《新写长征图文档案》, 2002, p. 133.
4. *Ibid*.
5. 《北京青年报》2004年10月13日第B1版.
6. Liu Bocheng, *Recalling the Long March*, Foreign Languages Press, 1978, p. 7.
7. 《长征大事典》, 贵州人民出版社, 1996, pp. 1917-9.

Capítulo 4: O Incidente de Tongdao

1. Liu Bocheng, *op cit* p. 7.
2. Otto Braun, *A Comintern Agent in China 1932-39*, University of Queensland Press, St. Lucia, 1982, p. 91.
3. Agnes Smedley, *The Great Road*, Monthly Review Press, Nova York, 1956, p. 315.
4. Salisbury, *op cit* p. 302.

Capítulo 5: Zunyi

1. Braun, *op cit* pp. 94-5.
2. *Ibid* p. 71.
3. Estou particularmente endividado com o Dr. Frederick Litten por seus comentários a respeito do Encontro de Zunyi in "The Myth of the Turning Point: Towards a New Understanding of the Long March", in *Bochuner Jahrbuch zur Ostasienforschung*, Band 25, 2001, S. 3-44.
4. Salisbury, *op cit* p. 122; Braun, *op cit* p. 98.
5. Braun, *op cit* pp. 101-2.
6. Salisbury, *op cit* p. 122.
7. Braun, *op cit* p. 104.
8. *Ibid*.
9. Salisbury, *op cit* p. 123.

10. Frederick S. Litten, "Otto Braun's Curriculum Vitae — Translation and Commentary" in *Twentieth-Century China*, vol. 23, nº 1, 1997, pp. 31-61.
11. Conforme citado em um trabalho de referência não-publicado compilado pelo governo do Condado de Wuqi.
12. Embora Zhou tenha realmente dito isso, mais tarde descobri que ele pegou a frase emprestada do historiador inglês A.J.P. Taylor.
13. Tirei uma foto que mais tarde foi censurada de uma edição com imagens da nossa Longa Marcha publicada em Pequim pela China Intercontinental Press.
14. Salisbury, *op cit* p. 129.
15. Salisbury, *op cit* p. 148-9.
16. William Lindesay, *Marching with Mao*, Hodder and Stoughton, 1993, p. 109.
17. 《我的长征—寻访健在老红军》（下册），解放军文艺出版社, Pequim, 2004, p. 497.
18. 《北京青年报》2004年10月13日第B1版.
19. 《我的长征—寻访健在老红军》（下册），解放军文艺出版社, Pequim, 2004, p. 674.

Capítulo 6: A Filha Desaparecida do Camarada Mao

1. Braun, *op cit* p. 115.
2. Richard Evans, *Deng Xiaoping and the Making of Modern China*, Hamish Hamilton, Londres, 1993, p. 146.
3. Veja em particular Jasper Becker, *Hungry Ghosts: Mao's Secret Famine* (The Free Press, Nova York, 1997). Pelo menos vinte milhões de pessoas morreram na fome de 1959-61. Esse número foi dado pelo secretário do partido Hu Yaobang, em 1980, baseado em documentos contemporâneos compilados para a liderança do partido (Short, *op cit* p. 505). Jung Chang e Jon Halliday recentemente estimaram "perto de 38 milhões", baseados em estatísticas demográficas chinesas (Jung Chang e Jon Halliday, *Mao: A história desconhecida*, Companhia das Letras, São Paulo, 2006, pp. 456-7), mas trata-se de uma peça sensacionalista de aritmética. "Perto de 38 milhões" é o déficit populacional em 1961 baseado em uma projeção do crescimento da população em 1958-9 (ou em 1960 baseado no aumento em 1957-8, segundo cálculos de Chang e Halliday). Citar isso como o total de mortes é desprezar a queda acentuada na taxa de natalidade durante a fome. Ver *China Statistical Yearbook 1984*, e também 《曲折发展的岁月》，河南人民出版社, 1966, p. 272, que estima "aproximadamente quarenta milhões" de pessoas a menos por conta de mortes e taxas de natalidade menores.
4. Jürgen Domes, *Peng Te-huai: The Man and the Image*, Stanford University Press. 1985, pp. 120-6.
5. Helen Praeger Young, *Choosing Revolutions: Chinese Women Soldiers on the Long March*, University of Illinois Press, Urbana e Chicago, 2001. p. 202.
6. *Ibid* pp. 202-3.

7. Salisbury, *op cit* p. 151. Muitos historiadores chineses citam Baisha como o local de nascimento do filho de Mao e He.
8. Braun, *op cit* p. 110.
9. Todas as unidades, exceto uma, que deveria ficar para trás e supervisionar a formação de brigadas guerrilheiras e a formação da base na região da divisa.
10. 《曲折发展的岁月》. 河南人民出版社, 2002. pp. 12-,
11. Salisbury, *op cit* p. 156.
12. Braun, *op cit* p. 111.
13. Short, *op cit* p. 631.
14. *Ibid* p. 628.

Capítulo 7: As Quatro Travessias do Chishui

1. 《中国工农红军第一方面军长征史事日志》. 贵州人民出版社, Guiyang, 1999, p. 123.
2. *Ibid* pp. 142-3.
3. Salisbury, *op cit* p. 161.

Capítulo 8: Campo Sombrio

1. Entrevista com Wang Daojin, Zunyi, 13 de janeiro de 2003.
2. Relatório Mundial Sobre Prevenção de Acidentes de Trânsito, Organização Mundial da Saúde, 2004.

Capítulo 10: Fim do Caminho, Parte 1

1. Salisbury, *op cit* pp. 176-8.
2. S.B. Sutton, *In China's Border Provinces: The Turbulent Career of Joseph Rock, Botanist-Explorer*, Nova York, 1974, pp. 246-8. Citado in Salisbury, *op cit* p. 376.
3. Salisbury, *op cit* p. 187.
4. Detalhes do Salão Memorial da Longa Marcha de Jiaopingdu.
5. Lindesay, *op cit* pp. 98-9.

Capítulo 11: Irmãos de Sangue

1. Ver Stevan Harrell (org.), *Perspectives on the Yi of Southwest China*, University of California Press, Berkeley & Los Angeles, 2001.
2. Evans, *op cit* p. 182.
3. J.A.G. Roberts, *The Complete History of China*, Sutton Publishing, Stroud, 2003, p. 445.
4. Short, *op cit* p. 540.

5. Roberts, *op cit* p. 450.
6. Chang and Halliday, *op cit* p. 535.
7. Short, *op cit* p. 544.
8. Em inglês, menina que gosta de atividades rudes e barulhentas normalmente associadas a meninos. (*N. do T.*)
9. Conforme testemunho de Li Chunting, cujo pai, Li Tingzan, viu o esquadrão nu retornando ao quartel-general. Entrevista em Pequim, 17 de julho de 2005.
10. Xiao Hua, "Crossing the Greater Liangshan Mountains", in *Recalling the Long March*, Foreign Languages Press, Pequim, 1978, pp. 72-7.
11. Informação do memorial de Anshunchang, e também Jonathan Spence, *God's Chinese Son*, Flamingo, Londres, 1996.
12. Ver, por exemplo, Yang Chengwu, "Lightning Attack on the Luting Bridge", in *The Long March: Eyewitness Accounts*, Foreign Languages Press, Pequim, 1963, pp. 96-109.

Capítulo 12: A Ponte de Luding

1. Smedley, *op cit* p. 321.
2. Lindesay, *op cit* p. 113.
3. Os relatos divergem quanto à ponte estar totalmente descoberta ou com metade ainda intacta no lado inimigo. Estou inclinado à última versão, já que combina com o próprio relatório contemporâneo do Guomindang e torna mais fácil entender o sucesso dos vermelhos.
4. Yang Chengwu, *op cit* pp. 106-7.
5. Chen Changfeng, *On the Long March With Chairman Mao*, Foreign Languages Press, Pequim, 1986, p. 48.
6. Chang e Halliday, *op cit* pp. 159-60.
7. *Ibid* p. 158.
8. Braun, *op cit* p. 38.
9. 《长征大事典》. 贵州人民出版社., 1996, p. 2.161. Não tive condições de consultar o documento original, então mantenho uma mente aberta quanto à sua confiabilidade.
10. Joseph Stilwell, "The Present Trend of the Chinese Communist Party and the Formation of the Red Armies", 29 de janeiro de 1936. US Military Intelligence Reports: China, 1911-1941, UPA: Frederick/MD, ca. 1983, dos Arquivos Nacionais, Grupo de Registro 165, Arquivos da Divisão de Inteligência Militar: China, Rolo XII, fotogramas 241-52 (p. 5, fotograma 245). Meus agradecimentos a Frederick Litten por fornecer esta informação.
11. Joseph Stilwell, *The Stilwell Papers*, Foreign Languages Press, Pequim, 2003, p. 106.

Capítulo 13: As Montanhas de Neve

1. Chen Changfeng, *op cit* pp. 52-5.
2. Salisbury, *op cit* pp. 236-7.
3. Zhang Guotao, *op cit* pp. 366, 372.
4. Entrevistamos Yang Jin em Chengdu em setembro de 2003.
5. Zhang Guotao, *op cit* pp. 378.
6. *Ibid* p. 400.
7. Salisbury, *op cit* p. 254.
8. Edgar Snow, *Red Star Over China*, Grove Press, Nova York, 1968, p. 203.

Capítulo 14: Os Pântanos

1. 《我的长征—寻访健在老红军》（下册）. 解放军文艺出版社, Pequim, 2004, p. 414.
2. Isso era uma suspeita do comissário político do 1º Grupo do Exército, Nie Rongzhen. Salisbury, *op cit* p. 260. Também parece simples bom senso.
3. Salisbury, *op cit* p. 271.
4. 《我的长征—寻访健在老红军》（上册）、解放军文艺出版社., Pequim, 2004, p. 280.
5. *Ibid* p. 39.
6. *Ibid* p. 39.

Capítulo 15: Wuqi

1. Hu Pingyun, "How We Captured the Pass at Latsekou", in *The Long March: Eyewitness Accounts*, Foreign Languages Press, Pequim, 1963, pp. 117-23.
2. General-de-divisão Chang Jen-chu, "Red Flag Over Latsekou", in *Stories of the Long March*, Foreign Languages Press, Pequim, 1960, pp. 132-3.
3. Salisbury, *op cit* p. 121.
4. Braun, *op cit* p. 143.
5. Zhang Guotao, *op cit* p. 445.
6. Salisbury, *op cit* pp. 290-1.
7. Chang e Halliday, *op cit* pp. 179-80.
8. Os detalhes do discurso de Mao são de uma publicação interna do governo do Condado de Wuqi.
9. Fenby, *op cit* p. 3.
10. *Ibid* p. 366.
11. Braun, *op cit* p. 87.
12. Short, *op cit* p. 366.
13. *Ibid* p. 379.

Seção de imagens

Huang Zhen, *Sketches on the Long March*, Foreign Languages Press, Pequim, 1982.

Epílogo

1. Conforme registrado na época por outro participante do encontro. Entrevista pessoal, Pequim, maio de 2005.

Índice Remissivo

Aba 258, 270, 276, 277, 288
acidentes de trânsito 183
agricultura 43-44, 65
Aliança do Yihai 241
Anning 236
Anning, rio 231-232, 234
Anshunchang, *xiang* de 243-247, 254
Areias Douradas, rio das, *ver* Jinsha Jiang
August, Oliver 323-324

Bai Chongxi 92
Bai Huazheng 125
Bai, Sarah 26, 102, 105
Baicun 140
Bailong Jiang (rio do Dragão Branco) 302
Baiyi, *xiang* de 189
Banyou 291, 299, 303
Bao Zhang 220
Bao'an 315
Baotou 239
Baoxing, rio 259
Baozuo Muchang 299
Batalha dos Cem Regimentos 317
Baxi 288, 303
Beipan, rio 202
Beisang 194
Beishan, região de 56

Biedang 199
Bo Gu 28, 124, 160
  e Encontro de Zunyi 126-129
Bosshardt, Rudolf 43, 120, 201
bouyei 197, 198
Braun, Otto 28-29, 150, 160, 312, 317
  cães 109-110, 144-145
  cão de caça tibetano 284, 295
  e batalhas do rio Xiang 103
  e Encontro de Zunyi 125-129
  e Zunyi 124, 161-162

Campanha de Retificação de Yan'an 318
camponeses 33, 262
Caotang, *zhen* de 119
casas em cavernas 313-314
censura 138, 164, 231, 310
Chaluo, *xiang* de 242
Chang, Jung 174, 251-253, 315, 327
Changbanshan 276
Changgang, *zhen* de 169, 175
Changsha 60
Chen Changfeng 251, 267-268
Chen Changhao 288, 304
Chen Jiamei 182-183
Chen Jie 51-53
Chen Jieru 60
Chen Jitang 63

Chen Liaojin 242
Chen Quandi 35
Chen Xi 230-231
Chen Yanming 35
Chen Yi 66
Chen Yingchun 35-36, 242
Chen Yun 129, 227
Chen Zhengao 232-233
Chen Zhifu 242-243
Cheng Shulan 274
Chengdu 236, 259
Chengkou 72-73
Chiang Kai-shek 19, 59-60, 62-64, 318
   e batalhas do rio Xiang 91
   e campanhas de cerco 62-63, 140
   e controvérsia sobre estratégia de 255-256
   e Incidente de Xi'an 316-317
   em Guiyang 174, 182
Chijiang 54-55
Chishui, rio 139-140, 159, 167, 170, 173, 182
   e "Quatro Travessias do" 173-175
Chongqing 144-145
Chuanxu, *xiang* de 99
Citang Xu 81-82
comunas 33

Da A 50
Daba 145
Dacun 177
Dadu, rio 225, 243-246, 258
Dagushan 281-284
Dahetan 159-160
Dai Huahua 137
Dai Rouxiang 216
Dala Gou 301
Dali 212
Dan, *zhen* de 291
Daping 74

Daqiao, represa de 239
Dashuigou 311
David, Arman 259
Dawei 268-270
Dayu, Condado de 55-56
Dechang 226, 232, 239
Deng Xiaoping 33, 40, 125, 227
Deng Xiuying 295, 298
Deng Yingchao 125
diarréia 145-146
Diebu 302-303
diversidade lingüística 77
dong 104-108
Duolitai 291, 293, 296-297

Ejie 303
Erlangshan 257-258
Exército Vermelho
   1º Front do 35, 90, 139, 217, 268-270, 314-315
   2º Front do 316
   4º Front do 139, 181, 268, 293, 303, 315-316
   e exército Zhu-Mao 62
   e organização do 36
   1º Grupo do 92-93, 217-218, 245, 292, 303
   2º Grupo do 43, 120, 125
   3º Grupo do 92, 174, 268, 292, 303-304
   5º Grupo do 36, 304
   6º Grupo do 43, 120, 125
   9º Grupo do 304
   25º Grupo do 315

Fengmu 95
Fu Yingchun 131
futebol 69-70, 187-189
Fuweng 107-108

Gangou 311
Gangue Verde 60
Gansu 262, 278, 288, 302-303, 306-307, 312
Ganxi 168
Ganziyuan 82-83
Gao Jiuhua 34
Gao Qiang 190
Gaoyang 107
Gardner, Nicole 102, 105-106, 204
gaxi 225
generosidade 105, 117, 177, 200
Gequ, rio 303
Ghizhou, Província de 43, 90, 99, 102, 104, 109, 130, 134
giárdia 211
Gongyi, *xiang* de 309
Gouba 167-168
governo local 83
Longa Marcha 19-22
  como mito fundador 22
  e comemoração do 60º aniversário 327
  e distância da 323-326
  e espírito da 314
  e fim da 314-315
  e formação da lenda da 21, 133, 314
  e ponto de início 26-28
  e significado da 133-134
  e sobreviventes da 314-315
Grande Muralha da China 310
Grande Salto para a Frente 150, 227
Gu Xianhai 233-234
Guandian 136
Guangdong, montanhas 66-67
Guangdong, Província de 42, 49, 56, 59, 61, 63, 65
Guangshun, *zhen* de 191-192
Guangxi 90
Guanwen 199-200
Guardas Vermelhos 221-4

Gubi 44-46
Guerra Antijaponeses 317
Guiyang 182, 185, 187
Guo Yuanyuan 310
Guo Zhangxiong 152-155
Guomindang 19, 44, 52, 59, 60, 63, 66, 167, 219-220
  e batalhas do rio Xiang 90, 92, 94
  e minorias étnicas 74, 105, 117
  e ponte de Luding 251-254
Guoxigou 294-295

Hadapu 306
Haichao 221
Halliday, Jon 174, 251-253, 315, 327
Hamasaki, Ayumi 185
han 76-79, 105, 106, 109, 215, 257
Hattersley, Roy 327
Hayman, Arnolis 43
He Jian 92
He Long 43, 62, 90, 120, 326
He Wendai 261
He Xia 85
He Yi 66
He Zizhen 19, 152-153, 155, 158, 203, 326
Hecun 136-137
Hejia 85
Henan 143
Heqiu 49
Hilton, James 212
Hmong 108
Hong Xiuquan 243
Hongyuan 278
Hu Bingwen 112-113
Hu Jintao 71, 162
Hu Pingyun 304
Hu Xue 137-138
Hu Zongnan 276
Huafangzi 149, 153, 155, 158
Huajiang 96

Huangjing 140, 143
Huanglian, *zhen* de 236
Huangping 118
Huayuan 302
hui 214-215, 272, 278
Huili 222, 226, 229-231, 239
Hunan, Província de 60, 74, 99

identidade nacional
  e hans 76-78
  e minorias étnicas 74-76
Incidente do Dia do Cavalo 60
internet, acesso a 74-75
Isaacs, Harold 90

Jamjarjiu 276-278
Japão 316-318
Jia Ji 23, 26, 37, 55, 80-81, 91, 102, 105, 112-113, 131, 161, 167, 205, 222, 238, 262, 301, 319-320
Jiajinshan 258-259, 266-268
Jiang Hongwei 91
Jiang Ming 170-172
Jiang Zemin 138, 162-163
  e os Três Símbolos 71-72
Jiangxi 42, 61-63, 75
Jianhe 107, 111, 115
Jiao Pei 26, 32
Jiaopingdu 217, 221
Jiaoshan 94
Jieshou 91
Jijie 216
Jinggangshan 62
Jinliang Cun 233
Jinsha Jiang (rio das Areias Douradas) 182, 208, 216, 218, 221, 222, 225
Jinsuo 214, 216
Jinuo 76
Jiuba, *zhen* de 135
Jiuzhou 119-120

Kang Keqing 126
Kangding 52
Kong Jining 326
Kong Qiuli 320
Kunming 211-212, 217

Lanhe 67-69
Lazikou 303
  e batalha pela passagem em 304-305
Lazishang 294
Lei Yusu 206-207
Lengji 253
Li Anmin 73
Li Bai 230
Li Guolin 215
Li Guoxiu 252-254, 256
Li Kaiyou 146
Li Ling'ao 79
Li Min 157-159, 326
Li Mingxia 21, 143
Li Peng 139, 162
Li Quanshan 253
Li Rusen 109-110
Li Shuixiang 52
Li Yingmo 112
Li Yunquan 216
li, e medida flexível 141
Lianghe 90
Lianghekou 182
  e encontro de Lianghekou 269
Liangshan 225-226
Liao Dazhu 250, 256
Liao Dinglin 93, 146
Liao Zhongkai 60
Licun 31, 32
líderes de vilas 48-49
Lin Biao 92, 217-218
Lindesay, William 103, 140, 143, 220, 233, 250
Lingguan, *zhen* de 259

Liping 107, 111
Liu Bocheng 93, 103, 219, 241-242
Liu Faxiang 91-92
Liu Jiantao 261
Liu Jianya 204
Liu Peijun 274
Liu Shaoqi 227
Liu Xiang 269
Liu Yongrong 91
Liu Yuantang 226
Liu Zhidan 306, 315
Liupangou 311
Liupanshan 311
Liuyuan, *xiang* de 313-314
Lizhou 237
loesse 312
Long Qianchen 118
Long Yun 217
Lu Dazhang 304
Lü Sitao 47-50, 53, 205-206, 209
Lu Tianrong 197-198
Luban Chang 173, 175-176, 182
Luding 245-247
   e ataque à ponte de 245, 249-256
Lugu, *zhen* de 236-237
Lüjing, *xiang* de 262
Luo Hongfen 149, 151, 153-154, 158
Luo Kaifu 54, 56, 72-74, 94, 108, 281, 291, 325-326
Luo Liwei 136-137
Luoba 76
Luohe, rio 319
Luoyan 201
Luquan 215
Lushan, rio 258

Ma Qinglun 214
Ma Yaocong 215
Mackenzie, Hector 163
Maheba 279-280

Malong 213
Manchúria 62
Mankeng 256
Manshuiwan, *zhen* de 237
Mao Tsé-tung 19, 27, 59
   e consolidação do poder 316-319
   e Encontro de Lianghekou 269
   e Encontro de Mao'ergai 288-289
   e Encontro de Zhaxi 149, 151, 159-160
   e Encontro de Zunyi 124-129
   e exército Zhu-Mao 61
   e filha perdida de 152-159, 163, 326-327
   e Grande Salto para a Frente 150, 227
   e lenda da Longa Marcha 21, 133, 315
   e poder militar 61
   e "Quatro Travessias do Chishui" 173-175
   e Resolução de Zunyi 160
   e Revolta da Colheita de Outono 61
   e Revolução Cultural 227-229
   e síndrome do intestino irritável 310
   em Tongdao 103, 125
Mao Zetan 66
Mao'ergai 270, 277, 283, 288-293
   e Encontro de Mao'ergai 288
Maomei (filha perdida de Mao) 152-160, 163, 326-327
Maotai 170, 172-173, 175, 177
Maozhuang 311
Meiguan 56, 64
Meiling 65
Meitian 80
Mengbishan 273, 275
Mengyuan, *xiang* de 313
Mianning 231, 237-239
miao 104, 108, 113-114, 116
minorias étnicas 21, 74-76, 78-79, 106, 214, 225-226, 257
Minshan, cordilheira 303, 305-306

miséria 187, 198-200, 306
Mo Furu 72-73
Mo'an 197
Mogangling, montanha 247
Montanhas de Neve 20, 213, 258, 260-261, 265-268, 273, 276, 278-285
Moutai 170
Moxi 246-247
Mu Zhiqing 168
Mucheng 273-274
Mupo, *zhen* de 272-273
Museu Memorial do Exército Vermelho (Zhaxi) 149, 151-153

Naday, Kath 176-177, 235
Nanchang 26
Nanchang, Revolta de 61
Nanshao, *xiang* de 112-113
Nanxiong 64, 66
Nie Rongzhen 92, 128
Ningxia Hui, Região Autônoma de 309
Niuwan Cun 313

Organização Mundial da Saúde 183

Pan Keming 167-168
pandas 259
Pangushan 38
Pântanos do norte de Sichuan 20, 132, 288, 291-299
Partido Comunista da China 46, 53
  e minorias étnicas 74-76, 78
  e mudanças na liderança 162-163
  e os Três Símbolos 70-72
  e propaganda na televisão 70-71
Pei Xinfu 218
Peng Dehuai 150-151, 174, 218, 227, 303, 317
Peng Shuquan 260
Pengyang 312

Pingdeng 100
Pingpu Zhai 104-107, 135
Pingzhai 116-117
política populacional 41, 171-172
propaganda 70
Pudu, rio 216

Qian Xijun 152
Qilushan 37, 41
Qin Shihuang 57, 163
Qing, dinastia 63
Qinghai, Província de 278
Qinglong 206
Qingshui, rio 116
Qingyan 190-191
Qiu Jiulong 37-41
Qiuga'r 292-296
Qu Nianghua 79-80
Qu Qiu 289-290
Quanzhou 89-91, 93-94
Qujing 208, 211, 213, 220
Qumu Shiha 242

Região Autônoma do Tibete 256-257
religião 215
Ren Rong 287
Renhuai 169-170, 175
Revolta da Colheita de Outono 61
Revolução Cultural 150, 227-230
Rock, Joseph 217
Rohmer, Elke 328
Ruijin 26-27, 66

Salisbury, Charlotte 130
Salisbury, Harrison 119, 127, 130, 139, 152, 217, 220, 268, 275
Sanjiaoba 282
Sars 190, 203-209, 212, 221
Sayingpan 215
Seeckt, Hans von 63
Shaanxi, soviete de 315

Shaleshu 221
Shangbazhai 291-293
Shangpingzi 218
Shangtianba 246-247
Shen Yaoyi 130
Shen, Alec 327
Shenzhen 40-41
Shi Dakai 243
Shibing 118
Shilong, *xiang* de 237
Short, Philip 318
Shuajingsi 278-289
Shuangjing 115-118
Shuanglong 138
Shuiche 191
Shuitian 154
Sichuan 141-145, 177, 221, 235
Siguniangshan 259
Siluoping 310
sistema de responsabilidade das famílias 33
sistema educacional 85, 198
Smedley, Agnes 249
Smith, Bill 163
Snow, Edgar 251, 254, 256, 278
Songlinggpo, montanha 242
Songpan 291, 294
Spearman, Tom 204
Spencer, Richard 323, 324
Stálin, Joseph 59, 316, 318
Stilwell, Joseph 255
Sun Yat-sen 59, 74, 77
Suomo, rio 276

Taijiang 117
Taiping, Rebelião de 243
Taiping, *zhen* de 161
Taiwan 318
Tang Hongyun 83-85
Tangcum 42

Tao Yunxian 154-155
televisão
  e futebol 69-70, 188
  e propaganda do Partido Comunista 70
  telefones celulares 44
terras tibetanas 270-286, 289-306
Terror Branco 60-61
Tianchi 155
Tiantang 82
Tianwan 246-247
Tiesuoqiao 216
Tolstói, Leon 218
Tong'an, *zhen* de 221
Tongdao 81, 99-103, 125
Tongzi 135
Tonkin 217
Três Símbolos 70-72
Tuanjie Cun 257
Tucheng 140, 159
Tudipo 204
Tuoluogang 281, 283
turismo, e impacto do 134, 242

União Soviética 59, 60
  e Incidente de Xi'an 316

vegetarianismo 32-33
vida selvagem 39

Wang Daojin 131-134, 181, 314
Wang Fanghe 113, 115
Wang Jiaxiang 124-125, 128
Wang Kaixiang 245, 250
Wang Ming 318
Wang Xiang 183-184
Wang Zhixian 314
Wang Zhugui 227
Wangan, montanha 246
Wangmo 199
Wei Bin 200

Weijiashan 311
Weixin 154, 160
Wori, rio 270
Wu Jiqing 152
Wu Kaiyi 102
Wu Laoxiu 118
Wu Tao 238
Wu Wenzi 76-77
Wu Xiuquan 125-128
Wu, rio 119
Wuku 114
Wulipian 89
Wumeng 109
Wuqi 133, 243, 319-320, 323
Wuqi, *zhen* de 315

Xangri-Lá 212
Xi'an, Incidente de 316
Xia Jingcai 294-295
Xia Rui 260
Xiang Ying 66, 317
Xiang, rio 44
  e batalhas do 91-95, 103
Xianxi 102
Xiao Hua 173, 240-242
Xiao Ke 119, 327
Xiao Mao 66
Xiao Yedan 240-241
Xiaojin 270-271
Xiaoxi 37
Xiasi 119
Xichang 226, 237, 239, 243, 260
Xifeng 185
Xinfeng 43-44, 47
  Batalha de 35
Xing'an 93
Xinglong, *zhen* de 309-310
Xiong Gang 135
Xiong Huazhi 154-159, 326-327
Xiong Minghu 153-154, 156-157, 159, 163, 326

Xiong Zhikui 154-156
Xishui 136
Xixiang 237
Xu Xiangqian 269, 288, 304
Xueluo 281
Xundian 214-215

Yakeshan 278-279
Yakoushan 276
Yang Chengwu 245, 247, 250-251, 253, 256
Yang Guining 185
Yang Hongming 156
Yang Jiangxiu 37
Yang Jin 270, 293, 327
Yang Min 259
Yang Shangkun 174
Yang Shengming 131
Yang Tinghua 156
Yang Tingyan 153-156
Yang Tingyu 153, 156-157
Yang Xiao 23, 222, 226-227, 229-236, 238, 240, 242, 245, 248-249, 260, 271, 285, 296
Yang Xiong 137
Yang Xuequan 261, 265-267
Yangchang 187
Yangtze, rio 139, 182
Yanru 242
Yanshou 79
Yao 74-75, 78, 80
Yaoji, *xiang* de 260, 265, 313
Yaxi, *zhen* de 167
Ye Yinzhi 260
yi 214, 225-226, 239
  e Aliança do Yihai 240-241
Yi Dangping 94-95
Yibin 182
Yihai 238
Yihai, lago 240-242

Yimen, *zhen* de 231-232
Yizhang 80
Yonglang 235
Young, Helen Praeger 152
Youshan 49-51
Yu Fengying 244
Yudu 27, 110
Yudu, rio 29
Yuexi 242
Yundian, *xiang* de 233
Yunnan, Província de 75, 203, 211

Zeng Shaodong 17-23, 175
Zeng Xiangqiu 91
Zhang Chaoman 218-220, 327
Zhang Chuan 168
Zhang Guotao 61-63, 139, 174, 268-270, 276-277, 288, 303, 315
Zhang Jiacai 168
Zhang Jianyuan 115-118
Zhang Mingang 272
Zhang Tiancheng 311-312
Zhang Wenkang 190
Zhang Wentian 124-125, 128-129, 149-150, 160
Zhang Xueliang 316-317
Zhang Yong 292
Zhangjiawan 183
Zhangyi, *xiang* de 309

Zhao Yuxiang 146
Zhaxi 149, 159, 161
Zhaxi, Encontro de 149, 151-152, 159-160
Zhenfeng 199, 204, 208
Zheng Mingquan 154, 158
Zhenjinwan Cun 215
Zhong Chibing 203
Zhong Yuelin 152
Zhongdian 212
Zhongwushan 221
Zhou Enlai 28, 35, 62, 64, 138, 227
  e Encontro de Zunyi 125-126, 128-129
Zhou Guiquan 189
Zhu De 35, 61-62, 104, 244, 288
  e Encontro de Zunyi 125, 128-129
  e ponte de Luding 249-250
Zhu Rongji 162
Zhu Taibing 254
Zhuang 90
Zhujie 206
Zhuokeji, *zhen* de 275-278, 304
Zhuyuan 183
Ziyun 197, 199
Zonas Econômicas Especiais 40
Zunyi 81, 118, 123-124, 129-134, 161, 167, 173
  e Encontro de 124-129
  e Resolução de 159-160

Este livro foi composto na tipologia
Zapf Calligraphic, em corpo 10,5/15, e impresso
em papel off-set 75g/m² no Sistema Cameron da
Divisão Gráfica da Distribuidora Record.

Seja um Leitor Preferencial Record
e receba informações sobre nossos lançamentos.
Escreva para
RP Record
Caixa Postal 23.052
Rio de Janeiro, RJ – CEP 20922-970
dando seu nome e endereço
e tenha acesso a nossas ofertas especiais.

Válido somente no Brasil.

Ou visite a nossa *home page*:
http://www.record.com.br